中外语言与文化论丛　　　　总主编／王启龙　田　兵

笔译资格考试构念效度研究：

测前理论效度的视角

杨冬敏◎著

科学出版社

北　京

内 容 简 介

为进一步促进翻译行业及语言服务业的健康有序发展，本书以笔译资格考试为研究对象，借鉴测试学中的构念效度及测前理论效度理论，探讨现有笔译资格考试存在的问题。本书围绕 3 个研究问题展开，并提出从测前理论效度角度进行笔译资格考试构念效度研究的理论框架，采用文献法、对比分析、综合分析、理论思辨等方法开展研究。

本书的结论如下：第一，从理论上看，笔译资格考试应测量构念包括 7 个成分，即语言能力、策略能力、知识能力、翻译职业能力、工具能力、心理生理能力和个人性格及特质。第二，21 个笔译资格考试在构念构成和构念呈现形式上既有共同特征，也有各自的特点。第三，从构念构成来看，现有笔译资格考试构念构成和应测量构念构成既有诸多共同之处，但同时也存在构念无关因素和构念代表不良，从而可能会对考试的构念效度造成威胁。

图书在版编目（CIP）数据

笔译资格考试构念效度研究：测前理论效度的视角 / 杨冬敏著. —北京：科学出版社，2015.12

（中外语言与文化论丛 / 王启龙，田兵主编）

ISBN 978-7-03-046936-6

Ⅰ. ①笔… Ⅱ. ①杨… Ⅲ. ①英语–翻译–资格考试–研究

Ⅳ. ①H315.9

中国版本图书馆 CIP 数据核字（2015）第 313770 号

责任编辑：阎 莉 王洪秀 张 达 / 责任校对：杨 然
责任印制：张 倩 / 封面设计：铭轩堂

斜 学 出 版 社 出版

北京东黄城根北街 16 号
邮政编码：100717
http://www.sciencep.com

三河市骏杰印刷有限公司 印刷

科学出版社发行 各地新华书店经销

*

2015 年 12 月第 一 版 开本：720×1000 1/16
2015 年 12 月第一次印刷 印张：16
字数：323 000

定价：78.00 元

（如有印装质量问题，我社负责调换）

换个视角看世界

我们常说，中华民族文化是 56 个民族多元一体共同繁荣和发展的结果。同样，人类历史告诉我们，人类文明或者说世界文明是全人类艰苦卓绝的长期努力奋斗所获得的物质文化和精神文化的总和。在这个过程中，从古至今没有哪一个民族文化可以独放异彩，独立发展。人类文化的发展，都必须有赖于文化之间的交流。尤其是在全球化的今天更是如此。对此，季羡林等诸位先生说："讲文化交流，就必须承认，文化不是哪一个民族、哪一个国家或哪一个地区单独创造和发展的。在整个人类历史上，国家不论大小，民族存在不论久暂，都或多或少、或前或后对人类文化宝库做出了自己的贡献。人类文化发展到了今天这个地步，是全世界已经不存在的和现在仍然存在的民族和国家共同努力的结果，而文化交流则在其中起了关键性的作用。"[1]

简而言之，是文化交流促进了人类文化的发展，从而推动了人类社会的巨大进步。而在文化交流中，语言这个媒介自然起到了不可估量的作用。那就是为什么，古今中外，凡是要了解一个民族的文化，尤其是异族文化的时候，最直接、最重要的手段就是学习这个民族的语言，从语言入手了解这个民族的文化。而在东西方高等教育体系中，各著名高校或研究机构一般都设有学习外国语言文化的系所。国外的东方学学术机构有的历史悠久，闻名世界，比如英国伦敦大学亚非学院（School of Oriental and African Studies，University of London）、牛津大学东方学学部（Faculty of Oriental Studies，University of Oxford）、剑桥大学东方系（Faculty of Asian and Middle Eastern Studies，University of Cambridge）、不列颠图书馆东方手稿与图书部（Department of Oriental Manuscripts and Printed Books，The British Library）、法国巴黎大学的高等中国研究所（Institut des Hautes Études Chinoises，Université de Paris）、法国国立现代东方语言学校（École Nationale des Langues Orientales Vivantes）、法国国家语言东方文化研究院（Institut National des Langues et Civilisations Orientales）、

---

[1] 季羡林，周一良，庞朴. 1990. 放眼宇宙识文化，读书（8）.

法兰西远东学院（École Française d'Extrême-Orient）、德国的东方学会（Deutsche Morgenlaendische Gesellschaft）、德国东方研究所（Institut für Deutsche Ostarbeit）、俄罗斯科学院东方文献研究所（Institute of Oriental Manuscripts，Russian Academy of Sciences）、德国汉堡的亚洲研究所（Institut für Asienkunde，Hamburg）、美国哈佛大学东亚语言与文明系（East Asian Languages and Civilizations，Harvard University），以及其他许多著名大学的东亚系，等等。值得注意的是，他们的共同特点在于，语言是第一关注的要素，首先学习并掌握好语言之后再说别的。而欲学好语言，需要学习和了解的内容很多，而不仅仅是文学。从众多的西方国家高校和科研机构设立的东方学研究机构、非洲研究机构、亚洲研究机构、国别研究机构的名称就可以看出，除了某种语言之外，它们关注的内容很多，凡是这个语言所承载的一切文明或文化内容都是学习和研究的对象。

当然，在国内也有许多著名的外国语言文学教育或研究机构，但是，如果我们仔细思量，其实这中间是有所不同的。在国内，我们通常是外国语言文学，除了"语言"就是"文学"，换个角度说，学习外国语言仿佛就是为了研究外国文学，别无其他。长期以来都是如此，这或许是受当年苏联学科分类的影响，抑或是我们本有的习惯或传统。不管是哪一种，我个人认为，我们都该在这一点上向西方学习，借鉴其经验对我们现有的外语系（学院、大学）的办学理念和办学机制进行调整，这大概不失为一条值得探讨和摸索之路。

在这方面，陕西师范大学外国语学院也在努力探索。我们这次编辑出版《中外语言与文化论丛》，就是一种尝试。根据丛书名称，大概读者就可以了解到我们对这套丛书的期许和期待。我们不希望它只是一套外国语言文学的丛书，我们希望它以外国语言文学为坚实基础，旁及其他学科，并在中外比较中、在不同视角中、在学科交叉中去从事学术研究，或者说换个视角研究问题，换个视角审视世界，换个视角反思自己，这样的话，或许我们会在某些问题上或多或少有真正的创获。钱钟书先生说："有了门，我们可以出去；有了窗，我们可以不必出去。"[1]这句经典本是先生以文学的笔调描写门和窗以感悟人生哲理的，但是，如果放在我们此时此刻讨论的语境里，其实是会给我们带来另一番无尽而有趣的启示的。

在这套丛书里，我们不追求完美的体系，不追求精致的形式，我们希望每位作者能在自己的论题方面，在新材料、新观点、新方法或新领域的某一方面或某些方面有

---

① 钱钟书. 1990. 写在人生边上. 北京：中国社会科学出版社.

所拓展即可；我们希望每位读者在坚实的研究基础支撑下，通过缜密的分析和研究，能够持之有故，言之成理，达到一定高度的学术水平。

我们这套丛书最大的特点应该是其开放性。首先，我们在学科上是开放的，我们当然以外国语言文学为主，但我们不囿于这个范围，中外语言、文学、艺术、宗教、历史、文化等，凡是与外国语言有渊源的，与中外学术文化有关系的，或者利用外语从事学术研究的高水平成果，都可纳入，借此可以在中外比较中、在学科交叉中、在观点碰撞中，紧扣时代需要，探索和拓展新领域、发现和研究新问题，为国家社会经济文化建设服务；其次，我们在作者群方面是开放的，入选丛书的作者并非一定要是专家教授或著名学者，凡是有真知灼见、自成一体，并具有一定学术功力的著述，不管作者是谁，我们都会酌情收入，因为只有这样，我们才能在人才培养、学术研究、学科建设方面另辟蹊径；最后一点，也是最重要的一点，我们在学术观点上是开放的，绝不会因为所谓的学术门派、学术观点的不同而把具有真知灼见的学术研究成果排斥在外，因为真理的探索和发现往往都是在不同的学术观点相互碰撞和激荡中产生的。

学术文化研究与交流中的开放性当然蕴含着包容性，只有包容对方才可能有开放的胸怀。事实上，中国传统文化中的重要特质之一就是开放和包容。《周易》曰："天行健，君子以自强不息；地势坤，君子以厚德载物。"这正是开放与包容的中国传统宇宙观之写照。中国古人认为天地最大，天高行健，地厚载物，寓意进取开放，厚德包容。正因为中国传统宇宙观的开放与包容，历经数千年发展历史的多民族汇聚中华民族文化才会多元丰富、深邃弥久。

开放就要进取向上、就要志存高远，包容就要虚心学习、就要厚德包容。在民族文化传播、发展与交流中，开放与包容相辅相成，"唯因文化的包容性，开放在实践操作上才成为可能；唯因文化的开放性，包容才获得了实质性意义。人类文化的发展如果没有开放和包容的品质，就不能保持长久的生机和旺盛的活力"。"从中国历史发展看，各种外来文化的进入并没有使中国传统文化丧失其固有的本色，相反却丰富了中国的传统文化。"[①]而在学术文化研究与交流中，中西方的互动何尝不是如此？尤其是在经济全球化高度发达，带动全方位全球化的今天，我们如何把握世界大势和国际潮流，积极主动地加强中外文化交流和民族文化的国际传播，积极主动地融入世界文化发展的主流之中，并在世界文化中占有一席之地，真正成为文化大国？只有成为文化大国，才可能成为世界强国。

---

① 邹广文.2013.中国文化的厚德、开放与包容，人民论坛·学术前沿（1）.

习近平主席指出，在民族文化对外传播、交流，在对外宣传方面，我们的"一项重要任务是引导人们更加全面客观地认识当代中国、看待外部世界。"①要完成这一伟大使命，我们必须坚持开放与包容，一方面，昂扬向上、积极进取，努力向全世界传播中华民族优秀文化；另一方面，要厚德包容，虚心学习世界其他国家和民族优秀文化，吐故纳新，不断丰富中华民族文化。我们期许这套丛书，能够在这方面发挥些许作用，在中外语言文化研究与交流方面做出一定贡献。在学习和借鉴西方先进学术成果和科学理论的同时，能够更好地"讲好中国故事，传播好中国声音"。②

若能如此，我想这套丛书的使命就算达到了，任务就算完成了。谨此为序。

王启龙

2015 年 12 月

于西安

---

① 习近平. 2014. 把宣传思想工作做得更好//中央文献研究室，中国外文局. 习近平谈治国理政. 北京：外文出版社：155.

② 同上，156.

翻译资格认证是翻译行业职业化的重要标志和手段，对翻译行业及语言服务业的健康有序发展有重要意义。笔译资格考试是翻译资格认证最常用的手段，同时也是翻译学研究的对象。基于以上考虑，本书以笔译资格考试为研究对象，借鉴测试学中的构念效度及测前理论效度理论，探讨现有笔译资格考试存在的问题。

本书提出三个问题：一是笔译资格考试应测量构念有哪些特征？二是现有笔译资格考试构念有哪些特征？三是现有笔译资格考试构念存在哪些问题，以及如何解决这些问题？

为回答以上三个研究问题，笔者提出了从测前理论效度角度进行笔译资格考试构念效度研究的理论框架，并采用文献法、对比分析法、综合分析法、理论思辨法等方法开展研究，属于定性研究。

为回答研究问题一，本书通过对比分析翻译学研究中 29 个笔译能力理论模型、4 个翻译行业调研和 3 个翻译企业报告，归纳总结了现有笔译资格考试应测量构念的构成；为回答研究问题二，本书选取国内国际 21 个笔译资格考试为对象，搜集各笔译资格考试的相关资料，归纳总结了各笔译资格考试的构念构成及呈现方式，以及所有笔译资格考试构念的一般特征；为回答研究问题三，本书将前两个部分的研究结论进行了对比分析，从构念中可能存在的构念效度威胁、构念对考生特征的适切性和构念呈现三个方面，分析了现有笔译资格考试构念构成及其清晰度上存在的问题，并结合翻译学、测试学相关理论和翻译资格认证及资格考试的现状，探讨了产生问题的原因及具体的解决办法。

本书的结论如下：

（1）从理论上看，笔译资格考试应测量构念包括 7 个成分，即语言能力、策略能力、知识能力、翻译职业能力、工具能力、心理生理能力和个人性格及特质，其中语言能力和策略能力最重要，心理生理能力和个人性格及特质最不重要。各构念成分还包括具体的要素。

（2）21个笔译资格考试在构念构成和构念呈现形式上既有共同特征，也有各自的特点。就构念构成来看，现有笔译资格考试构念主要由语言能力、策略能力、翻译职业能力、工具能力和知识能力5个成分构成，其中对语言能力和策略能力的关注最多；从呈现形式上看，大部分笔译资格考试都向考试利益相关方公开了考试性质、考试目的、考试内容、考试要求、考试评分等考试信息，不过在信息的详细程度上有所不同。

（3）通过对比现有笔译资格考试的构念特征和应测量构念特征，可以发现现有笔译资格考试构念构成和应测量构念构成既有诸多共同之处，但同时又存在构念无关因素和构念代表不良，从而可能会对考试的构念效度造成威胁；对考生特征来说，构念构成也基本达到了适切性的标准。在构念呈现方面，大部分笔译资格考试都符合构念清晰度的要求，只有个别笔译资格考试因未向考生明确说明报考条件并公布考试内容、考试评分等信息而对构念的清晰度产生了影响。进一步分析表明，在现有笔译资格考试构念构成及呈现上存在的问题和笔译资格考试的性质与目的、各构念成分及要素测量的难度及其重要性差异、测试质量评价的整体标准、考试的组织管理等方面有密切关系。基于以上讨论，本书建议在考试大纲中明确说明考试构念，并增加应测量的构念成分及要素，去除不应测量的构念成分及要素；采用各种形式和渠道公开考试信息，并通过考试设置和报考条件限制等形式实现对构念的关注。

本书的贡献和创新点体现在以下三方面：

（1）从理论层面上看，本书以笔译资格考试为研究对象，从翻译学和测试学的角度对其进行研究，在一定程度上加强了对翻译行业和笔译资格考试的理论认识。对笔译资格考试的研究将研究对象由传统的翻译家研究、翻译作品研究及翻译事件研究扩展到对翻译行业、职业化、资格认证等方面的关注，这不但跟翻译活动的历史发展与时代特征紧密联系，也进一步拓宽了翻译学的研究领域。与此同时，本书将翻译学和测试学的相关理论进行整合，提出了从测前理论效度角度对笔译资格考试构念效度进行研究的理论框架，为笔译资格考试研究及整个翻译测试研究的理论探讨做出了贡献，并为后续相关研究提供了可供借鉴的理论基础。

（2）从方法论层面看，本书借鉴测试学的相关理论探讨了笔译资格考试的现状及存在的问题，进一步证明了采用跨学科方法对笔译资格考试进行研究的可行性。同时，本书提出的对笔译资格考试进行测前理论效度研究的思路和方法，可以为后续研究提供方法论上的借鉴。翻译测试实践虽然在外语教学、翻译教学及社会环境中应用广泛，但大部分考试都尚未受到学术研究的关注，原因之一就在于考试资料获取的局限和研究方法的缺乏。本书虽然并非首次将测试学中的相关理论应用于翻译测试研究之中，但前人研究大多关注测试的结果，尚未有研究将关注重点放在考试的测前阶段。这种方法可以为未来的笔译资格考试乃至笔译教学测试研究提供参考。尤其对于目前部分因条件限制无法获得考试结果真实数据的笔译测试而言，本书提出的从测前理论效度角度关注测试构念效度的思路和方法，可以为当前形势下的笔译测试及笔译资格考试研究提供一个新的研究途径。

（3）从现实意义上看，本书对 21 个笔译资格考试的构念效度进行分析，可以帮助人们加深对各考试的了解；对部分笔译资格考试构念特征的描述，有利于帮助人们了解笔译资格考试这一特殊测试行为，认识到现有笔译资格考试在构念方面的共同特征；部分有关考试构念的论述可作为考试具有较高构念效度的证据，从而在一定程度上有利于提高人们对笔译资格考试的认可度，进而促进考试在翻译行业中的推广；对现有笔译资格考试构念上存在的问题及解决办法的讨论，可为未来笔译资格考试的改进提供参考。所有这些都可以在一定程度上发挥笔译资格考试在语言服务业和翻译行业中的作用，为翻译行业的职业化进程做出贡献。

目录

第1章 引　　论

1.1　笔译资格考试研究的历史背景

人类交流和社会发展的历史中，翻译发挥过重要作用。随着全球化趋势的日益深入，以翻译为核心的语言服务业成为新型的服务行业，在对外交流、国际合作和国民经济发展等多个领域发挥着越来越重要的作用。要保证语言服务业的健康发展，充分发挥其作用，翻译行业的健康、有序发展是重要因素。社会学，尤其是职业社会学相关研究指出，行业发展及成熟的重要标志和标准是其职业化进程，而资格认证是职业化的必经阶段。就翻译行业而言，翻译资格认证体系是翻译行业职业化的重要标志之一，也是翻译职业化过程的重要组成部分（曾文中，1992；Chan，2009；汝明丽，2009）。因此，以资格考试为核心的资格认证体系在选拔合格职业口笔译从业者、提高职业译员的社会地位、保障其合法权益、促进行业健康发展等方面都有重要意义。

从翻译资格考试的现状来看，随着传统翻译活动逐渐向产业化和职业化方向发展，翻译业务的类别和数量均呈现持续增长趋势，翻译市场上对口笔译人员的需求越来越多。为了保证翻译质量及翻译活动的业务量，从而实现资源使用效益的最大化，翻译市场需要对从业人员和拟从事翻译行业的准职业口笔译译员进行一定的资格认定和等级评定，并根据不同职业人员能力的高低分配相应的工作，以保证翻译产品的质量和翻译业务的顺利展开。此外，随着市场上对翻译人才需求的不断扩大，专业翻译人才培养得到飞速发展。各教育机构培养出来的专业翻译人才能否适应翻译行业的需求和要求，以及不同学历层次教育培养出来的翻译人才适合哪种工作，都需要相应的翻译行业入门资格认定和等级评定制度来决定，以保证翻译行业和专业人才培养的有效对接。目前在对职业口笔译人员进行评估的过程中，翻译资格考试由于采用相对统一的评价方法和标准，能对不同译者的相应能力进行测量和评价，从而成为目前国际和国内翻译行业中对职业口笔译人员进行资格认定的主要方式和手段，也是连接翻译行业和专业翻译人才培养的桥梁（杨英姿，2011）。

从学术研究的角度来看，翻译活动的产业化和职业化带来的是不断扩大的翻译对象和日益复杂的翻译现象，人们对翻译活动的关注也不再仅仅局限于单纯的文字转换层面，而将视野扩大到翻译活动所在的整个社会环境。翻译学研究也逐渐由只关注"内部研究"（陈福康，1996：2）扩展到同时关注"内部研究"和"外部研究"。翻译活动和其他社会因素之间的关系及相互作用越来越引起人们的关注，其中有关翻译行业、翻译职业化及翻译资格考试的研究正逐渐成为研究的热点，研究者们开始对翻译资格考试的现状及其在翻译行业和翻译职业化中的地位和作用展开讨论。

翻译作为一项复杂的社会文化活动，在探讨翻译活动和其他社会因素之间关系的过程中，通常要涉及其他学科的知识，因此翻译学具有典型的跨学科性质，有关翻译资格考试的研究也可借鉴其他学科的理论、知识和方法。就翻译资格考试而言，以测量应试者笔译能力为目的的笔译资格考试属于测试的一种。外语教育教学实践中，笔译是语言测试中应用最古老的测试题型之一，也是外语教学中用来评估学生语言能力的一种方法和手段。随着翻译学学科建设的发展，翻译学成为一门独立的学科，笔译测试也开始用来对应试者的笔译能力进行测量。笔译资格考试是翻译测试的一种，属于翻译学的研究范畴，同时也具有测试学的一些特征。因此，针对笔译资格考试的研究可借鉴翻译学和测试学的相关理论和知识。

综上所述，在语言服务业和翻译行业快速发展并在社会生活中日益发挥重要作用，以及翻译行业中需要资格考试对职业口笔译人员进行资格认定、等级评定并衔接行业需求和人才培养的时代背景下，本书关注翻译的外部研究，以翻译学的跨学科属性为基础，将翻译学和测试学的相关理论、知识和方法结合在一起，对笔译资格考试展开研究。选取本课题主要基于以下两点考虑。

1.1.1　笔译资格考试研究的必要性

从笔译资格考试和翻译行业及语言服务业、翻译教育之间的关系来看，笔译资格考试在翻译的职业化进程中起着重要作用，对翻译行业的健康有序发展、翻译质量的提高、翻译人才使用效度的最大化，以及译者地位和作用的提升都有重要作用。此外，笔译资格考试对翻译教学也有指导意义。职业翻译教育的目的是培养希望进入行业并成为翻译行业所需要的职业笔译员，笔译资格考试可以作为设定职业笔译教学培养目标的参考。中国内地设立的全国翻译专业资格（水平）考试（China Accreditation Test for Translators and Interpreters，简称 CATTI）就将该考试和以培养高层次、应用型和专业性口笔译人才为目的的翻译硕士专业学位教育（Master of Translation and Interpreting，简称 MTI）挂钩。从某种程度上讲，笔译资格考试研究可以为专业翻译教学达到既定的培养目标提供参考。因此，笔译资格考试在翻译行业中的重要作用，以及将翻译行业和职业翻译教育连接起来的桥梁作用，体现出笔译资格考试研究的必要性。

鉴于笔译资格考试的重要性，目前许多国家和地区已经相继设立了不同的笔译资格考试体系，个别国家和地区还设立了多种笔译资格考试，如中国内地自 21 世纪以来，先后设立了一系列笔译资格考试，包括全国翻译专业资格（水平）考试（CATTI）中的笔译资格考试、全国外语翻译证书考试（National Accreditation Examinations for Translators and Interpreters，简称 NAETI）中的笔译证书考试、厦门大学笔译资格考试、全国商务英语翻译考试（English Translation Test of Business Language，简称 ETTBL）中的笔译证书考试等。

同时，也应该看到，和笔译资格考试的广泛设立相比，目前国际国内翻译市场中对各类笔译资格考试的认可度及笔译资格考试所发挥的作用并不理想。翻译行业中对笔译资格考试的作用尚未得到充分承认（苗菊和王少爽，2010；潘华凌和刘兵飞，2011），对考试缺乏了解（Chan，2009），招聘专业翻译人员时也并未将资格证书作为主要的衡量标准（Chan，2008，2009，2013；Pym，et al.，2012）。出现这种情况的部分原因可能是目前翻译行业还处在发展的上升阶段，职业化程度不高，许多体制尚未健全，而且许多国家和地区尚未建立相应的翻译相关法律体系，社会对资格认证的了解程度不高；也有可能是笔译资格考试的本身质量或使用本身存在一定问题，考试分数未能体现考生真实水平或能力。所有这些问题都需要展开针对性研究，一方面应了解现有笔译资格考试的现状，提高对笔译资格考试的认识；另一方面也需要对笔译资格考试本身进行分析，以发现可能存在的问题，探讨产生问题的原因和具体的解决办法，从而促进其进一步完善，更好发挥应有的作用。

1.1.2　笔译资格考试研究的缺乏

随着翻译活动不断向专业化和职业化方向发展，翻译行业中的一些特殊现象和问题为翻译学研究提供了新的研究领域。与此同时，翻译行业的健康发展不但需要自身不断完善，更需要相关管理部门和学术研究的关注。而无论从笔译测试还是从笔译资格考试的角度来看，目前针对这一领域的相关研究仍然比较缺乏，尚需更多学术研究和探讨。

从笔译测试的角度来看，笔译测试在外语教学和翻译教学中均起着重要作用，在一些语言水平测试中也有一席之地。但与笔译测试的广泛应用相比，对笔译测试的研究并没有受到应有的关注。口笔译测试虽然在语言测试的早期历史中占有重要地位，目前许多外语类测试仍然将口笔译作为外语能力测试的重要方法和手段，但在语言测试的研究中，口笔译测试似乎一直处于被冷落的角落。语言测试研究通常和心理测试及二语习得研究结合在一起，探讨语言测试的基本理论问题，关注的主要是外语的听、说、读、写等具体语言技能的测试方法，或交际语言能力、语用能力等特殊语言使用能力的测试方法，而对笔译这一题型的关注却不多。在教育与心理测试学和语言测试的相关研究中，笔译测试通常是被排除在外的，很少有研究对此有所涉及。国内仅有刘润清（1991）编著的《语言测试和它的方法》和邹申（2005a）主编的《语言测试》两部语言测试著作对笔译测试有所探讨。

从翻译学的角度看，包括口译和笔译测试在内的翻译测试是翻译学研究的重要组成部分，属于应用翻译学研究范畴，与口笔译教学研究和翻译行业研究有密切关系。目前的笔译测试研究虽然取得了一定成果，但远远不能满足翻译测试实践的需要。与语言测试的研究相比，笔译测试在基础理论研究和实际应用研究方面均存在不足，有关笔译测试的构念、设计与开发原则、测试质量评价等方面缺乏相应的理论研究成果，实际应用中也有大部分笔译测试亟待进行系统分析。Angelelli 和 Jacobson（2009：5）指出，当前缺乏对口笔译人员的能力和行为进行测试和评估的实证研究，对不同国家和地区的高风险性资格考试的研究更少，笔译测试"似乎是在真空中进行一样"。

从笔译资格考试的角度来看，目前仅有部分研究者开始关注不同国家和地区的笔译资格考试，包括美国笔译资格考试（Koby & Baer，2005；Pym et al.，2012；Koby & Champe，2013；Koby & Melby，2013）、澳大利亚笔译资格考试（Ko，2005）、中国内地 CATTI 笔译资格考试（冯建忠，2007；赵玉闪等，2007；蔡啸，2009）等，且大部分研究仍然停留在介绍和对比层面，缺乏从测试学角度对各资格考试的内在理论及效度展开讨论，无法得知现有国际国内笔译资格考试的普遍情况及存在问题。

此外，Lommel（2013）指出，在强调笔译资格认证及资格考试重要性的同时，还应该看到，现有针对资格考试的研究大多想当然地认为资格考试都是有益的，而没有考虑到低劣或不符合标准的资格考试可能带来的一系列弊端和问题。参加低劣的资格考试比没有参加资格考试带来的危害更大，不但浪费时间和资金，更会给口笔译人员和整个行业带来危害。因此，必须根据相关理论对笔译资格认证及资格考试开展针对性研究，以发现可能存在的问题，促进其发挥积极作用。

1.2　笔译资格考试测前理论效度研究的理论与方法

　　笔译资格考试研究涉及测试研究的各个方面，包括测试的设计与开发、组织与实施、评分与分数解释及使用等方面，其中测试的构念效度研究是测试研究的重要方面。本书借鉴语言测试研究中的构念效度研究理论与方法，拟从测前理论效度的角度探讨笔译资格考试的构念效度。选取这一视角进行研究主要基于以下两点。

1.2.1　构念效度及测前理论效度对笔译资格考试研究的重要性

　　作为测试的一种，笔译资格考试应符合测试学的基本原则和标准，对其研究也可以借鉴测试学的相关研究成果和方法，其中心理测试学和语言测试学是测试学中发展比较成熟且与笔译资格考试关系最密切的两个学科。在心理测试学和语言测试学研究中，测试本身的质量是实现测试目的及使测试结果可靠、可信和有用的基础和前提。从对测试的研究（Domino & Domino，2006：42；Kubiszyn & Borich，2003：299；Cohen & Swerdlik，2009：107）来看，效度（validity）是教育与心理测试、语言测试的根本问题之一，是测试的重要属性。效度也是对测试质量进行评价的最重要的标准和考试最基本的出发点（杨惠中 & Weir，1998：55；Bachman，1990：22；陈晓扣和李绍山，2006；金艳，2006 ；汪顺玉，2009：24）。

　　目前，效度理论的发展进入到效度整体观阶段，构念效度成为唯一的效度类型。构念效度虽然是测试的重要属性和最重要的评估标准，但并非其永恒属性，也无法通过测试设计者口头宣称就具有效度。要建立和保证测试的构念效度，需要从各个方面对测试进行不断和反复的证据收集与分析工作，为测试使用及分数解释的有效性提供证据，同时发现测试可能存在的问题，为其后续改进提供建议。对测试的构念效度研究可以在整个测试开发与使用的各个环节，通过搜集不同类型的效度证据来进行，其中首要关注的是测试实施之前的阶段。这一阶段涉及测试的设计与开发，关注的是测试设立的理论基础及测试设计对测试理论的实现程度，是保证测试工具本身质量和测试结果解释及使用的重要基础和前提。测试实施之前的构念效度证据被称为测前效度，由理论效度和内容效度组成，前者关注的是测试的构念，后者则关注的是具体的试卷内容。研究者们（如 Bachman & Palmer，1996：149；Weir，2005；邹申，2005a；邓杰，

2011 等）指出，对测试的质量评估在设计和开发阶段就应开始考虑，以保证测试在起始阶段和其他后续阶段的科学性，从而避免不必要的浪费。

测前理论效度研究关注的核心问题是测试的构念。构念（construct）指测试测量的心理特质，关注的是"测什么"的问题。在测试设计、开发与使用的过程中，构念处于基础和核心地位。测试的设计和开发者在明确了测试的目的、性质和拟面向的考生群体之后，就需要确定测试的构念，之后才能在构念的基础上进一步明确拟测量的范畴（test domain），并根据构念和范畴开发试卷。同时，对测试分数的解释和使用也应以构念为标准。关于测试能否达到设立的目的，构念的设立是否准确与恰当起着至关重要的作用。

对部分无法或暂时无法获取真实考试数据的考试而言，测前理论效度研究有特殊意义。一些大型标准化考试因其组织管理、保密政策等原因，无法公开或完全公开相关考试数据，如参加考试人数、考试结果、通过率等具体数据，这就为建立在分数基础上的测后效度研究带来了困难。但对测试，尤其是大规模考试的效度研究并不能因暂时性的数据获取受限而搁置，仍需要根据现有的资料掌握情况进行研究。测前理论效度研究主要关注的是测试在实施之前的效度程度，通常以考试大纲、测试工具等为证据来源，可以在资料有限的情况下开展相关研究，为测试的效度提供部分证据。

针对笔译资格考试而言，要探讨其存在的问题，应首先关注测试的构念效度，尤其是其测前理论效度。要保证笔译资格考试作用的充分发挥，就必须首先保证考试构念界定的准确和恰当，并以测前阶段的理论效度为研究出发点，探讨测试构念存在的问题。此外，从测前理论效度角度对笔译资格考试展开研究也是翻译学研究的重要内容。笔译资格考试的测前理论效度研究所关注的问题同时也是翻译学的研究内容，要求命题不但要符合测试学的基本命题要求，更要建立在准确、科学和恰当的构念之上，关注的核心是通过笔译资格考试可以测量出考生所具有的心理特质，即笔译能力。这就需要从翻译学的角度，探讨笔译资格考试中拟测量的笔译能力应包括哪些内容。从研究方法上看，测试实施之后的效度研究主要采用的是统计分析的方法，基本上可以按照教育和心理测试学及语言测试的研究方法进行。而笔译资格考试的测前理论效度研究更关注的是测试在实施之前的设计理念，这就需要充分结合测试学和翻译学的相关研究成果。因此，对笔译资格考试的构念及测前理论效度进行探讨，不但是衡量笔译资格考试质量的首要关注点，也是对笔译资格考试及笔译测试进行后续效度研究的前提和理论基础。

1.2.2　相关研究背景及资料获取局限

一方面，从笔译资格考试的学科性质来看，笔译资格考试和笔译教学测试是笔译测试在两种不同环境下的具体体现。笔译资格考试关注整体状态下的笔译能力，即考生的笔译能力发展到相对稳定状态下的特征；笔译教学阶段的测试以成绩测试和诊断测试为主，考察的是学习者在某一特定阶段的笔译能力，即学习者能力发展的阶段性特征，这就涉及笔译能力的发展和分级问题，而目前国内外关于笔译能力分级的研究尚未得出较统一和公认的结论。此外，教学环境中的笔译测试具体考试内容通常和教学内容、教学目的及考试目的有密切关系，不同学校、不同教师和不同学习阶段的笔译教学在教学内容上多有差异，在笔译测试的研究上也会更多关注到各笔译测试的不同，较难得出具有普遍性意义的结论。考虑到笔者的时间及精力有限，此处仅选取笔译资格考试作为研究对象，暂不涉及笔译能力的分级，只关注相对完整状态下笔译能力的测量问题。

另一方面，就测前理论效度对笔译资格考试进行研究也和相关考试资料获取的限制有关。目前部分国家和地区的笔译资格考试属于高风险（high-stake）标准化考试，许多信息只限于考试的组织和管理部门获得，有关考试的详细数据并未对外公布，这就对以统计分析为主要方法的测后效度研究带来了困难。不过，大部分笔译资格考试都对考试的性质、目的、面对考生群体、拟测量内容等信息进行了公布，从而为笔译资格考试测前阶段的效度研究提供了可能。因此，要对现有的笔译资格考试进行分析，可在已有资料的前提下，关注其构念是否准确和恰当，以及是否符合一定的标准，并通过测前理论效度来体现。

总的来看，笔译资格考试在翻译行业、翻译教学中的重要作用和其存在的问题为开展本书研究提供了必要性，构念效度及测前理论效度的重要作用是本书的理论视角，笔译资格考试研究的缺乏体现出翻译学科建设的必要，相关研究成果和资料的限制则进一步确定了本书的选题范围和研究视角。

本书以笔译资格考试为研究对象，借鉴测试学中的构念效度理论与研究方法，以测前理论效度为切入点，结合翻译学的相关研究成果，通过分析现有国内和国际部分笔译资格考试，探讨笔译资格考试在构念方面存在的问题、出现问题的原因及具体的解决办法。

针对以上研究内容，本书拟解决以下研究问题：

（1）笔译资格考试应测量构念有哪些特征？

（2）现有笔译资格考试构念有哪些特征？

（3）现有笔译资格考试构念存在哪些问题？如何解决这些问题？

以上第一个研究问题是本书的起点，确定了理论上笔译资格考试应测量构念所具有的特征，即应测量构念包括哪些成分和要素，各成分和要素之间的相对重要性如何。第二个研究问题是希望通过调查分析，探讨现有笔译资格考试构念的特征，包括构念构成特征和构念呈现特征。第三个研究问题是将问题（1）和问题（2）的结果进行对比，发现存在的问题，并结合翻译学和测试学的相关理论，探讨出现问题的原因，以及如何解决这些问题。这三个问题中，问题（1）和问题（2）为并列关系，这两个问题和问题（3）是递进关系，问题（3）建立在前两个问题的回答上。

按照穆雷（2010：3-20）提出的人文社会科学研究方法体系和翻译学研究类型，可以从研究性质、研究目的、研究逻辑等方面说明本书的研究方法。从研究性质看，本书以定性研究为主，将测试学和翻译学的相关研究结合在一起，系统分析笔译资格考试构念存在的问题及解决办法。从研究目的看，本书属于规定性研究，从多个角度分析现有笔译资格考试构念效度存在的问题，并提出相应的建议。从研究逻辑看，本书属于归纳研究，通过对现有笔译资格考试进行对比分析，发现存在的共性问题，并讨论具体的解决办法。

在具体研究方法方面，资料搜集和获取方法以文献法为主，数据的描述、分析和解释方法包括对比分析法、综合分析法、理论思辨法等。文献法主要通过梳理回顾现有的翻译能力和笔译能力研究相关成果，并分析有关翻译行业现状和职业笔译员能力需求的调研报告及调查报告，探讨理论上的笔译能力构成和翻译行业中的职业笔译员能力构成；同时，搜集部分笔译资格认证及资格考试组织管理部门公布的相关考试信息，分析现有笔译资格考试构念具有的特征。对比分析法则通过对比各笔译资格考试构念、笔译资格考试现有构念和应测量构念，以发现各考试构念的共同特征及各自特点，以及现有考试构念存在的问题。综合分析法主要将现有笔译资格考试现状、翻译行业现状、测试学标准等结合在一起，探讨现有笔译资格考试存在的问题、原因及相应的解决办法。理论思辨法则贯穿于对数据进行对比分析、综合分析的整个过程。

本书的研究内容、研究问题、研究方法和预期结果之间的关系如表 1-1。

表 1-1 研究内容、研究问题、研究方法、预期结果之间的关系

研究内容	研究问题	研究方法	预期结果
从测前理论效度角度分析现有笔译资格考试的构念效度	笔译资格考试应测量构念有哪些特征？	文献法；对比分析法；综合分析法；理论思辨法	笔译资格考试应测量构念构成
	现有笔译资格考试构念有哪些特征？		现有笔译资格考试构念构成及呈现特征
	现有笔译资格考试构念存在哪些问题？如何解决这些问题？		现有笔译资格考试构念存在的问题、原因及解决办法

1.3 研究定位及全书结构

按照 Holmes（Munday，2008：10）提出的翻译研究结构图，本书属于应用翻译学的研究范围，关注的是应用翻译学研究中的翻译测试研究，是对翻译测试基本理论的探讨。按照穆雷（2012）提出的翻译学研究范围，本书属于应用研究中的测试研究，而资格考试又属于翻译管理研究，与翻译行业和评估都有密切关系。

本书共分七章。第1章为绪论，主要介绍本书的研究背景、选题缘由、研究意义、研究内容、研究问题、研究方法、研究定位，以及本书的整体结构等。

第2章为文献综述，拟从测试学相关理论、笔译测试研究、笔译资格考试研究和笔译能力研究四个方面，对本书涉及的相关理论和相关领域的研究成果进行回顾、梳理和分析，发现前人研究中存在的问题，以及解决这些问题的方法，将其作为本书的研究基础和起点。

第3章为理论框架，在明确研究核心概念工作定义的基础上，根据研究目的和研究问题，将测试学中的构念效度及测前理论效度理论应用到笔译资格考试研究，提出从测前理论效度角度对笔译资格考试构念效度进行研究的理论框架，作为解决本书提出的研究问题的理论指导。

第4、5、6三章为本书的主体部分，集中分析笔译资格考试的构念效度问题。其中第4章主要用来回答研究问题(1)，第5章回答研究问题(2)，第6章回答研究问题(3)。

第4章探讨笔译资格考试应测量构念特征，通过对比分析部分笔译能力理论模型，探讨建立在理论思辨及实证实验研究基础上的笔译能力参数集（理论）构成；通过对部分翻译行业调研及企业报告进行分析，探讨职业笔译能力模型构成；最后将以上两个能力构成进行对比分析，论述笔译资格考试应测量构念构成，即构念成分、要素和内涵，以及各成分和要素之间的相对重要性。

第5章收集现有国际及国内部分笔译资格考试的相关资料，通过对相关数据的分

析，探讨现有笔译资格考试构念构成，即构念成分、要素和内涵，以及各成分和要素之间的相对重要性；同时通过对各笔译资格认证及资格考试组织管理部门公布的各种资料和信息进行分析，探讨笔译资格考试构念的呈现途径和形式。

第 6 章将第 4 章和第 5 章研究结果进行对比分析，通过对比现有笔译资格考试构念构成和应测量构念构成，分析两者之间的对应程度；通过分析现有笔译资格考试构念和考生特征，探讨笔译资格考试构念对考生特征的适切性；通过分析现有笔译资格考试构念的呈现和对考生特征的说明，探讨笔译资格考试构念的清晰度。之后将三者相结合，探讨现有笔译资格考试的构念构成和构念呈现方面存在的问题、原因及具体的解决办法。

第 7 章为本书的结论部分，回顾本书的研究发现，回答研究问题，总结通过研究得到的启示和可能的贡献，反思本书存在的局限性，并对未来研究提出展望。

本书的整体研究思路如图 1-1。

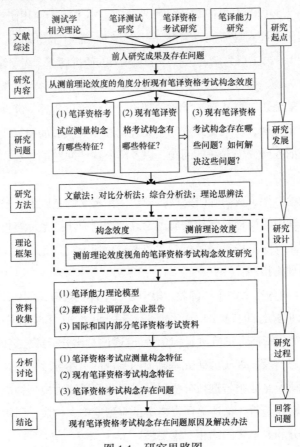

图 1-1　研究思路图

第2章 笔译资格考试及构念效度研究概述

本章主要对本书涉及的已有成果进行回顾，根据本书的研究内容和研究问题，主要从测试学相关理论研究、笔译测试研究、笔译资格考试研究和笔译能力研究四个方面展开。其中测试学相关理论涉及测试开发过程、测试评价标准、构念效度、测前理论效度等相关理论及研究方法，作为本研究的理论基础；笔译测试研究和笔译资格考试研究分别回顾已有研究成果及存在问题，作为开展本研究的前提和起点。从逻辑关系上看，前三个部分在学科领域上属于由总体到个体的关系，在研究内容上属于理论基础和研究起点的关系；第四部分则和前三个部分均存在一定关系。因此，本章既是开展整个研究的基础，也为本研究指明了具体的研究方向和可采取的视角与方法。

2.1 测试学相关理论简述

本章首先就研究中涉及的测试相关理论和概念进行简述，包括测试开发过程和测试评价标准、构念效度及测前理论效度两个方面。就测试学而言，由于教育与心理测试学、语言测试学与笔译测试及笔译资格考试有密切关系，在相关测试理论方面也和笔译测试及笔译资格考试最为接近，本书主要借用的是心理测试和语言测试研究中的相关测试理论和概念。因此，这里的"测试学"主要指心理测试学和语言测试学。

2.1.1 测试开发及评价基本原理

2.1.1.1 测试开发过程

从测试使用的具体步骤来看，测试研究涉及测试的设计、开发、实施、评分及对测试质量进行评价等环节。语言测试研究中，测试是一个包括多个阶段和环节的复杂过程。Bachman 和 Palmer（1996：85-87）指出，考试的创建及使用过程包括设计（design）、操作化（operationlization）和实施（administration）三个阶段。

邓杰（2011：87-88）则以测试的实施为切入点，将测试过程分为设计、开发、具体实施、评分和使用等环节，其中设计和开发环节为测前阶段，评分和使用环节为测后阶段。设计环节的主要任务是确定考试目的、划定考试范畴、确定考生对象特征及考试需求，在此基础上对考试进行设计，产生的结果应为考试规范（test specification）和考试大纲（test syllabus）等纲领性文件（邹申，2005a：39-40）。开发环节的主要任务是将测试的考试规范和考试大纲进行操作化处理，形成由考试任务和考试项目组成的初步试卷，经过对试卷的试测及修订，成为正式的测试试卷。实施环节主要是按照一定的规则、步骤和要求实施测试行为，得出的结果为考生反应（test-taker response）。测试实施之后，根据事先确定的评分标准、原则和方法进行评分，得出的结果为考生的考试分数。使用环节则需要根据测试的目的及考生反应特征，对考试分数进行解释及使用。

　　语言测试各阶段之间的关系如图 2-1（参考 Bachman & Palmer，1996：67；邹申，2005a：39-40；Weir，2005：17；邓杰，2011）。

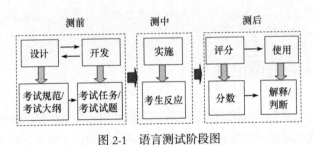

图 2-1　语言测试阶段图

　　各环节中最重要的是考试规范的制定。考试规范指"设定考试应测内容以及如何进行测试的文件"（a document which sets out what a test is designed to measure and how it will be measured）（Davies et al.，2002：207）。考试规范通常被称为测试的蓝图（blueprint）（Alderson et al.，2000：9）。一般情况下，考试规范应说明考试目的、考试范畴、考试对象、考试内容、考试方式、考题类型、试卷结构及分值、考试实施、评分标准及方法等内容（邹申，2005a：42-43）。广义上的考试规范除考试大纲外，还可包括由考试主管机构及命题专家公布的报告、文献、文件等。考试规范是测试在设计与开发阶段最重要的组成部分，涉及测试的目标构念、测试的心理测试特征和测试分数的外部关系，是命题专家进行命题的根据，对保证考试的稳定性有重要意义，也是考试评估人员进行效度研究的重要证据来源。

　　测试设计阶段首先应确定的是考试构念。构念最早是心理学的概念，指用来描述或解释行为的科学理论或假设（Cohen & Swerdlik，2009：193）。构念这一概念后来被引入测试学研究中，用来指考试要测量的一种或多种特质（the trait or traits that a test is intended to measure）（Davies et al., 2002: 31）。构念既可以用来指某测量工具或考试分数实际估计的心理特质，也可以用来指该考试工具意欲测量的心理特质（汪顺玉，2009: 23），前者用来解释一个考试分数到底测量了什么，后者用来说明为测量拟测构念应如何设计和开发试卷。不过在测试学中，一个考试的构念通常会同时包括以上两个含义。构念通常以理论的形式出现，并通过操作化的形式体现在考试之中，因此是不可直接测量和观察的。

从测试的基本环节来看，构念是整个测试设计和开发的前提和基础，只有首先根据测试目的确立了拟测量的构念，回答了"测什么"的问题，才能在此基础上开发试卷，通过具体的试卷设计来回答"如何测"的问题，并在测试实施之后根据测试分数做出相应的判断或推论，即分数所代表的具体内涵，以及如何对测试结果进行解释和使用。Bachman 和 Palmer（1996: 116）指出，在测试的设计和开发阶段，应明确测试的构念，构念应包括哪些能力、不应该包括哪些能力，以及各构念成分的具体要素及内涵。构念可分为大纲构念和理论构念，大纲构念主要应用于教学环境下，根据教学大纲确定；理论构念选取某一具体理论作为构念，通常用于水平测试中。构念的建立方面，陈晓扣和李绍山（2006）指出应从任务分析、教学大纲分析和语言能力理论阐释三个方面建立语言测试的构念，在此基础上确定构念的操作化定义，并为测试的效度研究做好准备。

2.1.1.2 测试评价标准

针对测试质量的论述早在 19 世纪就开始了，早期的测试质量研究主要关注的是测试的一致性（即信度）（Kunnan, 2008）。20 世纪以来，对测试的评估研究逐渐增多，如 Bachman 和 Palmer（1996: 17-19）指出，设计与开发语言测试的最终目的是使用，因此有用性（usefulness）是语言测试最重要的属性，由6个方面构成，即信度（reliability）、构念效度（construct validity）、真实性（authenticity）、交互性（interactiveness）、影响力（impact）和可行性（practicality）。Brown（2004: 19）提出语言测试的 5 个原则，即可行性、信度、效度、真实性和反拨作用。Henning（2001: 9）提出测试评价的一系列标准，包括效度、考试难度（test difficulty）、信度、适用性（applicability）、相关性（relevance）、可复制性（replicability）、可解释性（interpretability）、经济性（economy）、可用性（availability）和可接受性（acceptability）。

从以上不同研究者提出的测试属性、标准及原则中可以看出，对测试质量进行评价的标准和原则有多重，可根据具体的测试目的选择部分作为侧重点，其中尤其值得关注的是测试的效度/构念效度、信度、真实性、交互性、影响力和可行性等方面。效度/构念效度是测试最复杂的属性和标准，后文会专门进行介绍。信度和可复制性、可解释性相关，指测试的一致性、可靠性和稳定性，即同一测试在不同实施环境下的结果应该是稳定的。Brown（2004：20-22）认为信度可分为考生信度、评分员信度、考试实施信度和考试信度 4 个方面。真实性指语言测试任务与实际语言使用的对应程度，这种对应程度既可体现在测试任务的对应程度和考生及测试使用者的预期反应两个方面（Bachman & Palmer，1996：136），也可体现在测试语言的自然性、测试题项提供的相应语境等方面（Brown，2004：28）。交互性和测试的适用性相关，指考生特征在测试任务中的反映程度，即考试构念中是否考虑到了考生所具有的一系列特征。影响力和反拨效应及可接受性相关，指测试对社会、教育体系及个人可能产生的影响。可行性和适用性、经济性和可用性相关，和测试的实施有关，指测试实施所需资源的获取程度；具体说来，要达到可行性，测试费用不能过高，应有考试时间限制，考试实施方便，同时有明确及有效的评分方法（Brown，2004：19）。

2.1.2 构念效度及测前理论效度研究

2.1.2.1 效度基本概念

从以上对测试质量评价的相关论述可以看出，效度和信度是测试最重要的特征（Kubiszyn & Borich，2003；Domino & Domino，2006：42；Cohen & Swerdlik，2009：107），是教育和心理测试学及语言测试研究中对测试进行评价的核心概念，也是衡量测试是否达到预期目的的最主要的标准，而效度又是测试质量的核心和基本出发点（杨惠中和 Weir，1998：55；陈宏，1999；Fulcher & Davidson，2007：3）。

效度最初是教育与心理测试的概念，较为明确的概念形成于 20 世纪 20 年代（韩宝成和罗凯洲，2013）。第一个将效度与语言测试研究结合在一起的是 Lado（Kunnan，2008）。随着心理测试和语言测试研究的发展，效度的概念也发生了一定变化。关于效度的历史发展阶段，心理测试学和语言测试学研究已经有充分论述，并根据不同的划分标准对各个阶段进行了探讨，目前的研究（Chapell，1999；邹申，2005a；李清华，2006；汪顺玉，2006，2009；邓杰，2011 等）通常将效度理论发展分为单一效度观、效度分类观和效度整体观三个阶段，各阶段效度观在效度内涵、种类及研究方法上均有一定差异。

第一阶段为早期的效度观，因这一时期的效度观主要指的是效标关联效度

（criterion-related validity），又称为单一效度观（邹申，2005a：12）、效度预测论（汪顺玉，2009：11）。此处的效标指具有同一构念和考试范畴的其他测试或测量工具；效标关联效度即测试分数在多大程度上预测了标准测试分数（李清华，2006）。

第二阶段为效度分类观，即认为效度分为不同种类，指测试是否测量了它所要测量的（Weir，2005：12）。在效度分类观时期，效度是测试的重要属性，如果测试在效标、内容及构念方面具有效度，那么就可以宣称测试是有效的。此外，效度和信度、可区分性都是衡量测试质量的重要方面，但效度和信度之间是相互矛盾的，高效度和高信度不能同时兼顾，要达到高效度就必须牺牲高信度，反之亦然（李筱菊，2001：32-43）。

第三阶段为效度整体观（a unitary concept of validity），即认为构念效度是测试唯一的效度种类。效度整体观最早由 Messick（1989：13）提出，将效度定义为：实证证据和理论依据对测试分数解释及行为充分性的支持程度（the degree to which empirical evidence and theoretical rationales support the adequacy and appropriateness of interpretations and actions based on test scores）。此后，美国《教育与心理测试标准》（*Standards for Educational and Psychological Testing*）将测试的效度定位为：根据所设想的测试使用目的，（所搜集的）证据和（依照的）理论支持测试分数解释的程度（the degree to which evidence and theory support the interpretations of test scores entailed by proposed uses of tests）（AERA，1999：8；汪顺玉，2009：32）。从该定义可以看出，效度不再是测试本身的属性，而是测试分数使用及其解释的属性；分数解释及其使用的效度则依赖于解释理论的逻辑理据和支持这种理据的实证依据的充分程度（汪顺玉，2009：33-34）。因此效度是一个程度问题，并不是有或无的属性，而是相对的；测试的效度和测试的目的有密切关系，一个测试可以针对某一测试目的有效，但不可能对所有的目的有效。效度整体观下的效度关注点已经从测试本身转移到对测试分数意义及使用的解释，以及测试产生的社会后果。效度整体观因此又被称为新的效度观，之前的单一效度观和分类效度观被称为传统效度观（Chapell，1999；李清华，2006）。此外，就信度和效度的关系而言，效度整体观将信度作为效度的一种，即评分效度。效度整体观强调对测试的社会效果及影响的关注，代表了效度发展的最新成就。

效度理论发展的历史过程中，由于不同研究者探讨效度的视角不同，产生了一系列效度类型。Cumming（1996：3-4）的研究中提到了近20种效度类别，Davies等（2002）编撰的《语言测试词典》（*Dictionary of Language Testing*）则收录了14种效度类型，包括内容效度/理智效度（content validity/rational validity）、构念效度（construct validity）、共时效度（concurrent validity）、系统效度/后果效度（systematic validity/consequential validity）、聚合效度（convergent validity）、效标关联效度（criterion-related validity）、区分效度（discriminant validity）、表面效度（face validity）、离散效度（divergent validity）、外部效度（external validity）、预测效度（predictive validity）和反应效度（response validity），等等。Alderson 等（2000：171-172）则将测试效度分为内部效度、外部效度和构念效度三个类别，其中内部效度包括表面效度、内容效度和反应效度，外部效度包括共时效度和预测效度。李筱菊（2001：32-43）将语言测试的效度分为内在效度、外在效度、使用效度、超考试效度4个大类，其中内在效度包括内容效度和构念效度，外在效度包括同期效度和预测效度，使用效度包括表面效度和反应效度，超考试效度包括实效效度和反拨效度。Weir（2005）将测试效度分为理论效度（theory-based validity）、环境效度（context validity）、将评分效度（scoring validity）、效标关联效度和后果效度等类别，并按照测试的设计与开发过程将理论效度和环境效度称为测前效度证据（a prior validity evidence），将评分效度、效标关联效度和后果效度称为测后效度（a posteriori validity evidence）。汪顺玉（2009：25-28）通过对效度概念的梳理，发现效度研究的文献中出现有 30 余种效度类别。这些分类方法虽然不同，但基本上都包括内容效度、效标关联效度和构念效度三个部分，其中效标关联效度又包括预测效度和共时效度。内容效度、效标关联效度和构念效度这三种效度类型也被称为"效度神圣三部曲"（the holy trinity）（Shepard，1993；汪顺玉，2009：11），并被认为是最重要和最核心的效度类型（Kaplan & Saccuzzo，2009：135），构念效度也和内容效度、效标关联效度一起成为测试学研究中讨论最多的效度类别（Shepard，1993；Murphy & Davidshofer，2005：154；Domino & Domino，2006：52；Fulcher & Davidson，2007：4；Embreston，2007）。

构念效度（又称为结构效度、建构效度）最初于 1954 年被引入美国《教育与心理测试标准》（*Standards for Educational and Psychological Testing*），并成为效度的一种类型。传统效度观中，构念效度因涉及理论和理论与数据的关系而成为最复杂的一种效度类型（Embreston，2007），因此构念效度又被称为理论效度，在语言测试中指语言学习理论的代表性程度（Davies et al.，2002：33）。随着效度理论的发展，研究者们开始关注构念效度，构念效度成为需要多种证据来支撑基于测试分数进行推断的统一概念（Cumming，1996：5）。构念效度作为唯一的效度类型是由 Messick（1989）提出的，他同时将效度的范围从测试分数的意义扩展到意义的价值和社会后果方面（Shepard，1993）。汪顺玉（2009：29-32）回顾了构念效度的发展演变，指出构念效度由最初的不被重视到成为效度的一种，再到成为唯一的效度种类，体现出测试学中构念效度概念的发展。

在以构念效度为核心和唯一效度种类的效度整体观下，不再将效度进行分类，而统称为效度或构念效度，以往的各效度类别成为效度整体观下各效度证据的不同纬度。构念效度成为包括内容效度、效标效度、关联效度和构念效度及社会后测和测量价值等内容的综合概念（汪顺玉，2009：11）。各效度证据之间存在互补关系，而不是替代关系。传统的各个类别效度成为各个维度的效度，以及不同类型的效度证据（Messick，1995）。

不过，虽然效度整体观认为测试只有一个效度，不需要再将效度进行分类，而统称为效度或构念效度，以往的各效度类别成为不同方面的效度证据，但在具体的研究中，仍然有研究者（Weir，2005；邓杰，2011 等）沿用传统效度分类观中的术语，在效度整体观的理论框架之下探讨构念效度、内容效度、效标效度等各效度种类。同时，现有效度研究中在"效度"和"构念效度"的使用上也存在一定的混乱。一些坚持采用传统效度分类观的研究者用"构念效度"来指代理论效度，而坚持效度整体观的研究者虽然认为效度只有一种，传统效度观中的各种效度都是效度的各个方面证据，但却对这个"统一的效度"采用了不同的术语，有研究者采用的是"构念效度/结构效度"（如 Bachman & Palmer，1996；陈晓扣和李绍山，2006；汪顺玉，2009 等），也有研究者只简单使用了"效度"（邹申，2005a；李清华，2006 等）。因此，本书中的"理论效度"指传统效度观中的"构念效度"和效度整体观中的"基于理论方面效度"，而"效度""构念效度"均指效度整体观中的整个效度。

2.1.2.2　构念效度验证的理论与方法

对测试效度的研究又称效度验证（validation），主要收集并分析相关证据以说明测试或测试分数使用或解释的有效性（Urbina，2004：151；Cohen & Swerdlik，2009：185）。方秀才（2011）指出，效度验证的过程回答了测试是否很好地履行了它设计时所应达到的检测任务，是衡量测试质量最重要的方式和途径。

效度理论发展的不同阶段中，效度验证的基本内涵也发生了变化。单一效度观时期的效度验证以效标关联效度的研究为主，从测试外部寻找证据以说明测试分数与外部测试成绩之间的相关性。分类效度观时期的效度验证则同时从测试内部和外部为各种效度寻找相关证据，其中理论效度、内容效度和效标关联效度是关注最多的效度证据来源。效度整体观时期的效度研究则以构念效度为核心，从测试的各个环节和各个方面寻找证据，以说明测试分数及对测试分数解释的有效性。此外，效度研究需要在测试的各个阶段、各个环节进行，而且是一个无休止的过程。效度验证可以根据具体的研究目的、研究工具和相关资料的掌握程度，选择对某一个阶段或某一类效度证据进行研究。

为了保证测试具有效度，需要从各个方面收集相关证据，通过具体的分析来说明测试的效度程度。效度整体观时期的效度验证中，Messick（1989；1995）和美国《教育与心理测试标准》（*Standards for Educational and Psychological Testing*）（1999）分别提出了效度验证模式、不同证据种类及具体的搜集方法。此外，语言测试研究中，Bachman（2004）、Bachman 和 Palmer（2010）提出测试有用性框架（test usefulness framework），并在 Kane（2006）提出的基于论证的验证模式（argument-based approach to validation）基础上，提出了测试使用论证框架，即 AUA 模型（Assessment Use Argument）（韩宝成和罗凯洲，2013）。该模型主要建立在考试结果得到的证据之上，不仅可以用于分数解释与使用，也可用于试卷开发与设计（辜向东和彭康洲，2008；柳明明，2011；胥云，2011；徐启龙，2012a，2012b）。Weir（2005：17-39）提出了以证据为基础（evidence-based approach）的语言测试效度验证模式，将测试效度分为测前证据（包括理论效度、环境效度）和测后证据（包括评分效度、效标关联效度和后果效度），并建构了社会-认知（socio-cognitive）视角的效度验证框架。邹申（2005b）提出了 R.A.R.E.的效度验证方法，即回顾（review）、分析（analysis）、修改（revision）和评价（evaluation），并从考试范畴、测试外部对比、反应一致性、分数分布、考试构念等方面来搜集证据。邓杰（2011；2012）提出了累进辩论效度验证（progress argument validity）方法，采用"是什么、怎么样、为什么"的逻辑顺序，强调从设计效度、开发效度、实施效度、评分效度、使用效度、效标效度等方面开展效度研究。这些效度验证模型既有从研究方法的角度提出的，也有从逻辑推理的角度提出的。其中一些模型受到了一定的质疑，如邓杰（2011）认为 Bachman 提出的 AUA 模型存在一定的理论缺陷；有些模型只是被提出，具体的操作方法还有待进一步验证。

在效度证据的收集方法上，现有的效度研究通常采用理论和事实证明相结合、证实和证伪相结合、实证研究和现象学研究（文本分析）相结合的方法（汪顺玉，2009：39）。其中的定性方法包括语言记录、观察、问卷调查、访谈、文本分析、话语分析、任务特征分析、人种志研究；统计方法包括相关分析、因子分析等（汪顺玉，2009：40）。邹申（2005b：2-21）指出，效度验证的证据来源包括理论证据和实证数据两个方面，理论证据包括考试性质、考试目的、考试大纲、考试规范/细则等，实证数据包括考试反应、考生情况、其他效标数据等。

效度研究过程中还应注意可能产生的效度威胁。效度的威胁有两种，一类是构念无关因素（construct-irrelevant variance）的参合，二是构念代表不良（construct under-representation）（Messick，1989；Davies，et al.，2002：33）。构念无关因素参合指测试中因出现了和构念无关的因素而导致考试分数出现变化，可以说是一种测量错误（measurement error）（Davies，et al.，2002：32；汪顺玉，2009：44）。这种构念无关变量又可根据对测试造成的难易程度分为构念无关过难因素（construct-irrelevant difficulty variance）和构念无关过易因素（construct-irrelevant easiness variance），前者指测试中因包含了不应测量的构念或因素而使测试相对于部分考生无端增加难度，后者指测试因包含了不应测量的构念或因素而使测试相对于部分考生更容易正确答对题或完成任务（汪顺玉，2009：44-45）。构念代表不良指测试不能完全代表测试构念所包含的内容或理论，或没有将测试构念应包含的内容或理论包括在内，从而造成测试的构念被狭义化和局限化（汪顺玉，2009：43-44）。此外，构念代表不良还包括构念的代表性，即针对拟测量的多个构念而言，为避免构念代表不良，最重要的构念应受到的关注最多，最不重要的构念受到的关注最少。这两种情况都涉及构念的构成，均会对测试的结果、测试分数的解释及其使用产生影响。

2.1.2.3 测前理论效度研究

测前效度的概念最早由 Weir（2005）提出，指测试在实施之前的效度证据，包括理论效度和环境效度两个方面。不过，单就理论效度而言，又可以根据证据类型及具体的搜集方法分为测前阶段和测后阶段两个部分（Weir，2005：17），测前理论效度即测前阶段所具有的理论效度证据。Weir（2005：17-18）认为，以往的测试效度研究过于关注测试之后的统计学证据，忽视了在实施测试之前的理论证据。测前理论效度的提出是为了强调测试在实施之前具有效度，研究者应在测前阶段清楚说明测试拟测量的构念，以保证拟测构念与理论构想密切相关，同时不应涉及测试不希望包含的构念。Weir（2005：20-21）还指出，测前阶段的理论效度和测试的评分效度有密切关系，测前理论效度不但要明确测试的评分方法和评分标准，以保证测试的评分效度；评分效度中对评分标准的制定和说明也是实现测前理论效度的重要证据。

此外，邓杰（2011）在其提出的累进效度观中，将语言测试的过程分为测前、测中和测后三个阶段，各个环节之间互相联系，并产生出不同的效度，包括设计效度、开发效度、施测效度、评分效度、使用效度和效标效度，所有效度均以构念效度为中心；根据测试的具体实施过程，设计效度和开发效度又可称为测前效度，施测效度、评分效度、使用效度和效标效度称为测后效度。测前效度是测试尚未实施就存在的效度，又称为预测效度，测后效度又称为实际效度。测前效度中，设计效度主要指考试细则在多大程度上体现了测试的目标构念，其中最重要的内容是对构念的界定和构念测试方法的确定（邓杰，2011）。

　　测前效度的提出体现出语言测试研究中对实施之前测试本身质量的关注。Weir（2005）指出，测试在实施之前也是具有效度的，在设计和开发测试的时候就应该比较清楚地确定测试的目标构念，以及如何根据构念开发试卷。邓杰（2011）认为，效度不但是测试分数及其解释的属性，更是测试本身的属性，那种认为效度只是测试分数及其解释属性的观点只能算是狭义的效度观。因此，效度整体观下的效度研究应该从测试的各个环节入手，每个环节都存在一定的效度；效度虽然是测试分数及分数解释的属性，但测试本身的质量对测试分数及其最终解释的有效性都有重要意义，在探讨测试效度的同时，也应该将测试本身的质量包括在内。

　　事实上，其他一些研究者虽然没有明确提出测前效度的概念，但也指出测试在实施之前效度证据的重要意义。Bachman 和 Palmer（1996：22）指出，效度整体观下的效度还应该包括测试本身的效度；对测试效度的研究不但要关注测试的分数，更应该在测试的设计和开发阶段就实行。Borsboom 和 Mellenbergh（2004）则认为将效度作为测试分数及解释属性的观点是肤浅的。韩宝成和罗凯洲（2013）指出，语言测试的效度研究中通常对测试的试卷与任务予以关注，而设计、生产与使用这些试卷与任务的过程却无人问津，效度验证成为"事后诸葛亮"，从而对其先天的质量缺陷束手无策。

　　笔者认为，在效度研究从分类观到整体观的演进过程中，研究的重点已经从测试本身转移到了测试最后阶段的产生结果——测试分数及其对测试分数的解释和使用。新的效度观代表了效度研究的最新成果，体现出效度研究的社会学倾向。但这种过于强调测试分数解释而忽略效度本身质量的观点仍然存在一定的缺陷。虽然对测试分数的解释和使用是测试的最终目的，但测前阶段的设计和开发对测试结果的重要性仍然不能忽视，这是保证测试分数解释和使用有效与有用性的基础和前提。只有将测试本身质量和测试分数解释及使用结合在一起，才能从整体上把握测试的效度。因此，效度整体观下的效度概念不应只包括测试实施之后，更应该将测试在实施之前的设计和开发阶段包括在内。此外，只有在测试设计和开发的最初阶段就开始关注效度问题，确保测试理论基础和试卷结构及内容的科学性，才能保证整个测试结果的有效性。测前效度概念的提出，强调了对测前阶段测试质量进行关注的重要性，可以说是对以分数解释和使用为重点的效度整体观的补充。

　　因此，测前效度验证是整个测试效度研究的重要组成部分，对评价测试的整体质量有重要意义。尤其对于测前理论效度而言，它是整个测试设计、开发及后期对试卷进行评估和分数使用、解释的基础，对最终的测试分数使用及解释有重要意义。测前效度验证主要是在测试实施之前就开始收集相关证据，并对证据进行分析，以说明测试的理论效度和内容效度。从效度验证的模式来看，Weir（2005）提出了测前效度验证的模式，指出测前效度研究主要包括理论效度验证和环境效度验证两个方面，而在探讨理论效度和环境效度时，还必须对考生特征进行分析。邓杰（2011）提出的累进效度观中，理论效度和内容效度的验证采用单向循环的方法，即根据测试的设计环节流程，理论效度的研究先于内容效度的研究，只有在验证测试具有较高理论效度的基础上才能进一步验证内容效度。方秀才（2012）认为效度验证可从测试之前、之中和之后三个方面进行，测前主要是基于理论的证据，测中主要是基于过程的证据，测后主要是基于结果的证据。因此，测前效度证据来源的一个重要方面是理论证据，收集该证据的来源主要是理论效度证据。

测前理论效度研究的关注点是测试的构念，主要是通过对考试规范和考试大纲等相关文件的分析，一方面确定测试构念与测试目的和实际行为取样的拟合程度，另一方面对考试规范和考试大纲中对构念说明的清晰和可理解度进行判断（Bachman & Palmer，1996：140-141）。因此，测前理论效度研究的核心是确定测试的构念，并对测试构念的构成、适切性、清晰度等进行分析，并分析考试中是否存在构念代表不良和构念无关因素两个测试效度的威胁。

以上对构念效度、效度验证和测前理论效度的基本理论和方法进行了回顾。效度理论已经发展到效度整体观时期，传统效度观中的各类效度成为整体观时效度证据的不同来源。测试在考试实施阶段的效度包括理论效度、内容效度和评分效度，统称为测前效度，其中理论效度是整个测试效度的基础和前提，也是效度整体观时期构念效度的重要组成部分。效度整体观下的效度验证可从多个方面、多个环节开展，而传统的各种效度验证方法及模式也可应用于现有效度研究之中。

2.2　笔译测试研究

2.2.1　笔译测试相关概念辨析

2.2.1.1　测试及笔译测试

为了对研究对象及研究内容有更清晰的认识，本部分首先对一些比较容易混淆的术语进行辨析，包括"assessment""measurement""test""testing""evaluation""examination"测试、测量、考试、评估、评价等。穆雷（2007）曾从中英文辞典和词典定义、教育测试学等视角探讨了测试、考查、测验、考试、"testing""assessment""evaluation" "measurement"等术语的定义及其区别；并将"testing"和"test"译为测试，"assessment" 译为评估，"evaluation"译为评价，"measurement"译为测量，"examination"译为考试。他认为测量是用量化手段描述事物；评估和评量/评价/评鉴则用语言描述对象，是一种价值判断；测试是一种特定测量，是评估和评价的基础；评价比评估更为主观。以上分析从各术语的基本概念出发，在一定程度上辨析了各术语之间在基本内涵上的差异。

鉴于笔译测试和语言测试之间的密切关系，对以上术语的界定还可以借鉴语言测试中的具体应用。先看语言测试中文文献中对这些术语的界定。王振亚（2009：1-3）对测试、测量、评估、评述的区别如下：测试（testing）是"一种特殊测量技术，以获取量化（由数字体现）的信息为目的，该信息反映应试者所掌握的某一方面的知识或能力的程度"；测量（measurement）指"收集量化的信息来决定被测量之物（不限于知识或能力）存在的程度"；测试与测量的区别在于测量可以使用不要求评分员对其答案做出正误判断的问题，而测试的每一道问题都有正确答案；评估（evaluation）不限于量化手段，也可使用定性手段系统收集信息，目的是做出价值判断或决定；评述（assessment）应用最广泛，可以和测试互换使用，也可以广义上指收集包括测试数据的语言数据，还可以狭义上指不包括测试的各种评估手段。也就是说，评估是评述的一种形式，需要做出价值判断；测量是评估的一种，仅采用定量手段收集信息；测试是测量的一种，仅由评分员可以对答案做出正误判断或是否达到测试要求判断的题目构成。这一观点中对测试、测量的界定及其分析和穆雷（2007）的观点一致，而且更进一步指出了两者之间的区别；对"evaluation"和"assessment"的界定也和前面基本相同，只是英汉对应词不同。

再看语言测试英文文献中的区分。Bachman（1990：18-20）对"measurement""test" "evaluation"等词语进行了辨析，指出"measurement"指根据明确程序和规则对人的特征进行量化的过程（the process of quantifying the characteristics of persons according to explicit procedures and rules），"test"是"measurement"的一种工具，"evaluation"则指以决策为目的系统收集信息的过程（the systematic gathering of information for the purpose of making decisions）。三者之间的区别在于："measurement"是一种量化过程，"test"的作用是引导出个人行为，"evaluation"则具有价值判断的性质。Bachman（1990：23）进一步指出，"test"是"evaluation"的基础，"evaluation"和"measurement"两者之间有重合之处，但并不完全相同。这一概念和中文文献中的界定基本相符。

在由 Davies 等（2002）编著的《语言测试词典》（*Dictionary of Language Testing*）中，对 "evaluation" 的定义和 Bachman（1990）的界定相同，并认为 "assessment" 可以和 "testing" 互换使用，但 "assessment" 应用范围更广，包括收集数据并可采用访谈、个案研究、问卷、观察等工具，而狭义的 "assessment" 不包括 "test"（Davies, et al., 2002：11）。"examination" 和 "test" 基本上属于同义词，经常互换使用，不过 "examination" 更多用于教学大纲有关的 "assessment" 之中；另外，一般客观性较强的考试采用 "test"，主观性较强的考试则采用 "examination"（Davies, et al., 2002：56-57）。关于 "test" 和 "assessment" 之间的关系，Salvia 和 Ysseldyke（2004：29）指出，"test" 是一系列事先设计好的问题或任务，目的是发现一些事先确定的行为反应（a predetermined set of questions or tasks for which predetermined types of behavior responses are sought）。Boyle 和 Fisher（2007：11）认为，"test" 是一种系统的 "assessment"，有标准化的程序，从中得出的是数字化的成绩。

从以上分析中可以看出，中英文词典和辞典定义、语言测试研究中对这些术语的界定虽然在中英文对应和一些概念的细节上稍有出入，但对各个术语之间的关系描述大体上还是一致的。结合以上分析，本书将 "testing" 对应为测试，"test" 对应为考试，"assessment" 对应为评估，"measurement" 对应为测量，"evaluation" 对应为评价，"examination" 对应为测验。各术语的内涵及其主要关系为：测试（testing）是以获取考生某一方面知识或能力的量化信息为目的的体系，考试（test）是为引导出应试者行为或反应而事先设计的一系列问题或任务，测量（measurement）是根据明确的程序或原则对考生某些方面特征的量化过程，评价（evaluation）是为做决策而进行的信息收集过程，评估（assessment）是采用除测试之外的其他手段对考生进行评价的过程，测验（examination）是教学环境下为检验学生学习和教学效果而进行的信息收集过程。以上各术语中，考试是测试的一种形式和组成部分，也是测量的一种工具；测试和测量的区别在于测试中的问题必须有一个可以判断其为正确与否的答案，而测量中的问题或工具可以出现不需要判断其正确与否的问题；测试和评估的区别在于评估主要用于除考试之外的其他形式；测试和评价的区别在于测试是评价的基础，评价是在测试的基础上进行价值判断；测试与测验的区别在于测验主要用于教学环境中的测试。

以上概念之间的关系如图 2-2（Bachman, 1990：23；Davies, et al., 2002：11，56-57；穆雷，2007；王振亚，2009：1-3）。

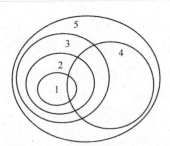

1: **测验** (examination)

2: **测试/考试** (testing/test)

3: **测量** (measurement)

4: 评价 (evaluation)

5: 评估 (assessment)

图 2-2 测验、测试/考试、测量、评价、评估关系图

按照上面的区分，笔译测试（translation testing）即是采用各种测试工具测量考生笔译能力的过程。不过，进一步分析可以发现，"笔译测试"一词本身就比较模糊，因这一术语中的"笔译"既可以是测试的目的，也可以是测试的形式。作为目的而言，笔译测试是以测量笔译能力为目的的测试过程，为达到这一目的，除采用笔译实践题型外，还可以采用阅读、完形填空、选择、听力、口语等题型对考生笔译能力中的具体成分进行测量，如全国翻译专业资格（水平）考试（CATTI）的二级和三级笔译资格考试就包括"笔译实务"和"笔译综合能力"两套试卷，后者即以测量考生笔译能力中的语言能力为目的。如果将"笔译"作为一种测试的形式，笔译测试仅仅是要求应试者进行双语转换的一种翻译任务或题型，其目的既可以是测量应试者的语言能力，也可以是测量应试者的笔译能力，前者如英语专业八级考试、大学英语四级考试等，后者则如各类笔译资格考试、翻译行业中职业笔译员招聘考试等。本书中的"笔译测试"以笔译为以测试目的，指以测量考生笔译能力为主要目的的测试过程。

笔译测试的分类方面，按照笔译测试的功能和作用，可将其分为学业成绩考试（achievement test），即测量个人在某一特定课程或学习计划中所学笔译能力已达到何种程度；水平考试（proficiency test），即测量考生笔译能力已经达到何种程度；诊断性考试（diagnostic test），即发现考生对相关翻译知识或技能是否掌握；分班考试（placement test），即将程度大致相等的学生分在同一个班级。根据评分性质，可分为客观性考试（objective test）和主观性考试（subjective test），前者的答案多具有唯一性，评分过程中较少受到评分员主观意向影响；后者答案灵活较强性，评分过程中通常要受到评分员主观意向影响。按照测试方式，可分为纸笔考试和基于计算机的考试、分离式考试（discrete test）和综合式考试（integrative test）。除此之外，笔译测试还可根据笔译活动的特征划分，如前面提出的以笔译为测试目的的测试和以笔译为测试手段的测试；按照笔译方向，可分为母语译入外语测试和外语译入母语测试；按照使用环境，分为教学环境测试和社会环境测试两种，前者包括外语教学和翻译教学，后者包括商业及政府部门的招聘考试和由政府部门、行业协会等组织发起的资格认证考试等。

本书中的笔译资格考试属于笔译测试的范围，指的是以笔译为测试目的测试过程和工具，关注的是水平测试、笔试。从笔译测试的性质来看，本书中的笔译资格考试属于直接测试中的行为测试； 就使用环境而言，属于社会环境中由政府部门、行业协会或其他组织机构发起的考试。

2.2.1.2 笔译测试和心理测试、语言测试

对笔译测试的研究还需要澄清和心理测试、语言测试的关系，以进一步明确笔译测试的学科属性。首先来看心理测试论著中对心理测试基本概念和特征的讨论。Urbina（2004：1）指出心理测试是为获得与认知或情感功能有关的行为取样并根据一定标准对这些行为取样进行评分和评价的系统过程（a systematic procedure for obtaining samples of behavior, relevant to cognitive or affective functioning and for scoring and evaluating these samples according to standards）。Domino 和 Domino（2006：1）借用 Anastasi（1988）的观点，认为测试（test）是对行为样本进行客观和标准化的测量（objective and standardized measure of a sample of behavior），并指出心理测试（psychological test）是用来评估心理功能相关参数的测量工具、技术、程序、测验等（measuring devices, techniques, procedures, examinations, etc., that in some way assess variables relevant to psychological functioning），这里的参数既可以指智力、个人评价等纯心理特征，也指社会化、领导力等具有社会学意义的特征。Cohen 和 Swerdlik（2009：2）指出，心理测试学是通过观察少数有代表性的行为来测量人的某些心理特质的过程。

以上对心理测试概念的界定均有一些相通成分，即采用特定工具或程序对个人心理特征进行测量或评估。此外，Murphy 和 Davidshofer（2005：3）认为，心理测试作为一种测量工具，具有三个明确特征，即心理测试是一种行为取样；该取样在标准化情境下提取；有针对评分及从行为取样中获取定量（数据）信息的明确规则（A psychological test is a measurement instrument that has three defining characteristics：①A psychological test is a sample of behavior. ②The sample is obtained under standardized conditions. ③There are established rules for scoring or for obtaining quantitative（numeric）information from the behavior sample.）。如果将以上心理测试概念和对其特征的描述结合起来，可以发现心理测试的核心特征包括以下几个方面：①与心理功能、认知或情感有关的心理特征；②行为的少数代表性抽样；③根据一定标准进行评分或评价；

④系统过程。

如果将以上心理测试的基本概念及特征和笔译测试进行对比，可以发现以下特点：首先，笔译测试是通过具体的测量工具对考生笔译能力进行测量的过程，这里的笔译能力是笔译员为完成具体笔译任务而应具备的能力和素质，需要个人充分调动自身的知识储备、相关技能和认知能力才能完成，是一种无法直接测量的心理特征。其次，笔译测试通过对考生在限定时间内完成的笔译任务进行评价，来推断其所具有的笔译能力水平。在这一过程中，由于选取的笔译任务不可能涵盖笔译员在实际任务或其他场合下遇到的所有情况，只能是对其笔译行为的少数抽样，并根据考生在行为抽样的表现来推断在其他相同场合下的行为表现。同时，为了保证推断的可靠性，通常会选取具有代表性的行为抽样。再次，在设计具体笔译测试时，通常会根据具体的测试目的和方式设定一定的评价标准和方法，并在测试实施之后对应试者的笔译行为进行评价。最后，笔译测试的整个过程包括设计、开发、实施、评分、分数解释及使用等各个环节，是一个系统的过程。因此，笔译测试完全符合心理测试学的概念和特征，属于心理测试学的学科范畴。

关于笔译测试与语言测试之间的关系，目前国内相关研究主要分为两种观点，一种观点将笔译测试作为语言测试的一种，认为笔译测试属于语言测试中的行为测试，目的是测量应试者的语言能力，尤其是外语能力（如庄起敏：2006；赵玉闪等：2007；陈怡：2010b；江进林和文秋芳：2010等）。也有研究者持不同意见，认为笔译测试不完全等同于语言测试（如穆雷，2007；汪顺玉和刘孔喜，2011；席仲恩，2011）。但这两类观点都没有进一步分析与论证，因此有必要对笔译测试和语言测试之间的关系进行辨析。

从实践的角度看，笔译测试和语言测试有密切关系。一方面，早期的语言测试实践中，写作–翻译法是语言测试的主要手段之一（邹申，2005a：8；薛荣，2008），目前，高等教育英语专业教学大纲中就将听、说、读、写、译作为语言教学的基本技能。因此，口笔译测试在语言测试的发展历史中曾经起过非常重要的作用。另一方面，以测量考生笔译实践能力为目的的笔译测试也会将语言测试题型作为具体的考试任务，而且笔译测试的最终测试结果也是以语言文字呈现的。这也是口笔译测试和语言测试之间关系模糊不清的原因。不过，从语言测试和笔译测试的测量对象来看，两者之间并不完全相同。语言测试要测量的是考生的语言使用能力，而且通常只关注某一特定语种，同一语言测试中较少或基本不涉及两种语言的使用能力。笔译测试要测量的是考生的笔译能力，这种笔译能力不仅仅包括语言能力，还包括其他各种能力，如相关专业知识、百科知识、转换能力等。职业翻译能力还包括工具使用能力、职业道德、翻译速度等方面,这些都远远超出了语言能力的范畴。从涉及语种看,笔译活动通常要涉及至少两种语言。因此,语言测试和笔译测试之间虽然有密切关系,但两者的核心要素——测量对象并不相同,两者之间并不是完全对等的。

从学科的角度来看,笔译测试和语言测试因要测量的是考生在笔译和语言使用方面的心理特征,均具有心理测试的特征,属于心理测试的学科范畴。不过语言测试在目前已经发展成为一门比较成熟的学科,有独立的研究对象、研究方法和领域(王佶旻,2011);笔译测试则只是翻译学中应用翻译学研究的一个研究领域,虽然随着翻译学科建设的发展,翻译学成为一门独立的学科,但笔译测试研究尚未形成系统的理论与方法。因此,在对笔译测试进行研究过程中,一方面要明确笔译测试的翻译学属性,不能将其和语言测试混为一谈,另一方面考虑到笔译测试和语言测试之间的密切关系,以及语言测试学科的发展,可以尝试将语言测试的相关理论和方法应用到笔译测试研究之中。

通过对笔译测试、心理测试和语言测试关系的分析可以发现,笔译测试具有心理测试的基本特征,和语言测试具有密切关系,但又不同于语言测试。因此,在对笔译测试进行研究时,一方面,可借鉴心理测试和语言测试的相关理论和方法,从测试学视角对笔译测试展开研究,尤其可以将语言测试的相关研究成果应用于笔译测试研究之中;另一方面,也应明确笔译测试和语言测试之间的区别,以及笔译测试作为一种特殊心理测试的属性,在对笔译测试研究中充分考虑到笔译测试的特殊性和翻译学的学科属性。

2.2.2 笔译测试研究回顾

2.2.2.1 笔译测试研究概述

笔译测试作为一种测试形式,在外语教学、翻译教学和其他社会性环境中都有广泛应用。国内最早将翻译作为测试工具可追溯到清代的科举制度(马祖毅,1998:308),当时虽然没有开设翻译类课程,但已经将翻译作为一种测试手段来考察学员的外语能力(穆雷,1999:2)。中华人民共和国成立后,高等教育中的外语教学逐步开设了口笔译教学课程,并将翻译作为测试题型应用于外语测试之中。目前中国内地外语教学中,大学及研究生外语教学中通常会将笔译作为一种测试题型应用于各类性质和目的的考试之中。此外,一些以高校外语教学大纲为主要参照的标准化考试也属于这种笔译教学测试，如英语专业四、八级考试和大学英语四、六级考试，以及其他语种的专业等级考试等。随着翻译学科建设的发展，翻译学成为一门独立的学科，穆雷（2008）将以培养专业翻译人才为目标的翻译教学和以培养学生外语能力为目标的教学翻译区分开来，笔译测试被更多应用于翻译教学之中来测量考生的笔译能力和水平。除此之外，笔译测试在社会环境中的应用也比较广泛，在口笔译资格证书考试、翻译行业人员招聘考试等各类考试中都有应用。

笔译测试在外语教学、口笔译教学和各类以教学为导向的考试中的不断发展，在一定程度上促进了目前对笔译测试的研究。中国内地有关笔译测试的研究文献涉及期刊论文、专著及学位论文等类别。期刊论文方面，通过搜索中国知网（CNKI）全文数据库可以发现，有关翻译测试、笔译测试的核心期刊论文有 42 篇[①]。著作方面，肖维青（2012a）的《本科翻译专业测试研究》是目前内地唯一一部关于翻译测试的专著，不过部分探讨翻译教学研究的专著中也会对笔译测试有所讨论，如穆雷（1999）、庄智象（2007）、李德凤（2012）等。此外，一些语言测试论著也在个别章节讨论了翻译测试问题，如刘润清（1991）、邹申（2005a）等。学位论文方面，通过 CNKI 硕士学位论文库进行检索，可以看到内地有关翻译测试或笔译测试的硕士学位论文一共有109 篇[②]；博士学位论文方面，笔者搜集到的 1979 ~ 2013 年国内有关翻译学研究的近800 篇博士论文[③]中，只有海芳（2004）和陈怡（2010b）两篇博士论文对笔译测试进行了专门讨论，且均针对英语专业本科生笔译测试。

台湾地区的笔译测试研究同样涉及期刊论文和学位论文。期刊论文可以通过《编译论丛》[④]刊载的论文有大致了解，从第一卷第一期（2008 年 9 月）到第六卷第二期（2013 年 9 月）所刊载的论文中，只有一篇论文涉及笔译测试问题，即赖慈云（2008）对 4 种翻译评量工具的讨论。学位论文方面，笔者根据中国台湾"国家图书馆"搜集到的 1969 ~ 2010 年近 500 篇翻译学研究相关硕博士学位论文中，有 5 篇涉及笔译测试，分别为台湾辅仁大学周正一（1995）对 1979 ~ 1994 年大学联考英文科翻译试题的探究；

---

① 检索条件为 2013 年以前（包括 2013 年）主题、篇名或关键词中包含"翻译测试"或"笔译测试"的核心期刊论文，检索时间为 2014 年 2 月 21 日。

② 检索条件为 2013 年以前（包括 2013 年）主题、篇名或关键词中包含"翻译测试"或"笔译测试"的硕士学位论文。

③ 本次翻译学研究相关博士学位论文搜集工作由穆雷教授带领团队完成，截止时间为 2014 年 1 月。

④《编译论丛》（Compilation and Translation Review）于 2008 年 9 月出版第一卷第一期，每年 3 月和 9 月各出版一期，最近一期为 2015 年 3 月出版的第八卷第一期。其中，第一卷第一期由中国台湾"国立编译馆"出版，自第四卷第二期（2011 年 9 月）起由中国台湾"国家教育研究院"出版。

台湾师范大学吴恬绮（2004）对国中翻译试题欧化现象的研究；云林科技大学颜钰庭（2007）对翻译自动评分系统在英语学习上应用的探讨；屏东商业技术学院曾志伟（2007）对选择题及开放式作答题型在翻译能力测试中差异的分析；台南大学侯靖纹（2008）对试题功能差异和翻译测试链接影响之间关系的讨论。以上 5 篇皆为硕士学位论文，尚未发现对笔译测试进行讨论的博士学位论文。香港地区的翻译学研究中，毕业于香港浸会大学穆雷的博士论文（2004）对笔译测试进行了专门讨论，重点探讨了英汉翻译中的模糊综合评分方法，关注点仍然是教学环境下的笔译测试。

国际上有关笔译测试的研究中，期刊论文方面，有关笔译测试及笔译资格考试的研究虽占有一席之地，但总体来看数量并不多；专著和学位论文方面，除部分探讨口笔译教学的专著及论文集（Kearns，2008；Colina，2009；Pellatt et al.，2010；Hubscher-Davdson；Borodo，2012；et al.）对笔译测试有所涉及外，Schaffner 和 Adab（2000）编著的论文集 *Developing Translation Competence* 中专门设立了"Assessing Translation Competence"一节，收录了部分有关翻译能力评估的相关研究，其中包括对翻译能力测试的相关探讨。Angelelli 和 Jacobson（2009）编著的 *Testing and Assessment in Translation and Interpreting Studies* 则是探讨口笔译测试和评估的论文集，收录了部分笔译测试的相关论文。

通过以上对国内外不同类型文献的统计可以发现，笔译测试一直是翻译学研究中的一个特定领域，目前国内外针对笔译测试的研究整体来说呈不断增长趋势，越来越多的研究者开始关注笔译测试的理论和实践问题。不过总体来看，目前对笔译测试的研究主要以期刊论文为主，比较集中且深入探讨笔译测试问题的专著或学位论文都比较少，尚需更多的研究者关注笔译测试，开展系统深入研究。

2.2.2.2 笔译测试研究成果回顾

由于"翻译"（translation）一词既可以单独指笔译，也可以是口笔译的统称，因此现有的翻译测试研究中，有些是专门针对笔译测试的研究，有的则同时包括口笔译，但总的来说，几乎所有的翻译测试研究中都会包括对笔译测试的研究。应用于教学环境中的教学测试和翻译行业环境中的资格认证考试虽然在具体考试目的、内容等方面均有所不同，但都要遵循一些基本的测试原则和方法。而且许多有关笔译测试的研究将笔译测试作为一个泛指概念，并未明确指出所涉及的是笔译教学测试还是笔译资格考试。考虑到笔译资格考试为笔译测试的一种类型，而目前有关笔译教学测试的许多研究对笔译资格考试的研究也具有启发意义，因此以下首先对现有的笔译测试研究和翻译测试研究进行概述，之后再专门回顾有关笔译资格考试的相关研究。

从笔译测试实践的各环节看，目前国内外对笔译测试的研究主要包括笔译测试的设计与开发研究、评分研究、笔译测试的评价研究等方面。首先，看测试的设计与开发环节。测试的设计和开发阶段包括根据测试目的、性质及考生特征确定测试拟测量的构念、测试方式、试卷编制原则、试题材料选择、题目数量、卷面布局等方面。

测试构念的确定方面，笔译测试要测量的是考生的笔译能力，因此测试构念的确定即明确笔译能力的具体构成。有关笔译能力的相关理论和探讨本章第 2.4 节有详细论述，此处只涉及笔译测试研究中对测试构念及笔译能力的讨论。黄忠廉等（1997）在探讨笔译教学环境下的测试时，认为笔译测试应该体现的笔译能力包括确切理解原文的能力和准确通顺表达汉语的能力。姜秋霞和权晓辉（2002）认为翻译教学环境下笔译测试应考察的能力至少应包括语言能力、文化能力、审美能力和转换能力四个方面。海芳（2004）在 Bachman 的交际语言能力构成基础上，结合翻译活动的具体过程，通过实证研究，认为笔译教学测试的能力构念包括高级源语理解能力、翻译决策能力和高级目的语写作能力。庄起敏（2006）指出，翻译教学测试中的翻译能力不仅包括语言能力，而且包括翻译技巧、文化素养、百科知识等语言外能力在内的综合能力。罗选民等（2008）在探讨大学英语笔译测试的翻译时，认为 Neubert 提出的笔译能力模式比较科学，即笔译能力应包括语言能力、语篇能力、学科能力、文化能力、转换能力五个方面。肖维青（2012b）回顾了翻译能力的发展历史，指出西班牙翻译能力研究小组（PACTE）提出的多元素翻译能力模型可作为笔译教学测试的构念。

测试方式方面，现有的笔译测试主要采用直接测试的方式，即设定具体的笔译任务来考察考生的笔译能力。这方面受到关注最多的是笔译测试的题型。一方面，一些研究者（徐莉娜，1998；穆雷，2006a，2006b；罗选民等，2008；肖维青，2010；Golavar，2012）指出，现有的笔译测试题型主要以主观题为主，尤其以语句和段落翻译为主，题型过于单一；为了提高试题成绩的可靠性、笔译测试的信度，应设计不同类型的题型，将主观试题和客观试题同时纳入测试题型之中。Li（2006）通过对中国内地翻译课教师进行问卷调查和深度访谈，发现在教学中选用文本翻译的原因包括语境的重要性、能更好测量学生翻译技巧的掌握、与职业翻译实践相一致等方面。另一方面，也有研究者提出，测试题型的设计应与测试目的、考试水平、教学内容密切联系（黄忠廉等：1997；宋志平：1997；徐莉娜：1998；李欣，2004）；而从翻译活动的具体实践过程、笔译测试的目的来看，为提高笔译测试的效度，真正测量到考生的笔译能力，文本翻译是最直接和最有效的测试题型（陈志杰等，1998；庄起敏，2006；陈怡，2010a）；相对而言，翻译测试中的一些正误判断等题型只能体现出语言能力，无法考察翻译能力（宋志平和徐珺，2009）。不过，Li（2006）同时指出，文本翻译作为测试题型也存在文本数量受限制、测试题型受限制、测试题材受限制、学生不感兴趣等缺点。

对试卷编制原则的讨论中，黄忠廉等（1997）、黄忠廉（1998）从翻译教学的角度入手，认为翻译测试应坚持以内容效度为主、材料相对完整、题目语篇相关、题目分布合理、句子相互协调、难易程度适中等原则，并与考试大纲、测试目的、测试类型等要素密切相关；命题方法上应保证指导语明确、突出指定翻译的内容、设计翻译命题坐标图等。宋志平（1997）指出，命题之后还应该进行预测和审题，保证试题的可靠性、有效性和可区分性。试题材料的选材上，黄忠廉等（1997）、宋志平（1997）等指出选材时应坚持材料完整、体裁多样、题材广泛、语言难度符合大纲要求，并考虑学生的水平。罗选民等（2008）通过实际调查，发现学生多不满意现有的笔译测试内容和体裁，因此应采取一系列措施进行改进，包括完善大纲对翻译能力的要求；改革传统的翻译测试模式，包括测试形式和内容多样化（试题类型、编制方式、作答方式、答题时间、开卷闭卷相结合），从翻译测试的效度来设置翻译测试题型等。陈怡（2010a；2010b）从英语专业八级考试中的翻译试题出发，认为目前的翻译测试命题涉及题材、体裁、难度、长度、信息量、题眼等，命题专家应该在命题的过程中考虑学生在翻译过程中经常会犯的错误类型和频率，以提高命题质量。张丽娟等（2011）提出了"翻译理论与实践"课程的测试题型设计原则：①有效覆盖教学内容，主客观题型比较集中，因此可采用正误判断和译文选择题型；②应反映测试语言基本功和语境翻译能力，因此可采用单句技巧翻译题型和语境中的短语翻译题型；③应开发创造性思维，促进翻译教学革新，因此可采用段落译文评析和段落画线部分翻译题型，并采用多种文体。

其次，笔译测试评分研究方面，由于客观题型在设计时通常有明确的评判方法和参考答案，评分员只需要根据参考答案和事先设定的分数进行评分即可，不需要过多的评分员个人意志的介入，评分结果一般比较客观直接。主观题型虽然在设计和开发阶段就需要确定评分标准和评分方法，但由于翻译活动的复杂性，许多时候评分员需要充分发挥自身的主体性来对译文进行评价，这就涉及笔译测试的评分问题。从评分方法看，现有的笔译测试评分研究主要包括人工评分研究（穆雷，2004；赖慈云，2008；潘鸣威，2010；陈怡，2010b；Williams，2004）和自动/机助评分研究（王金铨和文秋芳，2009，2010；文秋芳等，2009；江进林和文秋芳，2010）两种，前者的关注点包括评分标准、评分量表、评分员培训等方面，后者研究包括具体评分工具及平台的设计、开发及其与人工评分结果的相关性等方面。

最后，就笔译教学测试的评价而言，现有的研究并不多，仅有邵志洪（2003）在分析英语专业八级翻译试题的基础上，提出衡量汉译英试题优劣的标准，即看该语篇是否在翻译实践中能较集中反映汉英语言包括语义、句法、语用、修辞等在内的各个层面的差异。

以上对笔译测试的讨论基本上关注的都是纸笔测试，较少涉及对机助考试的探讨。实际上，目前外语教学中已经开始尝试借用网络或计算机对考生的语言能力进行测量，口译考试中也通常借用机助考试的形式。语言测试研究中，研究者（朱音尔和张肖莹，2009；何高大，2012）指出，基于网络和计算机的外语考试逐渐成为未来的主流。不过目前对机助考试的关注主要涉及口语及听说考试（邱东林等，2005；李玉平，2009；金力；2011）和写作考试（周越美等，2009）等方面，对笔译测试方面的关注主要是自动/机助评分方面，对笔译测试在设计、开发、实施等其他过程中如何借用网络或计算机等方面的研究尚不多见。不过，随着计算机软件及工具的不断完善，机助笔译测试有可能在未来得到巨大发展。

从以上对笔译测试研究的回顾中可以看出，笔译测试目前在外语教学和口笔译教学中的应用十分广泛，文本翻译为最常用的考试题型、评分标准及方法也多有不同。目前，关于笔译测试的研究也主要涉及测试的设计与开发、评分等方面，前者重点探讨了可以应用于笔译测试的各种题型，后者则对具体的评分方法、标准、评分员，以及具体的评分量表进行了分析。同时也应看到，在对笔译测试设计和开发的研究中，一些研究者虽然提出了各种不同的测试题型，但没有经过详细论证，无法得知这些题型是否真正能达到测试的信度和效度要求。个别笔译测试在设计的过程中尚未明确定位，未说明要测试的到底是考生的笔译能力还是语言能力，这就导致一些考试中的笔译题项成为语言水平检测工具，测试目的不明确，覆盖面过窄，考试内容难以涉及需要检查的知识和技能（张新玲和刘君玲，2011）。同时，由于笔译活动本身具有很强的实践性特征，并不是所有的题型都能符合测试的真实性要求、达到测试翻译能力的目的。不过，几乎所有的研究都不否认的是，文本翻译仍然是最能体现出翻译特点、最能直接测试翻译能力的题型，而且目前几乎所有类型的测试都将文本翻译作为必不可少的题型。此外，目前笔译测试研究的关注点多集中在测试的实际操作层面，如题型设计和评分方法等，而对测试的基本理论问题，包括在设计和开发阶段如何确定要测量构念，以及在测试实施之后如何对测试的质量进行评估等方面的关注均明显不足。在探讨笔译测试设计与开发、评分等环节中，研究者们虽然关注到了目前测试可能存在的一系列问题，但对笔译测试的评价并没有按照测试学中的系统理论或方法进行阐释。测试在设计和开发阶段应首先关注的是

"测什么"的问题，即如何确定测试构念，这对整个测试的后续使用都有重要意义。此外，测试是否达到了设计的目的，还需要采用科学的方法予以评价，这样才能保证测试结果的科学性。

2.2.2.3　笔译测试构念效度研究

对效度的关注自笔译测试研究的早期就有人提出，不过早期研究侧重于将效度概念引入笔译测试研究之中，涉及内容包括内容效度、使用效度、反拨效度、构念效度等方面，对效度研究理论框架和研究方法的关注都不多。内容效度方面，黄忠廉等（1997）认为笔译测试效度研究应以内容效度为主，按照教学大纲和考试大纲设计题型。李欣（2004）对笔译测试构念效度的基本定义进行了论述，在此基础上探讨了实现笔译教学测试中构念效度的途径，即明确笔译能力、确定考试形式、选择合适考试内容等方面。罗选民等（2008）指出应从笔译测试的效度来设计题型，做到笔译题型的多样化、科学化。张晓芸（2007）、马会灵（2011）探讨了笔译测试的反拨效度问题。张新玲和刘君玲（2011）则指出应加强笔译测试效度研究，建议采取效度整体观的方法，以基于论证的效度验证为框架，从考试构念、题型效应、话题与文体效应、施考方式效应、评分研究等方面开展笔译测试效度研究。汪顺玉和刘孔喜（2011）指出现有笔译测试效度研究应从测试内容、心理过程、分数内部结构、外在标准和社会后效五个层面进行效度验证。肖维青（2012b）探讨了笔译测试的构念问题，指出 PACTE 提出的多元翻译能力模型应为笔译测试的构念。以上研究基本上为笔译测试效度的理论探讨，从测试学的角度出发，将语言测试研究中的效度理论应用于对笔译测试的探讨之中。

除对笔译测试效度进行理论探讨外，也有研究者采用实证研究的方法，对具体笔译测试的效度进行分析。在测试方法的效度研究上，Waddington（2001）以笔译测试的效标关联效度为切入点，探讨了四种评分方法的效标关联效度。江进林和文秋芳（2010）从效度整体观出发，从评分员心理过程、考生心理过程和评分三个方面探讨了笔译测试的使用效度。Ahmadi（2011）探讨了选择类翻译题的效度问题，指出选择类翻译试题得出的分数和文本类翻译试题得出的分数之间没有关系。Lai（2011b）则通过对比错误扣分和等级评分结果，指出等级评分同样具有较高的信度和效度。江进林等（2012）在探讨学生英译汉分析性评分标准的研制问题时，对以 Neubert 翻译能力模型为构念提出的分析性评分标准进行了效度验证。

另一部分研究以一些大型笔译考试为关注点，探讨该考试在某一特定时期的效度。

这类研究以硕士论文为主。张怡（2006）采用问卷调查、观察、收集分析专家意见等方法对 2003～2005 年三年的全国硕士研究生入学统一考试英语考试翻译试题的内容效度、反应效度、表面效度、反拨效度等方面进行分析，发现考试实现了考试大纲的意图，具有较高的内容和表面效度，但反拨效度效果不明显。周幼雅（2008）采用问卷调查、分析考试大纲等方法分析考试的表面效度、构念效度和内容效度，发现 2005～2006 年英语专业八级的翻译试题是有效测试，其表面效度和构念效度较高，有一定内容效度。

    本节对笔译测试的相关概念及研究进行了回顾，从中可以发现以下几点：首先，笔译测试和语言测试同属于心理测试学的研究范畴，但并不完全等同于语言测试，在对笔译测试进行研究时可以将测试相关理论，尤其是构念效度的相关理论和方法应用到笔译测试研究之中，但同时还应考虑到笔译测试的特殊性。其次，对笔译测试的相关研究涉及考试设计开发的不同环节，但目前对笔译测试设计阶段的基本理论及测试评价的研究尚未得到足够重视。最后，从对笔译测试概念及效度研究的回顾中可以看出，国内外的笔译测试效度研究基本上借用心理测试学和语言测试学中的效度概念，探讨笔译测试为实现构念效度、内容效度、后果效度等效度时在设计和开发、评分、测试结果使用等方面应该采取的原则和方法，从测试学的角度对笔译测试进行探讨，打破了从翻译学研究角度探讨笔译测试时的研究视角的单一性和经验式研究，体现出笔译测试研究的跨学科属性。

    不过，现有笔译测试效度研究也存在以下问题：从研究内容看，目前对笔译测试效度的研究在整个笔译测试研究中受到的关注仍然不足，无论是笔译测试效度研究的理论探讨，还是具体考试的效度验证，仍有巨大的研究空间。从研究视角来看，目前将测试学中效度概念应用到笔译测试研究中的较多，但具体的实证研究仍显不足。Ahmadi（2011）指出，现有的翻译测试研究多建立在观察而不是研究之上。从具体的研究方法上看，部分研究虽然采用的是测试学中的相关术语，但在具体使用时，并未完全将效度理论应用于研究之中。作为一门具有显著跨学科性质的研究领域，笔译测试研究中不应仅将测试学中的个别术语引介到笔译测试之中，更需要借用测试学中效度研究的具体理论和方法，并结合翻译学相关研究成果，进行相关研究。

    以上对笔译测试现状及研究的回顾，虽然并未特别关注笔译资格考试，但笔译测试的相关研究成果可以为笔译资格考试研究提供理论基础，对已有研究中存在问题的探讨也可以为笔译资格考试研究提供一定的研究视角。

2.3 笔译资格考试研究

2.3.1 笔译资格考试简介

2.3.1.1 笔译资格认证及考试相关概念

由于本书的研究对象是笔译资格考试，因此有必要对笔译资格考试现状及相关研究进行专门论述。就"资格认证"这一术语而言，国际上通用的资格认证主要有三类，即产品认证、过程认证和个人认证。第一类认证产品认证涉及的是产品本身的质量，以产品质量标准为基础。就笔译而言，产品认证即译文质量认证，目前国内的质量标准为《翻译服务译文质量要求》（GB/T 19682-2005）。第二类认证为过程认证，涉及的是生成产品或提供服务的过程，相关的国际标准包括 ISO 9000 系列和部分国家及地区的翻译标准，如《中华人民共和国国家标准：翻译服务规范》（GB/T 19363.1-2003）、《欧洲翻译服务标准》（Translation Service——Service Requirements European Standard）（EN15038）、美国《翻译质量保证标准指南》（Standard Guide for Quality Assurance in Translation）（ASTM F2575）、加拿大《翻译服务》（Translation Service）（CAN/CGSB-131.10-2008）等。第三类认证为个人认证，即对某一特定领域的知识、技能、才能及相关经验标准的满足程度，相应的国际标准为《合格评定——人员认证机构通用要求》（Conformity Assessment——General Requirements for Bodies Operating Certification of Persons）（ISO/IEC17024），中国也根据国际标准设立了中华人民共和国国家标准《合格评定——人员认证机构通用要求》（GB/T27024-2004/ISO/IEC 17024）。本书中的资格认证为第三种，即对个人进行资格认证。

就资格认证和资格考试的术语来看，英文文献中相关的术语包括"certification""accreditation""licensure""registration"等。具体使用上，按照 ISO 9001：2008 和 ISO 14001：2004 等国际标准的规定，"certification"指由独立的外在机构向某一管理体系颁发书面证明以说明其符合相应的标准；"accreditation"指由某一特定机构正式承认某一认证机构符合相应国际标准；"registration"指审核机关对通过认证者进行登记。也有研究者（Stejskal, 2003；Chan, 2008, 2009；Pym et al., 2012: 15-16；Koby & Melby, 2013）对笔译资格考试相关的术语进行了辨析，且观点基本一致，认为"certification"是由个人向某一机构申请认证的自愿行为，获得证书说明个人掌握从事某一行业或工作所具备的才能、知识或技能；"accreditation"则是由某一组织向某一机构认定其符合相应的规格或标准，并予以承认；"registration"指对某一领域内从事相应工作或承担相应责任且经过特定认证的审核过程；"licensure"指政府机构向个人认定的强制认证行为。就这四个术语之间的区别来看，除"accreditation"是向机构颁发的认证外，其他三个均针对个人，而"certification"属于自愿行为，且以一定的能力标准（包括特定的教育资格、职业工作经验、考试要求等各种认证之前的标准和要求）为参照；"licensure"是法律效力最大的一种，属于强制性认证，且具有能力标准作为参照；"registration"也具有较高的强制性，但并非以一定的能力标准为参照。

从这四个术语的法律效力来看，"certification"是自愿行为，是对个人能力和素质的证明，但没有法律效力，是否具有该证书不影响能否从事相应的职业或行业；"registration"同样没有法律条款否定任何人参与活动的权利；"licensure"则不同，是从业者必须具有的，未持有该证书而从事该行业会遭到处罚或刑罚。此外，"registration"和"certification"承认个人具有资格和能力去从事专业工作，"licensure"则指从事专业的合法程度，由政府颁发，是最严格的职业规定要求。这里的"certification"即前面提到的第三类资格认证形式，相应的中文术语为"资格认证"，"accreditation"相应的中文术语也为"认证"，"registration"为注册，"licensure"为"执业认证"。

不过，目前国际上不同国家和地区对"certification"和"accreditation"这两个术语的具体使用并不完全相同。境内笔译资格考试中，全国翻译专业资格（水平）考试（CATTI）中的"A"最初为"Aptitude"，后经专家讨论研究，于2008年改为"Accreditation"，目的是体现出考试的"职业资格考试"这一特点，以强调通过考试对翻译人员的能力进行"认证"（杨英姿，2009）；全国外语翻译证书考试（NAETI）中的"A"为"Accreditation"，是内地另一个将其定位为具有资格认定性质的笔译考试。国际上的笔译资格考试中，英国、美国及欧洲许多国家一般使用"certification"来指代笔译资格考试，而用"accreditation"来指根据某些标准对高校或资格认证机构的审查（Bendana & Melby，2012：34）；而澳大利亚、新西兰、南非等国家中，"accreditation"和"certification"为同义词，一般用"accreditation"来指代笔译资格考试。

从某种程度上讲，"certification"和"licensure"这两个术语体现出不同笔译资格考试的性质差异，即资格认证和执业认证。目前世界上许多国家和地区的笔译资格考试都是一种资格证书（certificate）考试，即用来测量考生的笔译能力，有些考试还会据此评定考生的等级和水平。只有少数国家在个别口译和笔译领域中设置执业认证体系和执业证书，且这些证书或考试通常涉及较权威或重要场合的笔译活动。根据刘敏华（2005a：29-33）的统计，澳大利亚、英国、加拿大、捷克、乌克兰、巴西、埃及、日本、中国内地、香港地区和台湾地区等施行的都是资格证书考试，丹麦、奥地利、挪威、芬兰、瑞典、西班牙、德国、荷兰、阿根廷、哥伦比亚、乌拉圭、委内瑞拉、叙利亚、黎巴嫩、摩洛哥等国家则采用的是执业执照（licensure）考试，美国和南非则是两者并行。执业执照主要用来满足政府需求，以保证翻译作品的法律效力；资格证书则主要为了应对社会上各阶层对翻译人才的需求。无论哪种类型的资格证书，对笔译员资格评定度最普遍的方式都是通过测试和资格审查的方式。

就笔译资格认证和考试的关系而言，资格考试不但是最常用的资格认证方式，也是通过考试进行资格认证的其中一个环节。目前世界各国对笔译资格进行认证的方式主要有三种，即资格考试认证、学历认证和资历认证，个别资格认证体系还同时将几种认证方式结合在一起进行认证。如中国内地全国翻译专业资格（水平）考试（CATTI）笔译资格认证共设立四个等级，其中三级和二级采用考试认证的方法，一级采用考试和资历评审相结合的方法，资深笔译员则通过资历/资格评审获得认证。不过资格考试是所有认证体系中最常用的认证形式。此外，单独就资格考试认证来看，资格考试并非资格认证的唯一要素。ISO 国际标准和中国国家标准及许多国家和地区的资格认证体系都明确指出，资格认证并非只包括考试，而是由详细规则和多重程序组成的完整体系。例如，美国、加拿大等国家的资格考试就包括资格审查、筛选考试、资格考试、定期注册、继续教育等环节，其中资格考试是最重要的一个部分。

笔译资格认证及考试的管理机构方面，Stejskal（2003）指出现有的资格认证机构主要有行业协会、政府机关和学术机构三种类型，其中在普通法（common law）国家（如英国、美国）中，行业协会认证比较普遍，而在民法（civil law）国家（如欧洲国家）中，政府机构认证的情况比较普遍，学术机构认证在两类国家中都存在。政府认证主要是执业认证（licensure），通常以相应的法律法规为基础，如阿根廷认证的"认证公共翻译"、挪威认证的"政府授权翻译"。此外，政府发起的认证主要关注点是道德层面，以及协助正义/司法的能力，而行业协会的认证主要关注的是申请人的相关能力水平。就认证所面对的对象而言，学术机构发起的认证体系主要面对的是刚进入或希望进入口笔译行业的准职业笔译员，政府及行业协会发起的认证主要为有一定从业经验的口笔译员工服务。此外，Chan（2013）借用渔业中的资格体系，指出可以将翻译行业的资格认证体系分为三个等级，其中第一等级主要由某一公司或利益团体开发，如 SDL 设立的资格认证体系；第二等级主要由行业或产业协会开发的资格认证或标准，如美国翻译协会笔译资格考试、英国语言学会笔译证书考试等；第三等级主要指由经过认证的外部独立机构设立的资格认证，目前世界上尚无此类翻译资格认证。

结合以上研究，可以按照组织实施及颁发证书单位性质将笔译资格认证及考试分为四类，即行业协会、政府机关、学术机构和企业个体，不同国家和地区的笔译资格认证及考试可能会涉及一个或多个类型，如中国内地目前就包括由行业协会组织实施的中国翻译协会翻译执业能力培训与评估、政府机关组织实施的全国翻译专业资格（水平）考试（CATTI）、学术机构组织实施的厦门大学翻译资格证书考试和全国外语翻译证书考试（NAETI），以及个别翻译企业自主设立的笔译资格认证体系等。

此外，还有必要对职业化和资格认证的关系进行讨论。职业化(professionalization)是社会学中职业社会学的概念，指某一行业为提高地位而遵从一些共有行业特征的过程（Pym et al., 2012: 80）。早期的职业化以职业性（professionalism）为特征，指规范职业实践的一系列特殊技能及培训、最低费用及工资、职业组织构成、职业道德等(Pym et al., 2012: 80)。职业化和资格认证有密切关系，职业化即使用教育及资格认证来保证某一领域的行为质量的过程（Chan, 2009）。此外，职业化并非是某一职业与生俱来的特征，而是一个逐步发展迈向职业化的过程。Wilensky（1964）指出，不同职业的职业化过程一般要经过以下五个阶段：

（1）该职业的工人开始全职工作；

（2）培训学校的建立和教师、培训师的组建；

（3）行业协会（professional association）成立，区分不同能力水平的职业人员；

（4）政治干预（political agitation），即获得法律支持以保护工作范围，维持职业道德；

（5）有相关规定消除不合格人员，降低内部竞争，保护客户。

由此可以看出，职业化既是一个行业形成的过程，也是一个行业成熟的标志之一，而资格认证作为职业化的重要标志，对行业的职业化过程也起着促进作用。

就翻译行业的职业化进程和资格认证及考试的关系来看，曾文中（1992）在探讨台湾地区会议口译的职业化进程中指出，职业化是一种集体行为，并提出了职业化的社会学模型。根据该模型，职业化进程分为四个阶段：市场无秩序（market disorder）、达成共识（consensus and commitment）、形成正式网络（formation of formal networks）和职业自主（professional autonomy）。汝明丽（2009）对曾文中的模型进行了修订，指出四个阶段之间的内在联系，认为资格认证在整个职业化过程中起着重要作用，口译资格认证是口译行业职业化的重要特征和体现。

因此，笔译资格认证在翻译行业的职业化进程中起着重要作用，作为认证体系重要组成部分的笔译资格考试而言，其设计与开发是否科学直接决定着笔译资格认证能否有效发挥其积极作用，以及能否对整个行业的职业化进程起到推进作用。

2.3.1.2　国际国内笔译资格考试现状

国际上比较早的口笔译资格考试设立于 20 世纪 70 年代，如美国翻译协会（ATA）于 1973 年设立翻译资格考试（ATA Certification Examination），加拿大口笔译工作者委员会（CTTIC）于 1975 年设立翻译资格考试，澳大利亚于 1977 年设立翻译资格考试（NAATI），英国语言学会（IoL）于 1989 年设立翻译文凭考试（Diploma in Translation，简称 Dip Tran）。进入 21 世纪以来，越来越多的国家和地区开始设立笔译资格认证及考试。Stejskal（2005）曾对国际上主要国家和地区的翻译协会进行调研，发现 96% 的国际翻译家联盟（FIT）会员组织相应的资格考试分布于亚洲、欧洲、美洲、非洲、大洋洲地区，个别国家和地区还设立不止一种笔译资格考试体系。

目前内地的笔译资格证书类考试主要包括全国翻译专业资格（水平）考试（CATTI）、全国外语翻译证书考试（NAETI）、厦门大学笔译资格证书考试、全国商务英语翻译考试（English Translation Test of Business Language，简称 ETTBL）、中国翻译协会语言服务能力培训与评估（Language Service Competence Assessment and Training，简称 LSCAT）、联合国语言人才培训体系（United Nations Language Professionals Training Program，简称 UNLPP）等。其中 CATTI、NAETI 和厦门大学笔译资格证书考试在第 5 章有详细介绍。全国商务英语翻译考试（ETTBL）于 2010 年成立，由全国商务英语翻译考试办公室和全国商务英语翻译专业委员会负责，涉及的是单一题材的翻译考试，属于特殊应用外语类考试。中国翻译协会语言服务能力培训与评估（LSCAT）由中国外文局和中国翻译协会于 2012 年设立，采用培训与评估相结合的方式，学员在接受系统的课程与练习之后参加统一安排的结业测试，并由专家组对测试结果进行评估。目前，设立的口译等级包括外事交流助理、陪同导览译员、即席耳语口译员、商务口译员、会议交传和同传译员五个等级，笔译等级包括笔译助理、笔译员（普通社科方向）、商务类专业笔译员、科技类专业笔译员、法律类专业笔译员五个等级。从 TICAT 官方网站（http://www.ticat.cn/）公布的相关信息可以看出，TICAT 将课程培训和考试结合起来对考生的笔译能力进行评估，不过具体的考试方法与内容并未公开。

联合国语言人才培训体系（UNLPP）由培训和认证两部分组成，其中认证考试是联合国训练研究所①国际培训机构推出的语言人才认证考试，是对专业领域内国际语言人才职业能力的认证，目前设立口译和笔译两个类别，每个类别又分为三个等级，其中笔译职业能力 I 级和 II 级均采用笔试的形式，III 级采用笔试和面试相结合的形式。联合国语言人才认证考试首次考试于 2014 年 3 月举行，只设立英语口译和笔译初级考试。UNLPP 官方网站（http://www.unlpp.com/）介绍了该体系的相关信息，不过对具体的考试内容并未公开。

台湾地区翻译资格认证考试全称为"LTTC 中英文翻译能力检定考试"，详细情况见第 5 章。在香港地区的笔译资格考试方面，香港翻译学会和英国语言学会曾经在香港设立公开专业考试，前者分为文凭与高级文凭两种，现已停办；后者在香港设有两种专业资格考试，分别为中英、英中文凭考试（Final Diploma in Chinese-English and English-Chinese Examination，简称 FDEC）及翻译文凭（Dip Tran）考试，可以获取美国语言协会会员证书（Member of Institute of Linguists），属于翻译专业学历考试。

除境内外已经存在并使用的笔译资格认证及考试体系外，部分尚未设立笔译资格考试的国家和地区也在进行前期调研和论证，着手设立符合各自要求和特点的笔译资格认证及考试体系。一些已经相对成熟的笔译资格考试体系（如美国 ATA 笔译资格考试和澳大利亚 NAATI 笔译资格考试）也在不断对现有资格认证进行修订。另有部分国家和地区则开始计划研究跨国资格认证体系（Chan，2013）。

2.3.2　笔译资格考试研究回顾

2.3.2.1　笔译资格考试研究概况

笔译资格认证及考试体系在不同国家和地区的设立逐渐引起了学术研究的关注，部分研究者开始对笔译资格考试展开研究。中国内地有关笔译资格考试的研究文献中，期刊论文方面最早的研究是 1987 年朱道敏对澳大利亚译员等级考试进行的相关介绍。通过搜索中国知网（CNKI）全文数据库库可以发现，有关翻译资格考试或笔译资格考试的核心期刊文献有 9 篇②；著作方面，尚未发现有针对笔译资格考试的专门论述，

① 联合国训练研究所（United Nations Institute for Training and Research）根据联合国大会 1963 年 12 月 11 日 1934 号（XVIII）决议成立于 1965 年，是联合国专门专注于培训和培训相关研究的机构。

② 检索条件：2013 年以前（包括 2013 年）主题、篇名或关键词包含"翻译资格考试"或"笔译资格考试"的核心期刊期刊论文，检索时间为 2014 年 2 月 21 日。

不过个别讨论翻译职业化、翻译行业发展的著作中对笔译资格考试有所涉及。学位论文方面，目前有关笔译资格考试的硕士学位论文有 2 篇[①]，即柏杰（2004）和李洁（2011）分别对全国外语翻译证书考试（NAETI）和全国翻译专业资格（水平）考试（CATTI）的探讨，尚未见到有关笔译资格考试的博士论文。台湾地区针对笔译资格考试的研究中，《编译论丛》（2008 年第一期 ~ 2013 年第六卷第二期）中只有马湘萍（2008）对 2007 年"教育部"中英文翻译能力考试概况的介绍和部分考生的考试心得。

近年来国际上关于资格考试的研究越来越引起研究者们的兴趣，除零星发表于各期刊中的相关研究外，国际口笔译研究杂志（*The International Journal of Translation and Interpreting Research*）2013 年第 1 期集中刊登了探讨笔译资格考试和口译资格考试的文章。专著和学位论文方面，Gouadec（2007）、Sela-Sheffy 和 Shlesinger（2011）、Tsagari 和 Deemter（2013）等著作都收录了部分对笔译资格考试进行探讨的文章；Chan（2008）的博士论文专门就笔译资格考试的社会接受度进行了讨论。

需要特别指出的是，除以上学术研究外，一些笔译资格认证及考试管理部门也通过各种途径发布有关资格考试的现状介绍及相关研究。例如，中国内地全国翻译专业资格（水平）考试（CATTI）考评中心在每两年出版一次的《中国翻译年鉴》中介绍并公布有关 CATTI 考试的报考情况、通过率、针对考试进行的修订等；台湾地区的 LTTC 中英文翻译能力检定考试在实施之前就进行了详尽的调查研究，并定期发布研究结果报告；同时，自 2007 年由台湾地区"教育部"组织实施考试以来，每年定期发布关于考生情况、命题机制、评分情况、考生分数，以及针对考试改革进行的思考等；澳大利亚翻译资格考试（NAATI）管理部门几乎每年都会出版关于该年度 NAATI 考试的基本情况，包括评分方法、评分标准、其他国家和地区资格考试情况等。

2.3.2.2　笔译资格考试研究成果回顾

针对笔译资格考试的研究涉及不同国家和地区笔译资格考试的介绍、对比和分析、考试的设计、开发和评分各个环节、考试的作用及社会接受度等内容。

对笔译资格考试介绍，主要的关注对象包括 NAATI（朱道敏，1987；NAATI，2005，2007）、CATTI（任文，2005；贾欣岚和张健青，2004；杨英姿，2011）、LTTC 中英文翻译能力检定考试（马湘萍，2008；Lai，2011a）、香港翻译文凭考试（刘靖之，2001）

---

① 通过 CNKI 对 2013 年以前（包括 2013 年）主题、篇名或关键词中包含"笔译资格考试"的硕士学位论文进行搜索所得。

等。一些研究者（穆雷，2004；Zhang，2006；王克非和杨志红，2010；牛宁，2011）还对各笔译资格考试进行了对比和分析。国际上在针对笔译资格认证体系及考试的介绍和对比中，Stejskal 于 2001～2002 年对世界上许多国家和地区的笔译资格考试进行了介绍和分析，主要成果发表在美国翻译协会（ATA）的会刊 *ATA Chronical* 上；Stejskal（2005）还针对国际上近 50 个国家和地区的翻译资格考试进行了调查和统计。澳大利亚翻译资格考试管理部门 2007 年的报告（NAATI，2007）介绍了包括美国翻译协会（ATA）、加拿大翻译协会（CTTIC）、英国语言学学会（IoL）在内的十个国际组织的翻译资格考试情况。Koby 和 Champe（2013）详细描述了美国笔译资格认证及资格考试的具体内容，包括译文选择、评分方法、评分员选拔等。Budin 等（2013）介绍了由欧洲部分高校、翻译行业协会等正在开展实施的欧洲笔译资格认证项目"TransCert"。该项目于 2013 年启动，主要关注特殊/技术类译者的笔译资格认证体系，不考虑文学、媒体笔译员或口译员，目的是为职业译者提供笔译的跨国证明，以表明该译者达到目前和未来雇用方和客户的要求，并为欧洲翻译市场的职业化、翻译行业的良性发展及未来全球通用的翻译资格考试研究提供帮助。课题组认为，资格认证应随时根据市场和环境变化进行修订。

笔译资格考试研究中首先应关注的是考试构念，即笔译资格考试应测量考生哪些方面的能力。Melis 和 Albir（2001）指出，翻译行业中的评估考察的是译者能力（translator competence），测试需要关注的不仅仅是翻译产品，还包括译者的知识（knowledge）、技术（skill）和资质（aptitude），评估的关注点应同时包括翻译的质量和数量。赵玉闪等（2007）在对 CATTI 的英语笔译测试命题一致性进行分析时，指出该英语笔译实务考试部分主要采用的是 PACTE 的能力观。王克非和杨志红（2010）通过对比澳大利亚、英国、美国、加拿大和中国的翻译水平考试，发现国外笔译水平测试所测能力包括语言能力（源语理解、译语表达）、文本功能能力（根据翻译情景选择翻译策略）和学科知识能力（一定学科专业知识，不需要专家知识），而国内笔译水平考试除注重语言能力外，对其他两项能力的要求并不明显。李洁（2011）通过对 CATTI 部分考题的效度研究，认为 CATTI 笔译考试的构念包括理解能力和表达能力两个方面，理解能力包括语义、句法、语用分析，表达能力包括词汇、语法、语篇；此外，一些基本翻译理论、技巧、中英文化背景知识等也需要被测试。

在对笔译资格考试各环节的探讨中，McAlester（2000）指出，由于资格考试通常都是一次定输赢，在设计考试时应该尽量保证测试方法的信度、效度、客观性和可操作性。Melis 和 Albir（2001）指出，翻译行业中的评估考察的是译者能力（translator competence），就题型而言，除翻译之外，还可采用选择、问卷、访谈等其他工具考察考生对方法论、职业知识、理论内容、超语言知识、心理特质等方面的掌握程度。李欣（2004）等通过对比美国、加拿大、澳大利亚、中国的笔译资格考试和笔译测试的能力构成理论，提出在试题编制时应保证考试的真实性，段落翻译更能体现出学生的语言交际能力。王克非和杨志红（2010）指出笔译资格考试应设计不同类型的题型，将主观试题和客观试题同时纳入笔译测试之中。此外，冯建忠（2007）指出在笔译资格考试中还应该增加对职业道德素养的关注，以体现笔译资格考试的行业特点；不过作者对职业道德到底包括哪些内容及如何在保证效度的前提下采取相应的测试方法等问题没有述及。此外，也有研究者对笔译资格考试的评分进行了研究（柏杰，2004；贾欣岚和张健青，2004；NAATI，2005，2007；Darwish，2005；Ko，2005；赖慈云，2008；Turner et al.，2010）。

笔译资格考试的作用及社会接受度属于宏观方面的研究。从境内外有关翻译行业的部分调研和分析来看，笔译资格认证及资格考试的接受度并不高。Bowker（2005）通过分析 151 份笔译员招聘广告，发现只有 35 份广告要求求职者具有职业资格认证；其中只有 17 份（48.6%）指出职业资格认证为必备条件，18 份（51.4%）将职业认证作为附加条件。Chan（2008，2009，2013）通过调研和分析发现，目前资格考试体系并未起到应有的作用，企业在招聘职业笔译人才时更多考虑应聘者的教育背景和工作经验，而将资格认证作为额外的参考标准，如他在对香港地区职业笔译员招聘负责人的调研中，发现 66 位受试中只有 1 位将职业资格和翻译学历文凭同等对待，其他受试则均只将大学文凭作为招聘条件。Chan（2008，2009，2013）指出，造成这种状况的部分原因是资格认证的影响力较低，相当一部分企业人事主管对资格认证的了解不够；随着近年来资格认证体系的发展，它目前已经和教育水平、工作经验等结合在一起成为职业笔译员招聘的参照，从而造成翻译市场上参照体系的混乱。内地的相关研究中，苗菊和王少爽（2010）、潘华凌和刘兵飞（2011）等通过对部分地区的调研，发现中国内地的翻译行业在招聘职业笔译员时，最看重的是相关的语言水平证书，笔译资格证书则是可有可无的部分。

因此，从境内外不同研究对笔译资格考试和翻译行业的调研和分析中可以看出，目前笔译资格考试在翻译行业中并未受到足够重视，职业笔译员在应聘过程中受到关注最多的仍然只是其教育程度和行业经验，资格认证只是可有可无的附加品。Chan（2013）指出，就教育文凭和资格认证而言，由于政府大力推进职业教育，翻译市场上会出现越来越多具有翻译专业文凭的应聘者，一方面会造成失业现象，另一方面也会造成人才选拔的困难。此外，部分不太知名高校教育文凭的国际化认可程度并不高，而许多国家和地区设立的笔译资格考试则通常在国际上享有较高的认可度。因此，总的来看，资格认证比教育文凭更适合作为翻译行业中招聘职业笔译员的标杆。

2.3.2.3 笔译资格考试构念效度研究

在对笔译资格考试的研究中，部分研究者也从测试构念效度的角度展开讨论。内地针对笔译资格考试的效度研究中，CATTI 考试指导委员会的相关专家曾对笔译资格考试的效度和信度进行过相关研究，目前公开的研究成果包括 2003~2005 年的信度和效度研究（赵玉闪等，2007）、2008 年的信度和效度研究（蔡啸，2009）等。针对 2003~2005 年的笔译实务类考试，赵玉闪等（2007）从命题和评分标准、流程、要求与操作等方面对笔译考试的一致性进行了分析，目的是对考试命题的科学性、一致性和评分的客观性、可操作性进行总体评价。该研究以考试大纲为基本依据，分析了考试试题的题量控制、难度控制、考点类型、文章类型、话题类型、考点分布等方面。研究发现，试题的题材分布较合理，题量基本符合大纲要求，考点分布和难点控制比较合理。此外，蔡啸（2009）对 2008 年上半年的测试进行了效度研究，涉及试卷结构、考生、考试结果、考试反馈、试卷命题质量等方面。除考试管理部门实施的研究外，另有硕士学位论文（李洁，2011）对 2006~2010 五年中上半年举行的共五次英语三级笔译实务考试效度进行了研究，采用问卷调查、考试大纲分析等方法探讨了考试的表面效度、构念效度和内容效度，认为 CATTI 三级笔译实务试题具有较高的表面效度、构念效度和内容效度，总体实现了大纲的测试目的。以上关于笔译资格考试的研究虽然探讨的是效度问题，但部分研究并未将测试学中的效度理论及方法应用到研究之中，部分研究则未对具体的效度验证过程予以明确说明，无法得知研究结果的可信度。

此外，也有研究者指出，笔译资格考试构念研究中应将笔译能力的理论研究和翻译行业调研相结合。Gouadec（2007：250）认为，现有研究中，从学术研究角度进行的主要是对翻译能力进行理论和实证分析，进而指出翻译能力的性质和构成，而资格考试的研究者也只关注翻译能力的研究结果，并将之作为唯一的理论来源；而从行业角度进行的研究主要关注的是口笔译员的角色、身份、认知、地位等方面，部分研究关注行业的发展趋势、行业工作现状、职业口笔译人员的需求与要求等，还有部分为行业调研报告，主要关注行业经济现状、职业发展等方面。因此，在针对资格认证和资格考试的研究之中，需要将学术研究/理论研究和行业调研/行业现状的研究结合起来，只有这样，才能符合资格认证研究的要求。

　　境外在针对笔译资格考试效度的研究中，Koby 和 Melby（2013）探讨了美国翻译协会（ATA）笔译资格考试的效度问题，将 ATA 笔译资格考试的构念和通过工作分析（job analysis）得出的职业笔译员知识、技巧和才能（knowledge, skills and abilities，简称 KSA）进行对比，从而指出 ATA 笔译资格考试目前存在的问题及具体的解决办法。不过，本书主要关注的是 ATA 笔译资格考试的构念，只看到了资格考试是不是包括了所有应测量内容，而没有关注资格考试是不是包括了一些不应该出现的内容，因此并没有解决所有的问题。

　　本节对笔译资格考试的基本概念、现状及已有研究成果进行了回顾，从中可以看出，笔译资格考试作为笔译测试的一种特殊形式，是翻译行业职业化过程中不可或缺的重要组成部分。目前境内外许多国家和地区也已经设立了笔译资格认证及考试体系；针对笔译资格考试的研究涉及对不同考试的介绍和对比、考试设计与开发、考试作用与影响，以及考试的效度问题等方面。已有研究表明，一方面，虽然许多国家和地区设立了不同类型的笔译资格考试，但笔译资格考试在翻译行业中并未发挥应有的作用，产生这种状况的原因，一是由于整个翻译行业的职业化程度仍然不高，资格考试自身未能承担起行业入门和资格认证的作用，二是部分笔译资格考试自身可能存在的一些问题，现有针对部分笔译资格考试的研究（包括 Pym, et al., 2012；Koby & Champe，2013 等）表明，部分笔译资格考试并未发挥应有作用的主要原因就是其构念存在问题。另一方面，目前针对笔译资格考试的研究关注点较多集中在对不同考试的介绍、对比，以及评分方法的探讨上，对考试效度的研究并未引起研究者们的关注；已有的笔译资格考试效度研究也集中于个别笔译资格考试，缺乏对不同国家和地区考试情况的宏观把握；从研究视角和方法上看，部分研究在将效度概念引入笔译资格考试研究的过程中，并未按照测试学中的效度研究理论与方法开展研究，还有一些研究则只关注到了笔译资格考试的其他方面效度，忽略了测前理论效度研究的重要性。

　　针对现有笔译资格考试存在的问题，考虑到笔译资格考试的跨学科属性，应结合翻译学和测试学的相关研究成果，从构念及效度的角度对笔译资格考试展开研究，包括测试的构念确定、衡量测试构念是否恰当（appropriate）的具体标准和方法等。从测试学的角度来看，在测试的设计阶段首先要解决的是"测什么"的问题，即测试的构念。只有明确了测试要测量的内容，才能据此设计和开发试卷。笔译资格考试的目的即通过具体的笔译行为来推测考生在现实场景中完成笔译活动的能力。从翻译学的角度看，笔译能力研究是翻译学研究的基础理论研究，也是笔译教学培养的终极目标。因此，笔译能力研究对效度的研究和笔译资格考试研究都有密切关系，对笔译资格考试构念及效度的研究还需要回顾有关笔译能力的研究。

2.4 笔译能力研究

笔译能力研究是目前翻译学研究的热点之一，产生了丰富的研究成果，涉及基本概念及性质、发展历史、构成、培养、测试与评估，以及与笔译活动、笔译产品质量等方面的关系等。因本书关注的是笔译资格考试，此处对笔译能力的研究重点关注基本概念、构成等方面。

2.4.1 能力及笔译能力概念辨析

本部分首先对能力及笔译能力和其他类似术语之间的区别与联系进行辨析，然后探讨笔译能力研究的历史发展，以及笔译能力和语言能力、译者能力之间的关系。

首先，看能力和才能、素养、"competence" "ability" "skill" "capability" "competency" 等术语之间的关系。郑雅丰和陈新转（2011）指出，能力和"competence"泛指表现出来的、能够有效解决问题的能力，通常指较抽象的基本能力或核心能力，涉及知识、技能和态度；"competency" 和 "competence" 互为同义词，不过部分研究者采用"competency"的复数形式来指代个体在不同工作环境或任务需求下需要的不同能力表现；"capability"指处理具体、特定事物的本领，有学者译为"潜力"，指个体可能拥有的、但尚未达到的能力；"skill"特指技巧或技艺，与态度、知识综合构成能力"competence"；"ability"指个人内在所拥有的、可能去达成某项任务的实力。郑雅丰和陈新转（2011）认为，从教育学的角度看，以上各词具有层次性："competence"指基本能力，属于较抽象的能力概念；"capability"指各学习领域或特定情境下能力，属于处理特定、具体事务的能力概念；"skill"指能力表现中的一种构成要件；"ability"指个体内在的潜质，是个体可以有效解决问题或达成任务的内在条件；也有学者将"competence"译为素养，指个体为健全法制，并发展成一个健全个体，必须应情景需求所不可欠缺的知识（knowledge）、才能（ability）或技术能力（简称技能）（skill）、态度（attitude）等方面。

从以上分析中可以看出，能力（competence）是较为抽象的概念，指个人为解决特定环境中遇到的问题而应具有的实力，是素质的外在表现，一般情况下包括技能知识（knowledge）、技能（skill）、态度（attitude）及才能（ability）等方面。

其次，是有关能力的具体内涵。徐海铭（1995）回顾了能力（competence）的发展演变历史，指出该词最早由 Chomsky 于 1965 年提出，用来区分能力（competence）和行为（performance），前者指说话人–听话人具有的关于语言的知识，后者指具体环境中对语言的实际应用。这里的能力指的是内在的完整语言知识，与通常所说的运用能力或操作能力无关。杨惠中等（2012：20）也认为，Chomsky 提出的语言能力和语言行为的概念与语言教学及语言测试领域中的语言能力有很大区别，后者更关注的是语言能力这种心理属性的外在表现，即语言行为（performance）。语言行为反映了人们在言语交际活动过程中运用语言的能力（ability，capacity）。

语言测试界也有针对语言能力和语言行为之间关系的讨论。周大军和高兰生（1998）回顾了交际性语言测试理论的发展，指出 Chomsky 提出的语言能力和语言行为二分法之中，语言行为是语言能力的实际表现，语言能力即语言知识。之后的研究者们（包括 Hymes，1972；Canale & Swain，1980；Bachman，1990 等）提出了交际语言能力（communicative language competence）的概念，指出语言能力不能仅限于语法能力，而是把语言知识和语言使用的场景特征结合起来，创造并解释意义的能力，即交际语言能力。Bachman（1990：84-85）认为，交际语言能力由知识/能力及在一定情景中运用这种知识/能力进行语言交际的能力构成，其中知识/能力包括世界知识和语言知识/能力，此外还包括在情景中适用的策略能力和心理生理机制，其中语言能力即语言知识，包括组织能力（organizational competence）和语用能力（pragmatic competence）；策略能力包括评估（assessment）、计划（planning）和实施（execution）三个部分；心理生理机制指语言使用过程中的神经及生理过程。

有关翻译能力和笔译能力的一些术语中，最常用的是翻译能力/笔译能力（translation competence）。一般情况下，国内外对翻译能力和"translation competence"的探讨都是以笔译能力为基础的，不涉及或较少专门指代口译能力。Espeleta（2005，转引自 Ressurreccio et al.，2008）指出第一个采用"translation competence"这一术语的是 Toury（1980，1995），其他的术语包括 Wilss（1989）采用的"translation performance"，Nord（1991）采用的"transfer competence"，Cao（1996）采用的"translational proficiency"，Chesterman（1997）、Neubert（2000）和 Colina（2009）采用的"translational competence"，Kiraly（1995）、穆雷（2006a）、薄振杰（2010）等采用的译者能力（translator competence），李瑞林（2011）提出的译者素养等。为表述方便，本书采用"笔译能力"（translation competence）作为最笼统的概念，涵盖以上提到的笔译能力、笔译的能力和译者能力，特指翻译能力中的笔译能力，不涉及口译能力。

就笔译能力研究的历史发展来看，国内外已有部分研究者对笔译能力研究进行了比较翔实的梳理和回顾。例如，黄子东（1997）认为国外的笔译能力研究可分为四个流派：传统派的语法-翻译能力观、抽象派的理想双语持有者能力观、专家系统派的专家系统能力观、交际翻译能力派的交际翻译能力观，并认为各翻译能力观都对国内的翻译教学产生了一定的影响。Pym（2003）指出，关于笔译能力的概念主要有四种，其一为笔译能力是语言能力的高峰，也就是说一语能力和二语能力结合起来等同于笔译能力；其二为笔译能力虚无观，即不存在特指的笔译能力；其三为笔译能力多成分观；其四为单一笔译能力观。Lesznyak（2007）从三个方面对已有的笔译能力研究进行了回顾，即作为语言能力顶点的笔译能力、作为多成分构成的笔译能力和作为单一能力的笔译能力。王树槐和王若维（2008）将中西方的翻译能力成分构成模式分为11类，包括天赋说、自然展开说、自然展开修正说、建构说、转换说、策略或认知说、语篇协调说、生产-选择说、交际说、语言语篇能力说、多因素均力说。李瑞林（2011）将笔译能力研究的历史分为自然观、要素观、最简观和认知观等几个阶段。

以上论述中基本上都包含了笔译能力研究中的语言能力观、分类能力观、简化能力观和译者能力观等。语言能力观包括 Pym（2003）提出的前两种能力观、Lesznyak（2007）提出的语言能力顶点论、王树槐和王若维（2008）及李瑞林（2011）等提到的自然能力观，即认为笔译能力为语言能力的一种。其中自然观认为，笔译能力是一种先天语言能力，只要具备了语言能力，就掌握了笔译能力（Harris & Sherwood, 1978：96-114）；笔译能力虚无观认为根本没有必要提出笔译能力这概念；语言能力顶点论则认为笔译能力是语言能力发展到一定阶段的产物；分类能力观将笔译能力分为不同的子能力进行讨论，包括从建构主义、认知心理学等不同视角进行的分类，这种观点目前受到的关注也最多。有关笔译能力的讨论几乎都会提出不同的能力构成模型。简化能力观则认为没有必要将笔译能力分成复杂而又难以操作的不同子能力，而只需要抓住笔译能力中最核心的部分即可。Pym（2003）提出了笔译能力的最简观，根据这一观点，笔译能力由生成译文的能力和选择相应译文的能力构成。

随着翻译学科的发展和职业翻译的兴起，研究者们开始将职业笔译员在实际工作中所需要的素质和要求纳入到翻译研究中来，笔译能力研究开始关注译者的能力或素质。李瑞林（2011）指出译者能力的核心是解决翻译问题所需的高阶思维能力，认为译者素养包括译者素质和译者能力，是翻译教学培养的终极目标指向。

有关笔译能力性质观点的演变和笔译活动乃至翻译活动的历史发展变迁与时代特征有密切关系。20世纪之前的翻译活动经历了分别以宗教文献、科技文献、文学作品等为主要翻译对象的不同翻译时期，作为翻译主体的译者多为具有丰富经验的专家译者，因此笔译能力的性质应为专家笔译能力（translation expertise），即在笔译过程中为在译入语中找到和原文对等的表达而应具有的能力。20 世纪 50 年代以来，翻译活动日益向职业化和专业化方向发展。进入 21 世纪，随着全球化、本地化的发展，翻译已经成为一门行业和产业，以翻译为核心的语言服务业也成为一种新兴的服务行业。这时的翻译活动主要以帮助人们进行交流为目的，翻译是一种跨文化交流活动。翻译的最重要目的已经不再是寻求对等，而是帮助人们进行交流，笔译能力已经成为一种交际能力。同时，对笔译能力的关注点已经不仅仅是专家译者能力或翻译家能力，而是职业笔译员所具有的能力，即职业笔译能力。

　　笔译能力研究需要解决的另一个问题是笔译能力和语言能力的关系。Lesznyak（2007）发现有关笔译能力和语言能力关系的讨论主要有三个观点，即语言能力包括笔译能力、笔译能力包括语言能力和笔译能力与语言能力互为不同能力。坚持认为语言能力包括笔译能力的研究者通常将笔译能力作为听、说、读、写、译五种语言技能的一种，或者将笔译能力作为语言能力发展到一定阶段的特征。认为笔译能力包括语言能力的研究者则将语言能力作为笔译能力各成分中的一个组成部分，掌握了语言能力并不代表就具有了笔译能力。第三种观点则将笔译能力和语言能力作为两种完全不同的能力进行探讨。不过 Lesznyak（2007）也指出，这三类观点目前都只是研究者们提出的主观看法，许多论断缺乏实证证明。此外，针对第三种观点，研究者们还对两者之间可能存在的相关性进行了探讨。姜秋霞和权晓辉（2002）在探讨翻译能力和翻译行为的关系时指出，翻译能力包括语言能力、文化能力、审美能力和转换能力，与译者能力相对应的译者行为主要包括语言行为、文化行为、审美行为和转换行为，其中能力与行为之间的关系包括正对应关系、负对应关系和非正负对应关系三种，能力高并不代表行为高，即双语语言能力强并不代表学生对双语语言的使用就好。海芳（2004）通过具体的实证研究发现，笔译能力与双语写作能力高度相关，笔译能力与微观决策能力高度相关，阅读能力与笔译能力有一定相关，但不显著；笔译能力与宏观决策能力相关，但不显。Lai（2011）通过实证研究发现，笔译能力与语言能力并不完全是正相关关系；杨志红（2014）同样通过实证研究，指出学生的汉译英能力和语言能力属于中度相关关系。

　　关于笔译能力和译者能力的关系，Kiraly（1995：34）较早提出了译者能力（translator competence）的概念，认为译者能力除包括语际转换能力外，还包括研究技巧、母语写作能力、创新思维能力及职业技能等内容。穆雷（2006a）指出，Kiraly 对译者能力和翻译能力的区分对翻译教学研究有重要意义,体现出职业翻译教学的特点。张瑞娥(2012a)指出 21 世纪以来翻译能力研究的新特点:重视译者的职业能力、重视译者的生理和心理能力、重视译者掌握主题知识的能力、重视翻译活动发生的实际环境、重视利用新技术和新工具的能力。

通过对笔译能力基本概念及性质相关研究的回顾可以发现,目前在能力和笔译能力、译者能力等术语的使用上存在一定的混淆,不同研究者在对笔译能力的探讨中可能会使用不同的术语来指代相同的事物,也会用相同的术语来说明各自具体的涵义;有关笔译能力的研究经历了不同的历史发展时期,其中笔译能力的分类观目前受到的关注最多,也产生了一系列的笔译能力模型,随着翻译行业的发展,研究者们开始将职业笔译员在翻译行业中的业务特征和需求与要求结合起来探讨译者能力。

2.4.2 笔译能力构成

笔译教学测试及资格考试要测量的是译者顺利完成笔译活动所具有的能力,这种能力既可以是教学及一般环境中的单纯笔译能力,也可以是翻译行业中职业笔译员应具有的能力。而对笔译能力的测量中,分类观下的各能力成分构成可以更加清楚地说明问题,具有可操作性。

目前境内对笔译能力构成的研究中,虽然研究者们根据不同视角、方法及理论基础对笔译能力的构成进行讨论,但在具体的构成成分上也存在一定的共同点,包括普遍认同将语言能力作为笔译能力的组成部分(姜秋霞和权晓辉,2002;刘宓庆,2003;海芳,2004;黄群辉,2004;文军,2004;苗菊,2007;王树槐和王若维,2008;张瑞娥,2012a;钱春花,2012 等)、文化能力和策略能力为笔译能力的固有组成部分(包括姜秋霞和权晓辉,2002;文军,2004;刘宓庆,2003;苗菊,2007;李家春,2013 等)等。除普遍认同的能力成分之外,也有研究者提出了笔译能力中的其他构成成分,包括审美能力(姜秋霞和权晓辉,2002;刘宓庆,2003)、自我评估能力(文军,2005;张瑞娥,2012a)、理论能力和学科能力(文军,2005;罗选民等,2008;张瑞娥,2012a)、翻译工具使用能力(薄振杰,2010)、心理生理素质(薄振杰,2010;钱春花,2012)、交际能力(苗菊,2007;王树槐和王若维,2008)等不同类别。此外,也有研究者对各种子能力进行详细论述,如薄振杰与李和庆(2011)探讨了笔译能力中策略能力的构成要素及模式建构,将笔译策略能力分为主题确定能力、认知框架建构能力、潜义明示能力、选词择义能力、衔接连贯能力五种子能力;海芳(2004)的笔译能力模型包括高级源语阅读能力和高级译语写作能力；刘宓庆（2003）将语言能力分解为语言分析和运用能力、表达能力、校正能力等；于文娜（2011）将语言能力分解为源语阅读能力、目的语写作能力；王少爽（2011）探讨了翻译的术语能力，指出该能力由理论能力、应用能力、文献能力、管理能力、专题能力、技术能力、语言能力七个子能力构成。

此外，国内现有的笔译能力研究还对具体的翻译方向进行了探讨，其中对汉译英能力的探讨尤为值得关注。杨晓荣（2002）指出汉译英能力包括翻译技巧、对翻译标准和翻译原则的把握、语言运用能力、知识量、综合能力等部分。马会娟和管兴忠（2010）指出汉译英能力包括双语交际能力、翻译专业知识、翻译策略能力、语言外能力（主题知识、百科知识、文化能力）、查询资料能力等方面，其中最核心的能力为英语运用能力。陈怡（2010b）将学生的汉译英能力分解为汉英语言能力和翻译转换能力两个大类。王宏（2012）探讨了汉译英能力的构成因素，即双语能力（英语表达能力、汉语理解能力）、知识能力（百科知识、相关专业知识）、资料查询能力（利用工具书和网络资源等查询资料的能力）和翻译技能（转换能力、选择能力、译文修订能力）。英译汉能力研究中，海芳（2004）将学生的英译汉能力分解为高级源语阅读能力、高级译语写作能力、翻译决策能力、知识系统和心理生理机制。

还有部分学者从交际语言能力视角对笔译能力展开探讨。王振亚（2012）对PACTE的翻译能力提出修正，认为翻译策略能力是任何翻译活动都不可或缺的能力成分，PACTE的模式没有说明技能和知识之间的关系，也没有说明技能之间的关系；并借用Bachman（1990）提出的交际语言能力观，将PACTE的翻译能力模型修正为包括语言能力、知识结构、使用能力、转换能力和心理–生理机制五个部分。

国外对笔译能力和翻译能力的研究中，影响较大的是西班牙翻译能力研究小组（PACTE）进行的系列研究。他们（PACTE，2003，2005，2010，2011；仝亚辉，2010）指出，翻译能力是程序性知识（procedural knowledge），不是说明性知识（declarative knowledge），这一能力包括双语子能力（bilingual subcompetence）、超语言子能力（extra-linguistic subcompetence）、翻译知识子能力（knowledge about translation subcompetence）、工具子能力（instrumental subcompetence）、策略子能力（strategic subcompetence）及心理生理机制等部分。其中，双语子能力指语言理解和生成能力；超语言子能力包括百科知识、主题知识和文化知识；翻译知识子能力即指导翻译的原则知识，涉及翻译的过程、方法、程序等；工具子能力指利用文献来源和信息技术等方面的知识；策略能力则整合所有子能力。关于心理生理因素，肖维青（2012b）回顾了 Melis 和 Albir（2001）等人对心理生理机制的探讨，认为具有优秀心理和生理素质的笔译者能更好地进入翻译行业并工作愉快。

其他对笔译能力和翻译能力的研究中，许多研究者（Cao，1996；Neubert，2000：3-18；Bell，2001：43；Schaffner，2000：147 et al.）将语言能力和转换能力作为翻译能力的组成部分。其中转换能力并非两种语言能力的叠加，而需要经过特别的社会化过程加以培养（Toury，1995：246-250），处于翻译能力的核心地位（Neubert，2000：3-18；Orozco，2000：199-214），转换能力又可分为理解能力、重新表达能力和从事翻译工作的能力等几种子能力（Orozco，2000：199-214）。就语言能力而言，Beeby（2000：185-198）指出语言能力包括对比语言学能力和对比语篇知识，Neubert（2000：3-18）指出语言能力包括源语和目标语的语法和词汇系统的掌握等方面。除以上各研究者所共同认同的翻译能力构成外，Deslile（1992：42，转引自 Echu & Dasse，2010）还提出了方法能力（methodological ability）和技术能力（technical ability）的概念；Campbell（1998）提出监控能力（monitoring competence）和译者气质（disposition）的概念。以上对翻译能力的探讨仍然是从笔译活动的特点出发，并不涉及口译能力。

从对翻译能力及笔译能力构成研究的回顾中可以看出，目前对笔译能力构成的研究形成了各种不同的笔译能力模型，这些能力模型既有面向笔译教学环境中学生笔译能力构成的，也有面向翻译行业环境中职业笔译员能力构成的；研究方法上既有实证研究，也有理论思辨。不过总的来看，现有的笔译能力模型仍然以理论思辨为主，建立在实证研究基础之上的笔译能力模型所占比例仍然不多。此外，相当一部分笔译能力模型的提出既没有坚实的理论基础，也没有对具体的能力构成成分进行详细阐释和说明，暴露出研究的随意性和主观性。正如 Lesznyak（2007）所指出的，现有大部分翻译能力及笔译能力模型仅仅是一些想法、建议或暗示，缺乏进一步解释和详细阐述，而且大部分模型的提出也并不是为了设计翻译能力或笔译能力模型，而只是作为阐述本书的引子。这就造成笔译能力研究文献中的一个特殊现象：一方面，一些建立在实证研究基础之上且系统阐述各成分构成的笔译能力模型（如 PACTE 提出的笔译能力模型）通常会被多数研究提及或引用，作为自己研究的基础或出发点；而一些具有一定理论基础（如语言测试中的交际语言能力模型）的笔译能力模型也会受到部分研究者们的关注。另一方面，虽然各笔译能力模型所设立的理论基础或研究视角不同，但在具体能力成分的构成上也呈现出一定的共同点，包括前面探讨的对语言能力、策略能力等能力成分的关注等。

2.5 对以往研究的回顾和评析

本章前四节对测试学中的构念及效度相关理论、笔译测试、笔译资格考试和笔译能力四个方面的理论基础和研究现状进行了回顾，从而在一方面澄清了本书涉及的核心概念，为开展本研究提供了相应的理论基础，同时也在对前人研究评析的过程中指出了前人研究成果及存在的问题，成为本书的研究出发点。

2.5.1 本书的理论起点

通过对测试学中的构念及效度理论、笔译测试、笔译资格考试及笔译能力研究的回顾，可以得出以下结论。

首先，从测试学的角度来看，测试的设计和开发过程中，构念是首先应确定的因素，也是整个测试的基础，对其建构应以一定的理论分析或工作分析为基础。对测试构念的衡量标准可通过测试的效度来体现。效度是测试最重要的性质，也是测试研究中的核心问题，大型考试需要不断进行各种效度研究，搜集各方面效度证据，以保证测试的效度。随着测试效度理论的发展，构念效度成为测试唯一的效度类型。测试效度研究中，对构念效度进行研究应从测试的各个环节入手，通过各种手段和方法收集相关证据以说明测试分数结果及其使用的效度程度。测前效度是测试在实施之前就应具有的效度，其中理论效度关注的主要是测试的构念问题，是测试效度研究应首先关注的效度证据类型，也是保证其他部分效度研究的基础和前提。对测前理论效度的研究可采用传统效度观和效度整体观中的相关理论和方法，其中构念无关因素参合和构念代表不良是构念效度的两大威胁。

其次，笔译测试属于心理测试的研究范畴，和语言测试有密切关系，但并不完全等同于语言测试。笔译资格考试是面向社会的一种特殊的笔译测试，可借鉴心理测试和语言测试中的相关理论和方法，结合翻译学的相关研究成果对笔译资格考试进行研究。笔译资格考试对翻译行业的职业化过程有重要意义，目前国际国内许多国家和地区逐步建立了笔译资格考试体系。有关笔译测试和笔译资格考试的研究涉及构念确立、考试题型、设计与开发原则等方面，并开始将测试学中的效度理论应用到研究之中，体现出从测试学角度对笔译资格考试进行研究的可行性。

最后，笔译能力研究既是从测试学角度对笔译资格考试进行研究时应关注的考试构念，也是翻译学研究和笔译测试研究中的基础理论研究。笔译能力研究的发展经历了不同的发展阶段，研究者们也从不同视角、采用不同方法对笔译能力的性质、构成及发展开展研究，其中有关笔译能力构成的多成分观目前受到的关注最多。现有笔译能力构成研究既面向教学环境的学生笔译能力，也面向社会的职业笔译员笔译能力；研究方法上既有理论思辨和实证实验研究方法，也有采用行业调研的方法。这些能力模型在构成上均存在一定的相同因素，而无论是采用理论思辨还是实证实验和行业调研，对笔译能力的研究都开始关注翻译行业中职业笔译员应具有的能力。

2.5.2 前人研究中的问题

从对笔译测试、笔译资格考试和笔译能力的研究来看，现有研究主要存在以下问题。

第一，研究内容上，现有研究对笔译测试和笔译资格考试的关注仍然不够，尤其缺乏对笔译资格考试的系统理论探讨。从现有文献来看，有关笔译测试和笔译资格考试的研究虽然在翻译学研究中占有一席之地，但在数量上仍然属于整个翻译学研究领域中的"弱势群体"，所占比重很少。尤其是针对笔译资格考试而言，和考试组织单位的大力推广和翻译行业中的应用相比，目前学术界对笔译资格考试的研究尚处于一个相对冷落的地位。Li（2006）指出，笔译测试在研究中尚未受到关注，部分原因在于测试与评估是所有教育领域中最难的部分。而大部分笔译资格考试相关信息获取的限制也是造成现有研究缺失的另一部分原因。因此，考虑到笔译资格考试在翻译行业和翻译教育中的地位和作用，应加强对笔译资格考试的研究，并在现有可获取资料的基础上，通过分析各笔译资格考试已经公布的相关考试信息，开展针对性研究。

第二，对笔译资格考试而言，目前在社会及研究中受到的关注均呈逐渐增长趋势，但在翻译行业和语言服务业中的接受程度并不高，并没有完全实现其应有的作用和功能。可能的原因是翻译行业和语言服务业对笔译资格考试的了解并不多，也可能是笔译资格考试自身存在的问题。目前已有研究表明，部分笔译资格考试在考试设置上存在一定问题，但这些研究主要关注的是单一资格考试的情况，未从整体上考虑所有笔译资格考试存在的问题，无法得知现有笔译资格考试存在的整体现状。此外，从具体研究领域看，目前对笔译资格考试的研究多数仍然停留在对不同笔译资格考试的介绍和对比之中，缺乏从学理层面对笔译资格考试的基本理论问题展开讨论。

第三，研究视角上，从构念效度和测前理论效度角度对笔译测试及笔译资格考试的研究未受到重视。虽然已有研究者将心理测试和语言测试研究中的相关概念应用到笔译测试及笔译资格考试研究之中，但总的来看，采用这种跨学科视角进行的研究仍然不够，仍然有大量问题亟待解决。此外，现有对笔译测试和笔译资格考试构念效度的研究多采用的是效度分类观，关注的是测试的内容效度和评分效度，对测试设计和开发最初阶段的构念建立及测前阶段理论效度的研究尚未给予足够重视。出现这些问题的原因可能是由于笔译测试及笔译资格考试的跨学科性质，对其构念效度的研究需要结合翻译学和测试学的相关研究成果；而部分笔译测试及笔译资格考试资料获取的限制也是造成对测试效度关注较少的另一个原因。笔译资格考试作为笔译测试的一种，可以，同时也应该从测试学的角度对其进行研究。单纯从翻译学角度探讨笔译资格考试容易陷入就事论事和主观臆断的陷阱，缺乏必要的理论基础。而从测试学角度，将翻译学和测试学相关理论和方法结合起来，可以从多个角度分析现有笔译资格考试存在的问题。笔译测试及笔译资格考试的构念效度研究中，应首先关注测试设计与开发的前提，即构念的建立，这就需要在测前阶段从理论效度的角度为测试的构念效度收集相关证据，作为整个测试构念效度研究的基础和前提。

第四，研究方法上，目前对笔译测试及笔译资格考试构念及效度的研究大部分仍然以理论思辨为主，将心理测试及语言测试研究中的效度概念引介到对笔译测试及笔译资格考试的研究之中，较少从具体考试出发，分析某一个或某一类特定考试的构念及效度问题。

第五，从笔译测试和笔译资格考试中对考试构念的探讨，以及从笔译能力的研究中可以看出，目前关注最多的是笔译能力的分类观，这里采用的笔译能力模型既有以往比较公认的能力模型，也有研究者自己提出来的能力模型。不过，目前对笔译能力的研究仅有个别从实证研究的角度对提出的笔译能力模型进行验证或修订，同时对笔译能力模型的具体构成进行描述说明，而大部分笔译能力模型的提出均建立在理论思辨基础上，既缺乏必要的实证研究证明，也未详细论证该模型内部的具体成分。笔译能力的相关研究尚未形成公认的能力构成模型。

第六，虽然对笔译能力的探讨已经开始关注翻译行业中的职业笔译员能力特征，但从测试角度对笔译能力的探讨均仍然以传统的专家能力观为主，较少或不涉及有关职业笔译员能力的问题。在对笔译资格考试的研究中也是如此，虽然研究者都认同笔译资格考试的专业性和行业面向性，但在具体拟测构念的探讨中只将语言能力和转换能力等基本的笔译能力作为测试构念，没有提出笔译资格考试应如何体现其职业性和专业性。因此，现有对笔译资格考试的研究远远落后于笔译能力的研究。要实现笔译资格考试的功能，使其真正起到对职业笔译员进行资格认定和等级评定的作用，笔译资格考试的设计中就应该重新界定考试构念，结合翻译行业的现状和特点，同时进行必要的需求分析，使笔译资格考试的构念真正反映出翻译行业对职业笔译人员的需求和要求。

2.6　本章小结

本章围绕本书的研究内容和研究目的，从以下四个部分对相关文献进行了回顾。

第一部分关注的是测试学的相关概念和理论，通过对构念效度及测前理论效度基本理论和方法的介绍，指出这些概念对测试研究的重要意义，作为本书的理论基础、研究视角和研究方法。

第二、三两部分关注的是研究对象，通过对笔译测试及笔译资格考试基本概念和概况的回顾来介绍研究对象的现状、已有的研究成果及存在的问题。笔译资格考试对翻译行业的职业化和语言服务业的发展有重要意义，并不是所有的笔译资格考试都是完美的，应进行有关笔译资格考试的研究，发现存在的问题，为笔译资格考试的改进提供建议。

第四部分对笔译资格考试和测试构念研究中都关注的笔译能力研究进行回顾，指出笔译能力的理论研究中以笔译能力的分类观为主，研究者们已经关注到了职业笔译员能力特殊性，而已有对笔译能力构成的研究中尚未形成受到普遍认可的笔译能力理论模型。

在对以往研究进行回顾和评析的基础上，本章最后指出这四个方面的相关理论、方法和已有研究成果为本书提供了理论基础和方法，而已有研究存在的问题则作为本书的出发点，为本书指明了研究的方向。

第3章 笔译资格考试构念效度研究理论框架

本章探讨开展本研究所采取的理论框架，即对本书中的核心术语予以界定，以更明确说明研究对象，避免歧义；然后介绍开展本研究所采用的理论基础；并根据具体的研究内容、研究对象和研究问题，建构理论框架，为本研究提供具体的研究路径。

3.1 核心概念

本研究中的核心概念包括构念、效度、笔译资格考试、笔译能力等，各核心概念的工作定义如下。

构念指测试拟测量的心理特质，笔译资格考试的构念即笔译资格考试拟测量的心理特质，是考生为完成笔译任务而应具有的一系列心理特质的总称，是笔译资格考试设计和开发的基础，也是对笔译资格考试分数解释及其使用的理论依据。一般情况下，笔译资格考试的构念由多个构念成分组成，而各构念成分又包括具体的要素，不同构念成分及各成分要素间也会存在一定的比重差异。这些笔译资格考试的构念、构念成分、成分要素及之间的比重差异统称为笔译资格考试构念的构成。

效度，又称构念效度，指测试所依据的理论基础和实证数据对测试、测试分数解释及使用的支持程度，是测试最重要的属性，需要在测试设计和开发的各个阶段通过各种途径搜集证据来证明测试的效度程度。构念效度是测试唯一的效度类型，可通过不同形式的效度证据来证明，其中测前效度指测试在实施之前所具有的效度证据，包括理论效度证据和内容效度证据两个方面。测前理论效度指测试的理论相关证据，即测试在设计阶段根据测试目的所建立构念的适切性、清晰程度等。笔译资格考试构念效度指笔译资格考试依据的理论基础和实证数据对其本身、分数解释及其使用的支持程度，也是笔译资格考试各方面证据对测试构念的支持程度。笔译资格考试测前理论效度指笔译资格考试在设计阶段的理论方面证据，以测试构念的构成及其呈现为主要证据来源。

笔译资格考试指面向社会，以测量考生完成笔译活动所具有能力为目的的考试，通过考试的考生可以获得由考试组织及管理部门颁发的相应的资格证书，或获得某种相应的资历。一般情况下，通过笔译资格考试说明考生已经具备一定的笔译能力，或达到了相应的能力水平。笔译资格考试通常为某一笔译资格认证体系的组成部分，考生通常需要在通过考试的同时，达到体系规定的其他要求后，才可以获得相应的资格证书或相应资历。

笔译能力指为完成笔译活动应具有的心理特质，这一特质包括具体的知识、技能、才能、个人性格、特质及其他心理特征等。笔译能力由多个能力成分构成，不同研究者又由于所采取的理论、关注点、研究方法等的不同，提出了不同的笔译能力模型，其中建立在理论思辨及实证实验研究基础之上的笔译能力模型称之为笔译能力理论模型。此外，也有研究者关注职业笔译员的业务特征，并对职业笔译员应具有的能力特征进行调研和分析。这种以翻译行业中职业笔译员应具有能力为考察对象，并在调研、行业报告基础之上提出的能力模型即职业笔译能力模型，体现的是职业笔译能力。本书中的笔译能力包括知识、技能、才能、个人性格及特质，指的是一般情况下实行笔译活动的人应具有的特征，既包括学生、专家，也包括职业笔译员。职业笔译能力则专指翻译行业中职业笔译员所具有的能力。笔译能力包括职业笔译能力。

3.2　理论基础

本书的研究对象是笔译资格考试的构念效度，希望结合测试学、翻译学等相关学科理论和方法，通过笔译资格考试在测前阶段的理论效度，探讨笔译资格考试构念方面存在的问题。为解决这一问题，本书选取测试学中的构念效度研究和 Weir（2005）提出的测前理论效度研究作为理论基础，现分别论述如下。

3.2.1　构念效度

测试质量的评价标准涉及效度、真实性、交互性、可行性等方面，其中效度是测试最重要的属性。效度理论从引入测试学开始，目前已经进入了效度整体观时期。构念效度成为测试的唯一效度类别，传统效度观时期的各种效度类别成为构念效度的各个方面证据。构念效度研究可通过多种途径、从各方面为测试及其分数解释与使用提供证据。从证据类型来看，构念效度证据包括理论证据和实证证据两个大类别，其中理论证据主要指有关测试构念的理论说明、有关测试的相关文件资料等方面，实证数据则包括考生分数、考生反应等内容。从研究方法来看，对构念效度的研究可采用文献法、文本分析、理论思辨法、统计分析法、问卷调查、访谈等多种方法。其中文献法主要是搜集相关考试资料为考试的构念效度提供理论证据；访谈法则对具体的考试利益相关方，包括考试设计与开发者、考生、考试结果使用者等进行调查，为考试构念效度提供实证数据。此外，还可采用文本分析的方法对考试试卷、参考答案等进行分析。要保证测试结果及其使用具有较高构念效度，应避免两类威胁，即构念代表不良和构念无关因素参合。

构念效度研究中应首先关注测试的构念问题。测试学中，构念是测试拟测量的心理特质，构念通常由测试的设计和开发者确定，并在具体的考试规范或考试大纲中得以体现，其中广义上的考试规范包括考试大纲和考试主管机构及命题专家公布的报告、文献、文件等，并明确说明考试目的、范畴、对象、内容、方式、考题类型、试卷结构及分值、考试实施、评分标准及方法等内容。以上信息均是在构念的基础上设立的，是高度概括下的构念的具体呈现。因此，如果要明确考试的构念，可通过分析考试规范中公布的相关考试信息来获得。

3.2.2　测前理论效度

构念效度各方面证据中，测试在实施之前具有的效度证据是整个测试构念效度的重要证据来源，同时也是测试其他阶段效度证据的基础。Weir（2005）和邓杰（2011）提出了测前效度的概念，并分别指出测前效度包括理论方面效度和内容方面效度，其中理论方面效度是首要的效度类型。其他研究者（Bachman，1990；Bachman & Palmer，1996；邹申，2005a 等）虽然未提出测前效度的概念，但也指出测试在实施之间的阶段包括测试的设计和开发两个环节，而相对应的效度证据来源可包括测前阶段的理论方面效度和内容方面效度。因此，测试的测前效度中，理论效度是测试首要的效度证据来源。

测前理论效度研究中，Bachman（1990）、Bachman 和 Palmer（1996：140）在探讨交际语言测试研究中，介绍了交际语言测试构念效度的研究方法，指出对效度的研究可以通过多种方法，其中在测前阶段主要是对测试构念所体现的语言能力与测试目的的适切性（appropriateness）和测试构念表述的清晰度进行判断。测前效度研究中的理论效度研究关注点是测试的构念，主要通过对考试规范和考试大纲等相关文件的分析，一方面确定测试构念与测试目的和实际行为取样的拟合程度，另一方面对考试规范和考试大纲中对构念说明的清晰和可理解度进行判断(Bachman & Palmer, 1996: 140-141)。Bachman 和 Palmer（1996: 140-141）为构念效度的逻辑验证方法提供了一个清单，包括两个部分：①构念定义的清晰度和合适程度，以及任务特征和构念定义的合适程度；②任务特征中可能产生偏差的原因。此外，关于构念效度的研究还可以通过一系列的具体问题来分析构念效度存在的问题，其中有关测试构念本身存在的问题为：测试的构念是否清楚无误地界定？这一问题关注的即为测试构念表述的清晰度。

Weir（2005）在其提出的基于证据的构念效度研究框架中，对测前理论效度的具体研究方法进行了说明。Weir（2005: 222-223）指出，测前效度包括考生特征分析、理论效度分析、环境效度（内容效度）分析三个部分，其中考生特征分析和理论效度、环境效度均有密切关系。因此，在研究理论效度过程中，应同时关注考生特征。此外，在建立理论效度的过程中，还要进行相应的理论文献回顾和研究文献回顾。理论文献回顾主要是对相关学科的最新理论研究成果进行分析，研究文献回顾主要对以往针对该测试进行的有关效度研究结果进行分析。Weir（2005: 223）指出，测试构念的建立可通过两种方法，即根据教学大纲建立构念和根据相关理论建立构念。其中应用于教学环境中的测试主要根据教学大纲建立，应用于社会环境中的测试则根据相关理论建立。同时，如果要对某一特定职业中的具体行为进行测试，还需要进行一定的需求分析（ needs analysis ）或工作分析（ job analysis ），以确定行业中职业人员所需要的能力或素质。

3.3　理论框架

从第 2 章中的文献回顾可以看出，笔译资格考试作为一种面向社会的翻译测试，不属于语言测试，但属于心理测试的研究范畴。因此，在对笔译资格考试进行研究时，可借鉴测试学，尤其是心理测试学和语言测试学中有关构念效度和测前理论效度的相关理论和方法，从测前理论效度角度分析笔译资格考试的构念效度。从测前理论效度的角度对笔译资格考试构念效度进行研究，可采用文献法、访谈法、文本细读等方法搜集理论证据或实证证据。但是，由于涉及语种、等级等问题，目前国际国内笔译资格考试通常不会将考试的参考译文予以公布，从而造成相关资料的获取受到限制。测前阶段进行的访谈法则主要是对考试的设计与开发者进行调查，而这又需要建立在对考试有一定的理论认识的基础上。考虑到通过文献法搜集到的理论证据在测前理论效度研究中的基础地位，以及资料获取的限制，本书中对笔译资格考试的构念效度研究主要关注点是理论方面证据，这就需要搜集有关考试构念的相关证据，即通过对比应测量构念和现有构念，分析笔译资格考试的构念效度。

3.3.1　笔译资格考试应测量构念的建立

笔译资格考试的构念效度研究应首先回顾已有的构念效度研究，分析已有研究中对笔译资格考试构念的说明及研究成果；其次确定应测量构念，即建立笔译资格考试构念，并对现有笔译资格考试构念的现状及存在问题进行分析。有关笔译资格考试构念效度研究的回顾属于文献综述部分，是进行下一步研究的基础，第 2 章已经对相关研究进行了回顾，因此本书要做的主要是对测试应测量构念的确定和对现有构念的分析。

笔译资格考试构念的建立主要基于已有的理论文献回顾和相应的工作分析。考虑到笔译资格考试要测量的是考生完成笔译实践活动的能力，相应的理论文献回顾主要是分析已有的笔译能力研究，并选取符合考试目的且受到一致认可的笔译能力理论作为考试构念。对第 2 章对笔译能力研究的分析表明，现有研究中虽然提出了多个笔译能力模型，但大部分模型并未建立在详细的理论阐释和实证数据基础之上。因此，对笔译能力的理论文献回顾只能选取现有研究中有一定论述且在一定范围内受到认可的笔译能力模型，将其进行对比分析，归纳总结所有笔译能力模型的能力成分，作为笔译资格考试构念建立的理论基础。此外，由于笔译资格考试面向的是社会上的职业笔译活动，还需要对翻译行业中职业笔译员应具有的能力进行分析，这是面向行业的职业资格考试特有的一个部分。目前，已有部分研究者对翻译行业进行了相关调研和工作分析，这些调研所采用的视角、对象并不完全相同，所关注的职业笔译活动涉及不同场景和性质的翻译活动。由于本书关注的是笔译资格考试的一般情况，并不是针对某一特定笔译资格考试，这就需要对各种情况下的职业笔译员能力有比较全面的了解，这些并不是仅仅一个调研或研究就能达到的目标。因此，本书选取部分翻译行业进行调研，并将各种调研结果进行归纳总结，最终得出翻译行业中职业笔译员应具有的能力。

将建立在理论推演及实证实验研究之上的笔译能力研究和建立在行业调研基础之上的职业笔译能力研究作为建立笔译资格考试应测量构念的基础，还考虑到两种不同性质研究成果各自的特点。从学术研究进行的主要是对笔译能力进行理论和实证分析，进而指出笔译能力的性质和构成。从行业角度进行的研究及主要关注口笔译员的角色、身份、认知、地位等方面，部分研究关注行业的发展趋势、行业工作现状、职业口笔译人员的需求与要求等。还有部分是针对行业的调研报告，主要关注的是行业经济现状、职业发展等方面。以上研究单独来看，均无法作为笔译资格考试应测量构念的构成成分，只有将学术研究/理论研究和行业调研/行业现状的研究结合起来，才能符合资格认证研究的要求。

3.3.2 现有笔译资格考试构念分析

首先，就现有笔译资格考试构念的特征而言，应包括现有笔译资格考试构念构成和构念呈现两个方面。构念构成方面，需要搜集各笔译资格考试的考试规范等相关资料信息，包括考试大纲、考试说明、考试样题等考试规范相关文件，通过分析考试性质、目的、要求、设置、评分、通过标准等信息确定各笔译资格考试构念。构念呈现则通过分析各笔译资格考试组织及管理部门公布的相关考试资料和信息，探讨各考试通过公布哪些资料及信息向考试利益相关方公布考试构念。

其次，就现有笔译资格考试可能存在的问题而言，应包括构念效度威胁、构念适切性和构念清晰度三个方面。构念效度威胁主要关注笔译资格考试的构念构成成分、各成分要素、各成分及要素之间的相对重要性，分析笔译资格考试构念构成和应测量构念构成之间的关系，衡量的标准是看是否存在构念无关因素参合和构念代表不良两种威胁。为避免这两种威胁，现有笔译资格考试构念应未包含不应测量的构念成分及要素，并涵盖所有拟测量的构念成分及要素，其中最重要的构念成分及要素应受到更多的关注。构念适切性则需要分析现有笔译资格考试构念的考生特征，以及考试构念对考生特征的适切性，即现有考试构念是否考虑到具体的考生特征，最终关注的仍然是笔译资格考试的构念构成。构念清晰度包括现有笔译资格考试构念的呈现特征和考生特征两个方面。构念呈现特征方面，通过分析各笔译资格考试组织及管理部门公布的有关笔译资格考试的相关资料信息，尤其是考试大纲和对考试评分的公开情况，分析现有笔译资格考试构念的清晰度问题。作为大型高风险性考试，为使测试具有较高构念效度，笔译资格考试组织及管理部门应将和考试构念有关的所有必要信息通过恰当的渠道和方法向考试利益相关方公开，使考试利益相关方可以接触获得有关考试构念的相关信息，并理解这些信息。考生特征方面，通过分析现有笔译资格考试在考试规范中对考生特征的描述和说明，分析各考试对考生特征的描述程度，从而探讨考生对考试构念的了解程度。

最后，在对现有笔译资格考试构念存在问题进行分析的基础上，可结合测试的质量评价标准，包括构念效度、评分效度、真实性、可行性等，探讨出现这些问题的原因，并提出可能的修改建议。

从测前理论效度视角对笔译资格考试构念效度进行研究的理论框架可用图 3-1 表示。

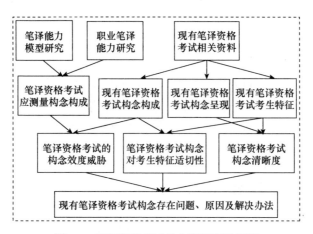

图 3-1 笔译资格考试构念研究理论框架

3.4 本章小结

本章根据研究内容和研究问题，首先对研究中涉及的核心概念进行界定，以进一步明确研究对象，并提出本书适用的工作定义。之后借鉴构念效度和测前理论效度研究的理论和方法，结合本书的研究对象、研究目的及研究问题，建构了从测前理论效度角度分析笔译资格考试构念效度的理论框架，作为整个研究中搜集、分析资料并进行讨论的基本依据。

第 4 章　笔译资格考试应测量构念特征

本章和第 5、6 章是研究的核心部分，分别就本书提出的三个研究问题进行分析讨论，并尝试解决。按照第 3 章提出的理论框架，笔译资格考试应测量构念的确定应将笔译能力理论和翻译行业工作分析两个方面结合起来进行对比分析，因此本章主要分三个部分展开，首先通过分析有关笔译能力的相关论述，探讨建立在理论基础之上的笔译能力构成；接着通过分析翻译行业中有关职业笔译员的相关调研，探讨职业笔译能力构成；然后将两者结合起来，论述笔译资格考试应测量构念的构成特征。

4.1　笔译能力参数集（理论）

建立笔译资格考试构念首先要考虑的是有关笔译能力的理论论述。本书第 2 章对笔译能力研究的回顾表明，目前笔译能力研究中受到关注最多的是笔译能力分类观。而且分类观相对于其他笔译能力观的可操作性更强，更适合用作测试的理论基础。不过现有各类笔译能力模型中，尚未出现得到普遍认可的笔译能力模型，故此本书通过对已有的笔译能力模型进行对比分析，将各笔译能力模型的共同特点结合起来，作为笔译资格考试构念建立的理论基础。为区别于通过行业调研及工作分析得出的职业笔译员能力构成，本书将建立在理论思辨及实证–实验研究基础之上的笔译能力模型称为笔译能力理论模型，并将通过归纳分析各笔译能力理论模型得出的笔译能力构成称为笔译能力参数集（理论）。

4.1.1　笔译能力理论模型来源

鉴于现有研究中涉及笔译能力构成模型的文献十分庞杂，无法也没有必要对所有的笔译能力模型一一列举。因此，本书并未穷尽所有的笔译能力理论模型，只是选择现有文献中讨论最多、较受到认可且具有详细论述的笔译能力理论模型。通过对已有笔译能力理论模型的对比分析，本书选取 29 个笔译能力理论模型作为笔译能力参数集（理论）的原始数据，其中包括境外研究者提出的笔译能力理论模型 11 个、境内研究者提出的笔译能力理论模型 18 个。各笔译能力模型提出的研究者/作者、研究对象及研究性质情况见附录 1。需要提出的是，通常情况下研究者对笔译理论模式的提出并不是一次就完成的，而是通过连续不断地研究，以及不断对提出的模式进行修订，这里虽然列举的是一系列的文献，但对笔译能力理论模型的界定则以最新成果为准。

本书选取的 29 个笔译能力理论模型具有以下特点：从研究对象上看，这些模型既涉及一般意义上的翻译能力或笔译能力，也涉及比较特殊的译者能力、译者水平、译者素质，等等，但基本内涵都是译者在翻译活动中为完成某翻译任务而应具有特定能力和素质。从关注对象来看，既有专指教学环境中学生应掌握的笔译能力或测试中应测量的笔译能力，也有面向翻译行业中职业笔译员应具有的笔译能力，还有未明确说明而统称笔译能力的。从涉及翻译方向看，既有专门关注特定翻译方向（母语译入外语或外语译入母语）的，也有同时探讨双语互译两个方向的；从研究性质及研究方法来看，既有建立在理论思辨基础之上的，也有建立在实证实验研究基础之上的，即在提出理论假设的基础上进一步进行实证研究，对笔译能力理论模型进行验证或修正。可以看出，本书选取的 29 个笔译能力理论模型基本上涵盖了现有笔译能力研究中的所有情况，可以在一定程度上体现出现有笔译能力理论模型的一般特征。

4.1.2　笔译能力参数集（理论）成分及要素

笔者以讨论最广、受到关注最多的 PACTE 笔译能力理论模型为基础，并结合其他笔译能力理论模型构成的共同点，将所有笔译能力理论模型的构成基本分为：语言能力、策略能力、知识能力、工具能力、翻译职业能力、心理生理能力、个人性格特质 7 个部分，并将各能力模型按这一分类列表进行对比。各能力模型在能力构成的具体名称上并不完全一致，而同一子能力在具体要素上也会存在差异，因此，此表只能是一个初步分类，还需要对各子能力进一步分析。各能力模型的具体构成见表 4-1。

1. 语言能力

通过对各笔译能力理论模型中有关语言能力的名称进行对比分析，可以发现，既有以概况性的"语言能力"命名，也有采用更加详细的名称，如"交际能力""文本能力""语言分析和运用能力""高级源语阅读能力""高级译语写作能力""语言–语篇–语用能力""对比语言学能力""语篇能力""双语知识""风格知识""文本分析知识""跨文化交际能力"等。从涉及语种来看，大部分（25/29）笔译能力理论模型

表 4-1　各笔译能力理论型能力成分

序号	研究者/作者	笔译能力构成						
		语言能力	策略能力	知识能力	工具子能力	翻译职业能力	心理生理能力	个人性格特质
1	PACTE (2003; 2005; 2008; 2010; 2011)	双语子能力	策略子能力	超语言子能力	工具子能力	翻译知识	心理生理成分	
2	Campbell (1991; 1998:153-154)	译入语文本能力	监控能力					译者气质
3	Gile (1995; 2009)	主动工作语言知识；被动工作语言知识	有关翻译的程序性知识	主位和主题领域知识	有关翻译的陈述性知识和程序性知识	智力标准		个性特征
4	Cao (1996)	翻译语言能力；语言能力	翻译策略能力；转换能力	翻译知识能力	主题能力		翻译策略能力	
5	Neubert (2000)	语言能力；文本能力	转换能力	主题能力；文化能力	超语言能力			
6	Beeby (2000)	对比语言学知识；对比语篇知识	转换能力	超语言能力	超语言能力			
7	Schaffner (2000:147)	语言能力；文本能力	研究能力；转换能力	领域或特定主题能力；文化能力				
8	Nord (1991; 177)	语言能力	转换能力	事实能力；文化能力	技术能力			
9	Kelly (2007; 2008)	交际及文本能力	组织及策略能力	主题领域及主位能力；文化及跨文化能力	职业及工具能力；信息搜寻能力	职业及工具能力	心理生理及态度能力	人际及社会能力
10	EMT (EMT group, 2009; Schaffner: 2012a,2012b)	语言能力	翻译服务提供能力	主位及主题能力；跨文化能力	技术能力；信息搜寻能力	翻译服务提供能力		
11	TransComp (Gopferich: 2009, 2013; Gopferich et al., 2011)	双语交际能力	翻译程序激活能力；策略能力	领域能力	工具及研究能力		心智能力	
12	姜秋霞和权晓辉 (2002)	语言运用能力	转换技能	文化能力	文化能力		综合能力	
13	杨晓荣 (2002)	语言运用能力；知识量	翻译技能	知识量	审美能力	对翻译标准和翻译原则的把握		
14	刘宓庆 (2003: 30-34)	语言分析和运用能力	双语转换和表达能力	文化辨析和表现能力		对翻译标准正确的把握	逻辑分析和校正能力；审美判断和表现能力	

续表

序号	研究者/作者	笔译能力构成						
		语言能力	策略能力	知识能力	工具能力	翻译职业能力	心理生理能力	个人性格特质
15	海芳（2004）	高级源语阅读能力；高级译语写作能力	翻译决策能力	知识系统			心理生理机制	
16	文军（2004；2005）	语言/文本能力	策略能力					
17	苗菊（2007）	语言能力	策略能力				认知能力	交际能力
18	王树槐和王若维（2008）	语言-语篇-语用能力	策略能力	文化能力	工具能力	语言-语篇-语用能力	思维能力	人格统协能力
19	陈怡（2010b）	汉英语言能力	翻译转换能力					
20	马会娟（2013；马会娟和管兴忠：2010，2012）	双语交际能力	策略能力	语言外能力	查询资料能力	翻译专业知识		
21	冯全功和张慧玉（2011）	历时翻译能力	共时翻译能力	历时翻译能力；共时翻译能力	共时翻译能力	共时翻译能力	历时翻译能力；共时翻译能力	
22	刘和平（2011）	双语能力	语篇处理能力；分析综合抉择能力	知识能力				
23	钱春花（2011；2012）	语言能力	行动能力	知识能力	资料查询能力		认知能力；内驱动力	内驱动力
24	王玮（2012）	双语能力	翻译技能	知识能力				
25	王振亚（2012）	语言能力	转换能力；使用能力	知识结构			心理-生理机制	
26	王湘玲（2012）	双语能力	策略能力	超语言能力	面向市场翻译能力	面向市场翻译能力	面向市场翻译能力	
27	张瑞娥（2012a；2012b）	条件性翻译能力	实践性翻译能力；评估性翻译能力	条件性翻译能力	实践性翻译能力	本体性翻译能力		实践性翻译能力
28	李家春（2013）	文本分析能力；跨文化交际能力	转换能力；策略能力	专业能力	现代技术能力	就业能力		
29	张新玲和刘君玲（2013）	源语（英语）阅读能力；目标语（汉语）写作能力		语际能力		翻译知识	认知能力	
	总计	29	27	24	16	13	15	8

涉及的是双语能力，个别能力模型还提出"至少两种语言"的能力，仅有个别能力模型只强调了单语能力要求（4个，各有2个能力模型分别强调源语能力和译入语能力）。就各能力模型对语言能力的具体描述来看，基本上可分为4类：其一，从语言结构的层面提出语音、字形、词汇、语法、句法、文本衔接与连贯等不同层次的语言知识和能力；其二，从宏观角度提出对不同语言的修辞、文本类型、语言变化及变体、文体、语义、语用等方面的知识和能力，同时强调不同语言之间的对比知识；其三为从语言技能角度提出对阅读能力、写作能力/表达能力等的要求；其四则从语言使用的角度出发，侧重强调语言使用及交际语言能力，且多个笔译能力模型建立在 Bachman 和 Palmer（1996）提出的交际语言能力观基础之上。以上对语言能力的 4 类描述之间并非是并列的关系，而只是各研究者根据不同的语言观及语言学理论提出的语言能力要素，它们之间有重合，也有一定的上下级关系。

总的来看，笔译能力参数集（理论）中的语言能力在语种方面包括单语能力和双语能力，在具体内涵方面涉及多个层面和方面的语言知识和语言使用能力。由于语言知识和语言使用能力的复杂性，本论文暂不对各笔译能力理论模型中的语言能力具体内涵进行详细分析，只关注语种这一方面。各能力模型中对语言能力的描述见附录 2。

2. 策略能力

各能力模型中涉及的策略能力主要体现在"策略能力""监控能力""转换能力""研究能力""组织或策略能力""翻译服务提供能力""翻译程序激活能力""翻译技能""决策能力""共时翻译能力""分析综合抉择能力""语篇处理能力""行动能力""使用能力""实践性翻译能力""评估性翻译能力"等，从一个侧面体现出策略能力的复杂性。从各策略能力的名称及其要素的描述可以看出，各笔译能力理论模型中的策略能力主要有两类，即侧重于双语转换的微观能力和侧重于整个笔译活动的宏观能力。第一种转换能力将策略能力等同于微观的双语转换，强调译者在笔译实践过程中使用各种笔译技能和策略的能力。个别研究者还对具体的转换能力进行了说明，如原文理解、译文表达、笔译技巧、译文评估、审校和修订等。第二种将认知能力和具体笔译活动相结合，关注的是译者在实施笔译活动过程中运用各种元认知策略分析笔译活动的场景及特点，组织与制定完成笔译活动的计划，发现翻译问题并进行解决，同时进行自我监控，是译者在笔译过程中调动各种技能、策略、知识、技能，根据具体翻译任务和环境完成翻译任务的整体宏观能力。这种观点多建立在交际语言能力中的策略能力基础之上，如 PACTE、Campbell、Cao、Kelly、EMT、TransComp、海芳、王树槐和王若维、钱春花、张瑞娥、李家春、张新玲和刘君玲等提出的笔译能力理论模型，和所有语言活动中都会涉及的一般认知策略密切相关。此外，策略能力还涉及翻译方向的问题。29 个笔译能力理论模型既包括未特定说明翻译方向而以双向互译能力为对象的模型，也涉及特指某一特定翻译方向的单方向笔译能力（Campbell，1998：153-154；Beeby，2000；杨晓荣，2002；陈怡，2010b；王宏，2012；马会娟，2013；张新玲和刘君玲，2013 等）。

因此，笔译能力参数集（理论）中的策略能力由转换能力和整体宏观能力组成。从策略能力涉及的笔译能力理论模型个数来看，27 个能力模型包括策略能力，其中 20 个涉及转换能力，16 个涉及整体宏观能力，其中 9 个同时涉及两类策略能力。各能力模型中对策略能力的具体描述见附录 3。

3. 知识能力

包含知识能力的 24 个能力模型中，和知识能力相关的能力成分包括"超语言/语言外（extralinguistic）能力""主位（thematic）能力""主题/领域（subject）能力""事实（factual）能力""文化能力""跨文化能力""知识能力""知识结构""语际能力""文化辨析和表现能力"等。部分能力模型虽然没有明确采用以上术语，但在探讨其他能力构成的过程中，也提到了知识能力的要求，如 Cao（1996）提出的"翻译知识"、冯全功和张慧玉（2011）提出的"历时翻译能力"和"共时翻译能力"、张瑞娥（2012a）提出的"条件性翻译能力"等。从知识能力所涉及要素来看，涉及最多的知识类型为百科知识（一般知识）、主题（领域）知识和文化（及跨文化）知识，个别研究者还将主题（领域）知识进一步细化，如文学知识（Cao，1996），文学、政治、经济、文化、商贸、旅游、出版、科技、法律、医药等（冯全功和张慧玉，2011）。

总的来看，知识能力虽然在各能力模型中的命名不同，但所涵盖的成分基本相同，即百科知识、主题知识和文化知识。24 个能力模型中，18 个包括文化知识，17 个包括主题知识，12 个包括百科知识，其中 6 个包括全部 3 类知识能力。各能力模型中所包含知识能力的具体描述见附录 4。

4. 工具能力

各能力模型中对工具能力的要求通常体现在"工具子能力""超语言能力（文献能力）""职业能力""技术能力""研究能力""信息搜寻能力""IT 能力""现代技术能力""面向市场的翻译能力""实践性翻译能力"等能力成分中。从各能力模型中对工具能力的界定来看，这里的工具既包括纸质字典、词典、平行文本、参考资料、术语表等传统工具，也包括电子词典、搜索引擎、电脑、语料库等现代化工具，还包括文字处理、本地化、IT 软件、办公自动化、翻译软件、机助翻译等现代化技术。使用这些工具既以查找资料、获取信息并对信息进行甄别和研究为目的，也以方便或促进笔译实践活动为目的。总的来看，工具能力包括对各类性质和类别资料及工具的使用、查询、获取、判断、整理、研究等能力。

因此，可以根据工具的具体性质和特征将笔译能力参数集（理论）中的工具能力分为两个大类，即传统工具使用能力和现代化工具及技术使用能力，前者主要指使用纸质工具获取信息并对信息进行研究的能力，后者指使用各种现代化电子、网络工具及技术为笔译活动服务的能力。从两类工具能力涉及的能力模型个数来看，在 16 个涉及工具能力的能力模型中，9 个涉及传统工具使用能力，12 个涉及现代化工具及技术使用能力，另有 4 个只涉及信息搜集及研究能力，未明确说明所采用的工具类型。各能力模型中所包含的工具能力的具体描述见附录 5。

5. 翻译职业能力

翻译职业能力主要体现在各能力模型中有关翻译专业知识、翻译行业知识、译者职业素养、翻译项目管理、职业道德、就业能力等方面，与此有关的能力成分包括"翻译知识""翻译服务提供能力""职业素养""翻译学科知识""就业能力"等，一些能力模型也将这一能力和其他能力结合在一起进行探讨，如"翻译服务提供能力""历时翻译能力""面向市场的翻译能力""本体性翻译能力""实践性翻译能力"等。PACTE的笔译能力理论模型将这一能力称之为"翻译知识能力"，为了和知识能力有所区别，本书采用"翻译职业能力"这一术语，强调该能力成分的专业性和职业性，用来专门指对翻译相关学科知识、翻译过程知识、翻译行业知识、翻译职业知识等方面的知识和能力。

从包含翻译职业能力的 13 个能力模型对这一能力的描述来看，笔译能力参数集（理论）中的翻译职业能力可分为翻译学科知识和翻译行业知识两个大类别，前者主要指有关翻译理论、翻译实践、翻译技能等相关方面的知识，后者主要指和翻译行业相关的知识，如职业道德、就业能力、翻译项目管理等方面。本书收集到的 13 个笔译能力理论模型中，5 个包括翻译学科知识，10 个包括翻译行业知识，另有 3 个同时包括翻译学科知识和翻译行业知识。各能力模型中所包含的翻译职业能力的具体描述见附录 6。

6. 心理生理能力

有关心理生理能力的各能力模型成分包括"心理生理机制/成分""智力标准""态度能力""认知能力""思维能力"等，个别能力模型虽然并未单独提出这一能力成分，但在探讨其他能力成分时也涉及了译者的心理生理成分，如"历时翻译能力""共时翻译能力""面向市场的翻译能力""实践性翻译能力"等。心理生理能力主要指译者完成翻译活动或项目的心理及生理基础，不过各能力模型对该能力成分的描述大多关注心理特征，对生理机制的关注则相对较少。心理生理能力和策略能力中整体宏观能力的区别在于前者涉及的是脱离于翻译活动之外的一般心理及生理机制，而后者则重点关注译者调动各种翻译技能、策略、知识及其他子能力完成翻译活动的能力。

因此，笔译能力参数集（理论）中的心理生理能力包括心理因素和生理因素两个部分，15 个能力模型包括这一成分，其中只有 1 个能力模型提到了生理因素，其他 14 个能力模型均只涉及心理因素。各能力模型所包含心理生理能力的具体描述见附录 7。

7. 个人性格及特质

除以上 6 种能力外，个别笔译能力理论模型还提到了译者的一些个人特征或特质，从名称上看，分别涉及"译者气质""个人性格特征""人际及社会能力""人格统协能力""快速学习能力""团队合作精神""内驱动力"等。个别能力模型将这一成分和其他能力成分结合起来进行探讨，如"翻译服务提供能力"。因此，这里的个人性格及特质主要包括译者个人性格或其他特质（attributes），其中个人性格包括热情、谨慎、冒险、坚持、好奇等方面，个人特质也被称为社会能力（social competence），包括团队合作能力、人际交往能力、自我管理能力、学习能力等方面。

因此，笔译能力参数集（理论）中的个人性格及特质由个人性格及个人特质两部分构成，其中个人特质又包括团队精神、人际交往能力、学习能力等。需要指出的是，这里主要指的是译者在实施、完成笔译活动或项目中所具有的以上特征，这些特征在不同程度上会对笔译活动或项目的实施及完成产生一定的影响。就具体各能力模型来看，共有 8 个能力模型包括个人性格及特质，其中 5 个包括个人性格，5 个包括个人特质，2 个同时包括两个部分。各能力模型中所包含个人性格及特质的具体描述见附录 8。

通过对以上 29 个笔译能力理论模型中所有共有的能力构成成分进行归纳总结和分析可以发现，建立在理论推演和实证研究基础上的笔译能力参数集（理论）由语言能力、策略能力、知识能力、翻译职业能力、工具能力、心理生理能力、个人性格及特质 7 个成分构成，具体情况见表 4-2。

表 4-2　笔译能力参数集（理论）成分及要素

成分	要素	内涵
语言能力	双语能力	源语和译入语各方面知识与能力
	单语能力	源语或译入语各方面知识与能力
策略能力	转换能力	使用各种笔译技能和策略的能力
	整体宏观能力	调动各种技能、策略、知识、技能，根据具体翻译任务和环境完成翻译任务的能力
知识能力	百科知识	一般知识
	文化知识	相关国家和地区文化知识
	主题知识	特定领域主题知识
翻译职业能力	翻译学科知识	有关翻译理论、翻译技巧、翻译批评等方面的专业学科知识
	翻译行业知识	有关翻译行业的职业知识
工具能力	传统工具使用能力	使用字典、词典及其他各类纸质参考资料对信息进行搜集、整理、研究及甄别的能力
	现代化工具及技术使用能力	使用各类电子、网络及现代化工具、设备、技术对信息进行搜集、整理、研究及甄别的能力
心理生理能力	心理因素	实施笔译活动应具有的心理认知基础
	生理因素	实施笔译活动应具有的生理基础
个人性格及特质	个人性格	笔译员应具有的个人性格
	个人特质	笔译员应具有的个人特质

4.1.3　笔译能力参数集（理论）各成分及要素相对重要性

　　由于不同研究者在提出各笔译能力理论模型时所采取的研究方法、依据的理论基础、关注的侧重点等方面的不同，并不是所有笔译能力理论模型都包括所有 7 个能力成分。因此，如果将以上各能力模型所包含的能力成分进行统计，可以发现各能力模型中受到关注最多和受到关注较少的能力成分。表 4-1 中的数据表明，29 个笔译能力理论模型中，语言能力受到的关注最多，所有的能力模型都提到了语言能力，其次为策略能力和知识能力，受到关注最少的是个人性格及特质。

　　虽然本书并未穷尽所有的笔译能力理论模型，而且能力模型的研究方法、理论基础、关注点有所不同，但笔者认为，如果大部分研究者均关注到某一能力成分，在一定程度上说明该能力成分是影响笔译活动是否顺利完成的重要因素，在笔译能力参数集（理论）中也处于重要地位。该能力成分所涉及的笔译能力理论模型越多，说明其在笔译能力参数集（理论）的地位越重要；反之则不重要。因此，笔译能力参数集（理论）的 7 个能力成分中最重要的为语言能力，其他 6 个能力成分按重要性排列依次为策略能力、知识能力、工具能力、心理生理能力、翻译职业能力和个人性格及特质。

此外，就单个笔译能力理论模型来看，部分研究者在提出笔译能力应包括能力成分的同时，也提到了这些能力成分所处的地位。比较统一的观点是，构成笔译能力的各成分中，语言能力是基础，策略能力是核心，心理生理能力是必备条件，其他能力成分则属于辅助能力。这些观点也和根据各能力成分所涉及能力模型而确定其重要性的结论基本一致。

除各能力成分的相对重要性外，部分能力成分的要素之间也有一定的重要性差异。通过对以上各能力成分中不同要素所涉及能力模型数量的分析可以得出，涉及笔译能力理论模型越多的能力要素受到的关注越多，其重要性也越高。语言能力中对双语能力的关注最多，仅有个别能力模型对单语能力提出了要求。策略能力中，转换能力和整体宏观能力都占到所涉及能力模型的一半以上，只是前者相对于后者更重要；翻译方向方面，双向互译能力和单方向笔译能力只能体现出现有笔译能力研究之中不同研究者的研究兴趣，不能说明哪种能力最重要。知识能力中，文化知识最重要，百科知识的重要性最低。工具能力中，现代化工具及技术使用能力比传统工具使用能力更重要。翻译职业能力中，翻译行业知识比翻译学科知识更重要。心理生理能力中，心理因素比生理因素更重要。个人性格及特质中，个人性格和个人特质的重要性相当。

4.2　职业笔译能力模型

笔译资格考试作为翻译行业中进行资格认定和等级评定的工具，要测量的是职业笔译员应具有的能力，这种能力不仅应符合一定的笔译能力理论，还应反映出职业翻译活动的特征和职业笔译员的能力特征。因此，除分析笔译能力的理论模型外，笔译资格考试构念的建立还必须结合职业笔译员的能力构成，以体现笔译资格考试的行业趋向。

4.2.1　资料来源

因本书主要关注的是现有国内笔译资格考试的构念，对职业笔译能力构成的讨论应关注翻译行业中的一般情况，避免因不同国家和地区政治、经济、社会等因素之间的差异性，本书采用已有的翻译行业调研及翻译企业相关报告作为基础，通过对不同性质、不同对象和受试但调研目的基本相同的行业调研报告结果进行归纳和整理，以期对国际和国内环境下翻译行业中职业笔译员能力的整体需求有大致了解。

笔者通过文献梳理，考察了有关翻译行业中职业笔译能力需求调研的中英文文献，文献性质包括以期刊论文、专著、论文集、学位论文、学术及行业会议发言等形式呈现的学术研究、政府机构及企事业单位公布的行业报告和企业报告3个类别。从收集到的资料看，虽然各种形式的学术研究成果中不乏有关翻译行业调研的相关研究，但针对职业笔译能力特征的研究却不多。Koby和Melby（2013）介绍了通过调查职业译员而得出翻译能力构成的部分研究，但只有Kaur和Singh（2005）的研究可以提供实质有效的数据[①]。不过Koby和Melby（2013）研究本身进行的有关职业笔译员知识、技能、才能及个人特质的工作任务分析却为本书提供了重要参考。此外，Lafeber（2012）在博士论文中对国际组织中职业笔译能力特征进行的探讨、苗菊和王少爽（2010）针对中国内地翻译行业中职业笔译员能力需求的调研均为本书提供了数据来源。行业报告和企业报告方面，虽然中国内地部分翻译企业、中国翻译协会和欧盟翻译司、美国咨询机构Common Sense Advisory等机构已经发布了一系列有关翻译行业的调研及行业报告，但关注的重点是语言服务业及翻译行业的现状及未来发展趋势，并未明确说明从业者的能力特征及需求，不过国内部分知名翻译企业报告中对职业笔译员的能力特征进行了说明。

此外，本书收集到的有关翻译行业现状及职业笔译能力特征的数据在资料获取者、研究对象、研究方法、资料形式方面各有特点。从资料获取者来看，既有学术界研究者主持开展的翻译行业调研（苗菊和王少爽，2010；Lafeber，2012；Koby & Melby，2013），也有翻译企业负责人根据自身经验提出的职业笔译员所需能力（鞠成涛，2011；杨颖波，2011；闫栗丽，2012）。学术界研究者主持开展调研的目的是了解翻译行业的业务现状及职业笔译员的能力需求，以及对笔译教学及人才培养带来的启示。这些研究通常具有比较明确的研究目的和严谨的研究设计，调研的针对性也比较强。翻译企

---

① Koby和Melby（2013）提到了6个研究，除此处引用的Kaur和Singh（2005）之外，Schmitt（1990）和the Commissie Kwaliteitseisen Tolken en Vertalers（the Dutch Commission on Quality Standards for Interpreters and Translators）（2005）两篇文献为非英语写作，由于条件限制，目前暂时无法获得；Fraser（2000）、Katan（2009）并未明确指出职业笔译员应具有哪些能力；Chodkiewicz（2012）的研究涉及的是职业笔译员和学生译员对EMT翻译能力模型中各能力重要性的调查分析，并未提出新的能力模型。

业负责人提出的职业笔译员现状则主要根据各公司业务及职业笔译员的现状，并结合各公司的调研报告提出。这些组织及管理者通常在翻译公司或政府部门负责人事管理或企业规划等相关工作，对翻译行业的招聘人员要求或整个行业的现状及从业者要求有较清晰的了解，并通过企业报告的形式呈现出来。从这些资料中可以看出翻译行业对职业笔译能力的要求。

从研究对象来看，既有以翻译企业在人员招聘时所需要的职业笔译能力需求为对象（苗菊和王少爽，2010），也有以翻译行业中职业笔译员认为从业者应具备的职业笔译能力为对象（Koby & Melby，2013），还有以国际组织中职业笔译员及审校（同时承担人员招聘任务）所需能力为对象（Lafeber，2012）。这些对象均属于翻译行业中从事不同性质翻译活动的职业笔译员的能力特征，可以比较完整地体现出职业笔译能力的整体特征。

从资料形式来看，翻译企业负责人及管理者提出的职业笔译能力需求和部分翻译行业调研的最终结果是以职业笔译能力构成的形式呈现的，另有部分行业调研的最终结果体现的是职业笔译员的知识（knowledge）、技能（skills）、才能（abilities）和其他特质（other personal characteristics）。这些研究从工作分析或行业分析的角度出发，所得出的最终结果比其他笔译能力的构成要复杂得多。工作分析主要对从业人员顺利完成某一项任务所需要的知识、技能、能力及个人特征进行描述和分析。这里的"知识""技能""才能"和"其他特征"统称为 KSAOs(knowledge, skills, abilities and other personal characteristics)。其中，"知识"为事实或程序性知识，是完成工作的充分条件；"技能"指熟练操控数据或物体的动手、口头或心理能力，通常可以通过在一定时间限制内的行为测试测得；"才能"指现场完成一项可观察到的行为的能力，即完成计划的执行能力，如进行计划、组织工作等[1]。工作分析主要用于确定测试的内容目的域，对测试开发阶段测试构念的确定有重要的启示作用。

之所以将 KSAOs 纳入本书的视野，是考虑到笔译资格考试的特殊性。Wang 等（2005）指出针对资格考试而言，可以将能力分解为知识、技能和才能。国际标准 ISO 17204 在对"能力"进行界定时，也将知识、技能和相关的个人特质作为能力的具体内涵[2]。可以说 KSAOs 是对职业笔译员能力的进一步细化，那么在研究中就有必要将

---

[1] 参见 http://www.federaljobresume.com.

[2] ISO 17024 对能力（competence）所下的概念为：demonstrated ability to apply knowledge and/or skills and where relevant，demonstrated personal attributes，as defined in the certification scheme.

职业笔译能力的具体描述进行考察，并逐一和笔译能力的理论模型及行业调研中的职业笔译能力模型进行对比，作为职业笔译能力构成的重要来源。

本书收集到的数据共 7 份，按照数据类别和获得时间先后顺序分别以 A、B、C、D、E、F、G 命名。各数据的具体特征如下：

A：Kaur 和 Singh（2005）以 55 名有经验的马来西亚兼职笔译员为受试，探讨了职业笔译员在科技文本翻译过程中应具有的能力。这些受试主要从事英语-马来语科技文本翻译，其中 5 名受试参与了有声思维实验（TAPs）和随后的访谈，其余 50 名来自大学及翻译公司的受试完成了问卷。作者将以上数据进行分析整理，提出成功职业笔译员应具有的 12 个特征。

B：Lafeber（2012）探讨了国际组织的翻译活动，在论述这一特殊环境中职业笔译员所需能力的基础上，通过实证研究分析了国际组织在招聘职业笔译员时的主要招聘方法及存在问题，并提出了新的招聘手段。研究表明，国际组织中职业译员所需要的远不止语言技能，还包括研究能力、计算机使用能力、分析能力和人际技巧，以及丰富的一般知识和特定领域知识。在有关职业笔译员应具有能力的探讨中，作者基于翻译能力文献和国际机构翻译文献中提及的技能和知识，列举出国际机构翻译中职业笔译员应具备的技能和知识，并通过进一步问卷调查研究，总结出国际机构翻译中职业笔译员应具备的 40 个技能和知识。之后作者将这一技能–知识体系分别制成影响问卷（impact questionnaire）和招聘问卷（recruit questionnaire）。影响问卷由 163 名语言业界人员完成，其中包括 7 名主管、27 名审校（主要负责招聘）、129 名笔译员。招聘问卷由 153 名人员完成，包括 128 名审校和 25 名业务主管，他们分别来自联合国、欧盟等 20 余家国际机构。影响问卷主要要求受试回答"哪些技能和知识对国际组织翻译活动的影响最大（或者说哪些技能和知识是职业笔译员最应具备的）"，招聘问卷要求受试回答"哪些技能和知识是应聘者最缺少的"。因此，可以说该技能–知识体系可以代表不同国际组织翻译活动中职业笔译员应具备的技能和知识。该体系中的 40 个技能和知识体系的具体构成见附录 9。

C：Koby 和 Melby（2013）为对美国翻译协会（ATA）的资格考试进行全方位回顾，于 2009 年由美国翻译协会董事会发起工作分析，邀请有经验的职业笔译员作为受试，要求他们描述职业笔译员的任务特征及有效完成职业任务所需要的知识、技能、才能和其他特质（KSAOs），以及作为成功译者应具有的个人性格特征、教育及相应培训等要求。受试还同时要求对各知识、技能、才能的相对重要性进行排序。研究采用焦点小组访谈和问卷的形式，先由焦点小组访谈确定 KSAOs 的主要类别，再通过问卷对 KSAOs 各成分的重要性进行排序。调研于 2010 年 10 月中旬至 2011 年 1 月中旬实施，得到 1453 份调查问卷，并通过对问卷的具体分析，指出职业笔译员应具有的 36 个 KSAOs。

D：苗菊和王少爽（2010）为了解翻译行业的人才需求状况和翻译职业需求、职业译者的实际工作状态，进而为翻译硕士专业（MTI）教育培养方案提出意见，选取中国内地 60 家翻译公司为调查样本，对公司网站的招聘信息汇总分析，最终得出 434 条翻译相关职业的招聘信息，并通过具体分析，归纳总结出职业笔译员应具有的 15 个能力成分。

E：百通思达翻译咨询有限公司总经理鞠成涛（2011）于 2011 年 5 月在北京召开的中国翻译职业交流大会上，从翻译公司的视角分析了翻译职业人才培养，提出翻译职业人才应具有的 7 个方面素质。

F：北京莱博智环球科技有限公司中国区总监杨颖波（2011）于 2011 年 5 月在北京召开的中国翻译职业交流大会上，指出语言服务业高端翻译人才应具有 7 个方面能力。

G：传神（中国）网络科技有限公司高校事业部总经理闫栗丽（2012）于 2012 年 7 月在北京举行的全国翻译专业教师暑期培训班上，提出社会对职业翻译的 5 个方面要求。

以上 7 组数据的具体特征见附件 10。[①]

4.2.2 职业笔译能力成分及要素

由于 A、B、C、D 4 组数据均为对翻译行业的市场调研，因此可以将其结合在一起进行分析。各数据所得出的结果既有以职业笔译能力构成形式呈现的，也有以职业笔译员应具有的知识、技能、才能及其他特质的形式呈现的，而且数据 B 和 C 的收集者还对各技能、知识、才能及其他个人特质进行了归类，包括语言能力、翻译技能、相关知识等。为将各数据进行对比，此处不采用数据收集者的分类，而按照笔译能力参数集（理论）的构成成分将 4 组数据重新进行分类。具体见表 4-3。

---

① 闫栗丽于 2012 年在暑期全国高等院校翻译专业师资培训班讲座时的发言：《翻译行业的发展与展望》。

表 4-3 翻译行业调研中的职业笔译能力特征[①]

A	B	C	D	能力成分
具有较高源语和译入语水平	掌握源语知识及语言变体知识；弄懂晦涩不清语篇的意义；掌握丰富的译入语词汇量；具备译入语拼写规则知识、语法知识、标点规则知识和变体知识；不受源语影响写作	词汇知识；语法知识；语对中的细微差异和语域理解才能；俗语使用知识；使用趋势知识；普通写作技能；地道知识；源语阅读和目的语写作才能；文本分析技能	各类文体的处理能力；中外语言能力	语言能力
和译入语读者产生共鸣；意识到写作过程和翻译过程的共性及相似性；意识到认知信息处理的重要性	发现原文中的数学错误、不一致及矛盾之处；抓住原文细微之处；生成地道、流畅译文；重组译入语句子；清晰传达原文信息及预期效果；采用恰当语气和语域；根据读者需求调整语言；遵照职业传统；保证译文完整及连贯；解释翻译决定及翻译问题；遵照复杂翻译指南	技术写作技能；编辑及改错技能；辨明并核实语对中对应语的才能；遵照规范的才能；语言转换才能	中外语言及互译能力；文本审校能力	策略能力
主题知识；源语及译入语文化知识	源语及译入语文化知识；主题知识；组织知识；理解复杂主题；快速掌握新主题	普通知识；特定主题知识；时事知识；文化、历史及政治知识	专业领域知识	知识能力
掌握必要的单语及双语词典、专业领域词典、同义词词典、术语表、计算机、打印机等翻译工具	使用翻译记忆软件及电子术语工具；不仅仅掌握 Word 基本功能；使用 Excel 及 PPT；判断信息来源的可靠性；准确快速打字；追根溯源以核对事实及以理解主题；搜寻参考资料以措辞	计算机技能–文字处理、网络、CAT；语料库使用；术语研究；创建并维护术语库	基本互联网知识和网络资源使用能力；计算机操作能力；文献查找、利用、储备和管理能力；翻译软件使用能力；术语学知识和术语翻译能力；本地化能力	工具能力
	时间压力下仍保证质量	使用常识；辩证分析；直觉思考	工作压力承受能力	心理生理能力
熟悉翻译理论和实践基本理论；遵守纪律，训练有素，按时交稿		翻译理论知识；译者道德约束；翻译方法知识；翻译标准知识；商务；组织技能；个人时间管理	职业道德与行业规范；解决问题能力；组织管理能力	翻译职业能力
将工作分配给同事		人际技能；口头交际技能；细心、谨慎、注意细节；毅力、可信、可靠、正直；追求卓越、好奇、好学、坦诚；思想开放、客观、接受批评；民主、专业、尊敬他人、对文化敏感；团队精神、友好合作	人际沟通协作能力	个人性格及特质

[①] 本表由笔者根据 Kauri 和 Singh（2005）、Lafeber（2012）、Koby 和 Melby（2013）、苗菊和王少爽（2010）4 篇文献中的相关调研结果制作，分别对应 A、B、C、D 4 组数据相关内容。其中 A、B、C 内容由笔者翻译整理。

各翻译企业报告中对职业笔译能力的要求方面，E、F、G 3 组数据结果和之前理论阐释得出的笔译能力参数集（理论）各成分之间的关系如表4-4。

表4-4　翻译企业报告中的职业笔译能力特征①

E	F	G	能力成分
双语或多语扎实功底	英文理解；中文表达	双语能力（核心技能；精通双语）	语言能力
		双语能力（熟练应用、写作、转换）	策略能力
广博的知识		知识体系（相对宽泛，最好具备在某个专业领域相对完善的知识背景）	知识能力
专业知识学习和掌握能力	学习能力交流沟通团队协作	学习能力（快速掌握新知识的能力，应变能力强）；职业素养（沟通能力；团队协作能力；自我管理能力）	个人性格及特质
翻译职业的特定技能；翻译职业道德	时间管理商业意识	职业素养（基本的职业道德和高度的职业责任感）	翻译职业能力
获取信息能力		工具应用能力（熟练掌握各种辅助翻译工具和相关文字编辑排版工具等）	工具能力
逻辑分析、理解能力和应变能力			心理生理能力

从数据呈现形式来看，B 组和 C 组对职业笔译员能力的描述远远要比其他 5 组数据详细。从职业笔译能力各成分来看，只有 C、D 两组数据涵盖了笔译能力参数集（理论）中的所有 7 个能力构成，A、G 两组数据涵盖除心理生理能力外的其他 6 种能力成分，E 组数据涵盖除策略能力外的其他 6 种能力成分，B 组数据涵盖除翻译职业能力和个人性格及特质外的其他 5 种能力成分。不过，7 组数据中涉及的心理生理能力只包括心理能力，并未包括生理因素。因此，以上 7 组数据中体现出的职业笔译能力模型包括的 7 个构成成分为：语言能力、策略能力、知识能力、工具能力、翻译职业能力、心理能力和个人性格及特质。

7 组数据都包括的语言能力既有比较概括的两种语言能力要求，也有对原文理解和译文表达技巧的要求，还有详细将这两种语言能力细化为不同语言层面的具体语言知识及相应的使用能力。B、C 两组数据中对语言能力的描述尤其详细，包括词汇、拼写、语法、标点符号运用、语言变体知识等方面。语种方面均提到了两种语言的相关知识和能力。限于篇幅，本书中的职业笔译能力中的语言能力仅关注语种问题，暂

---

① 本表由笔者根据鞠成涛（2011）、杨颖波（2011）和闫栗丽（2012）相关论述制作，分别对应 E、F、G 3 组数据相关内容。

不涉及语言能力的具体内涵。

5 组数据中的策略能力涉及笔译实践过程中的具体技能、知识和才能，包括原文理解、译文表达、编辑改错等，以及翻译过程中的转换技能和认知策略等。此外，B组数据中对策略能力的描述非常详细，除翻译转换过程中的具体技能外，还涉及了翻译行业中译者应具有的一些整体宏观能力，如"发现原文中的数学错误""遵照职业传统""解释翻译决定及翻译问题""遵照复杂翻译指南"等。就翻译方向而言，并未提出单方向笔译能力的问题，全部涉及双向互译能力。

6 组数据涉及的知识能力包括文化知识、主题知识、百科知识三个方面，B、C 两组数据还特别指出主题知识和文化知识的具体所指，如组织知识、时事知识、历史及政治知识等方面。6 组数据中有 4 组涉及主题知识，3 组涉及百科知识，3 组涉及文化知识，只有 1 组数据包括全部三个方面的知识能力。

6 组数据涉及的工具能力包括传统工具使用能力和现代化工具及技术使用能力两个方面，前者涉及各类词典、术语表等工具的使用及信息搜集和研究能力，后者涉及各类现代化工具、软件及技术使用及利用这些工具搜集资料的能力。个别数据还着重强调了语料库、术语学和本地化的技能和相关能力，体现出职业化时代新技术的发展对职业笔译员能力的新要求。其中 1 组数据涉及传统工具使用能力，4 组数据涉及现代化工具及技术使用能力，另有 1 组数据仅提出获取数据能力，并未明确指出具体的工具类型。

翻译职业能力方面，有 6 组数据对此有所涉及，具体内容包括翻译学科知识和翻译行业知识两个部分，前者主要指翻译理论知识，后者则包括遵守纪律、管理能力、职业道德等方面。其中 2 组数据涉及翻译学科知识，6 组数据全部包括翻译行业知识，其中多组数据对翻译职业道德和时间掌控能力提出了要求。

个人性格及特质方面，有 6 组数据涉及这一能力，具体内容包括个人性格和个人特质两个方面。个人性格主要包括细心、热心等方面，有 1 组数据对此有所涉及。个人特质则涉及人际交往、团队精神、学习能力、压力承受能力等方面，其中对学习能力的关注较多。

心理能力方面，有 4 组数据有所涉及，主要涉及逻辑分析和认知能力等心理特征。职业笔译能力模型的具体构成见表 4-5。

4.2.3　职业笔译能力各成分及要素相对重要性

以上得出的职业笔译能力模型建立在不同类型的 7 组数据之上，不过，这 7 组数

表 4-5 职业笔译能力成分及要素

成分	要素	内涵
语言能力	双语能力	源语和译入语各方面知识与能力
策略能力	转换能力	使用各种笔译技能和策略的能力
	整体宏观能力	根据翻译任务和环境完成翻译项目的能力
知识能力	百科知识	一般知识
	文化知识	相关国家和地区文化知识
	主题知识	特定领域主题知识
翻译职业能力	翻译学科知识	有关翻译理论、翻译技巧、翻译批评等方面的专业学科知识
	翻译行业知识	有关翻译行业的职业知识
工具能力	传统工具使用能力	使用字典、词典及其他各类纸质参考资料对信息进行搜集、整理、研究及甄别的能力
	现代化工具及技术使用能力	使用各类电子、网络及现代化工具、设备、技术对信息进行搜集、整理、研究及甄别的能力
心理能力	心理因素	实施笔译活动应具有的心理认知基础
个人性格及特质	个人性格	笔译员应具有的个人性格
	个人特质	笔译员应具有的个人特质

据中并非全部包括所有 7 个能力成分。这里可以根据各能力成分所涉及的数据个数来分析其在整个职业笔译能力模型中的相对重要性。此外，个别数据还对各能力成分的重要性进行了专门说明。下面分别探讨这两种情况下职业笔译能力模型各成分的相对重要性。见表 4-6。

从对职业笔译员应具有能力的分析可以看出，职业笔译能力模型共包括 7 个组成部分，其中所有 7 组数据均包括语言能力，6 组数据包括翻译职业能力、知识能力、工具能力和个人性格及特质，5 组数据包括策略能力，4 组数据包括心理能力。虽然本书并未穷尽所有的职业笔译员能力调研，但就本书来说，以上 7 个职业笔译能力成分中，前 6 个所受到的关注都比较多，只有心理能力受到的关注较少。心理能力属于笔译能力参数集（理论）中的条件性翻译能力，是完成笔译活动的基础，一般情况下并不能通过具体的翻译活动得以体现，故而在翻译行业调研中未得到受试的过多关注。不过这也从另一个方面指出，翻译行业中职业笔译员应具有的职业笔译能力中，心理机制并不处于核心地位。因此，从职业笔译能力模型中 7 个能力成分所受到的关注度来看，语言能力受到关注最多，翻译职业能力、知识能力、工具能力、个人性格及特质等 4 个能力受到的关注相同，策略能力次之，心理能力受到关注最少。

不过，这一结论只是通过分析 7 组数据所涉及的职业笔译员能力成分构成得出的，数据少，且 7 个能力成分之间所涉及数据之间的数量差异相对较小，因此，还需要结合各数据内部对各自能力成分重要性的划分来进一步确定职业笔译能力模型中各能力成分的相对重要性。以上 7 组数据中，B、C 和 D 3 组数据对 KSAOs 或能力成分在整个能力体系中的相对重要性进行了说明，其中 B 组和 D 组数据对各能力成分的重要性进行了探讨，C 组数据对各能力成分要素的重要性进行了探讨。

B 组数据中，研究者以职业笔译员应掌握的 40 个技能和知识为基础，分别制成影响问卷和招聘问卷。其中影响问卷反映的是受试认为国际组织中职业笔译员应具备的最重要的技能和知识的排列顺序，招聘问卷反映的是受试认为国际组织中的职业笔译员应聘时最缺乏的知识和技能的排列顺序。两者对比情况见表 4-6。

以上 40 个技能–知识体系中，某一技能或知识在影响问卷中的重要性越高，且在招聘问卷中最缺乏，则该技能或知识在职业笔译员中的重要性越高。从上表中可以看出，影响问卷和招聘问卷中分别位于前 20 的能力大部分属于策略能力和语言能力，只有极少数涉及其他能力成分。其中策略能力在两个问卷中前 20 个技能和知识中占的比重最多；除策略能力外，影响问卷中占比重最多的是语言能力，招聘问卷中是工具能力。

D 组数据中，按各能力成分涉及的受试数量，可将 15 个能力成分的重要性顺序进行排序。从表 4-7 可以看出，排名最靠前且涉及最多的是工具能力，其次为翻译职业能力、语言能力和策略能力。

从以上 B 组、D 组数据中对各自能力成分的重要性排序可以看出，两组数据中占比重最多的能力成分包括策略能力、语言能力和工具能力。结合前面根据各能力成分所涉及的数据数量可以发现，语言能力、策略能力和工具能力无论在涉及数据的数量，还是在 B、D 两种数据中的比重都比较多，其次为翻译职业能力，第三为知识能力，第四为个人性格及特质，受到关注最少的是心理能力。这在一定程度上反映出各能力成分在职业笔译能力模型中的相对重要性。

就各能力成分要素之间的重要性程度而言，从各能力成分要素所涉及的数据数量来看，语言能力和心理能力分别只涉及双语能力和心理因素，不存在重要性的问题；策略能力方面，对转换能力的关注要多于对整体宏观能力的关注，翻译方向上只涉及双向互译能力；知识能力方面，对主题知识的关注要多于对百科知识和文化知识的关注；工具能力方面，对现代化工具及技术使用能力的关注多于对传统工具使用能力的关注；翻译职业能力方面，对翻译行业知识的关注多于对翻译学科知识的关注；个人性格及特质方面，对个人特质的关注多于对个人性格的关注。需要强调的是，这种关注度仅仅从一个侧面反映出各能力成分内涵之间的相对重要性。

表 4-6　B 组数据中影响问卷和招聘问卷对比①

影响问卷结果 （重要性顺序）	能力成分	招聘问卷结果 （最缺乏顺序）	能力成分
1. 保证译文完整	策略能力	1. 生成流畅译文	策略能力
2. 清晰传达原文信息	策略能力	2. 弄懂晦涩不清语篇的意义	语言能力
3. 源语知识	语言能力	3. 不受源语影响，优美写作	语言能力
4. 保证译文连贯	策略能力	4. 抓住原文细微之处	策略能力
5. 译入语拼写规则知识	语言能力	5. 遵照职业风格传统	策略能力
6. 译入语语法知识	语言能力	6. 重组译入语句子	策略能力
7. 弄懂晦涩不清语篇的意义	语言能力	7. 主题知识	知识能力
8. 丰富的译入语词汇量	语言能力	8. 发现不一致及矛盾之处	策略能力
9. 抓住原文细微之处	策略能力	9. 生成地道译文	策略能力
10. 译入语标点规则知识	语言能力	10. 传达原文预期效果	策略能力
11. 生成地道译文	策略能力	11. 判断信息来源的可靠性	工具能力
12. 时间压力下仍保持质量	心理能力	12. 时间压力下仍保持质量	心理能力
13. 传达原文预期效果	策略能力	13. 组织知识	知识能力
14. 发现不一致及矛盾之处	策略能力	14. 保证译文连贯	策略能力
15. 遵照职业风格传统	策略能力	15. 清晰传达原文信息	策略能力
16. 追根溯源以核对事实	工具能力	16. 采用恰当语气和语域	策略能力
17. 搜寻参考资料以措辞	工具能力	17. 追根溯源以核对事实	工具能力
18. 生成流畅译文	策略能力	18. 追根溯源以理解主题	工具能力
19. 采用恰当语气和语域	策略能力	19. 搜寻参考资料以措辞	工具能力
20. 理解复杂主题	知识能力	20. 根据读者需求调整语言	策略能力
21. 组织知识	知识能力	21. 理解复杂主题	知识能力
22. 重组译入语句子	策略能力	22. 源语知识	语言能力
23. 判断信息来源的可靠性	工具能力	23. 快速掌握新主题	知识能力
24. 追根溯源以理解主题	工具能力	24. 解释翻译决定及翻译问题	策略能力
25. 使用电子术语工具	工具能力	25. 译入语语法知识	语言能力
26. 遵照复杂指南	策略能力	26. 丰富的译入语词汇量	语言能力
27. 快速掌握新主题	知识能力	27. 译入语标点规则知识	语言能力
28. 不受源语影响，优美写作	语言能力	28. 保证译文完整	策略能力
29. 主题知识	知识能力	29. 源语文化知识	知识能力
30. 译入语文化知识	知识能力	30. 遵照复杂指南	策略能力
31. 根据读者需求调整语言	语言能力	31. 使用 Excel 及 PPT	工具能力
32. 解释翻译决定及翻译问题	策略能力	32. 使用翻译记忆软件	工具能力
33. 使用翻译记忆软件	工具能力	33. 使用电子术语工具	工具能力
34. 源语文化知识	知识能力	34. 译入语变体知识	语言能力
35. 译入语变体知识	语言能力	35. 译入语文化知识	知识能力
36. 掌握 Word 基本功能	工具能力	36. 源语变体知识	语言能力
37. 源语变体知识	语言能力	37. 掌握 Word 基本功能	工具能力
38. 准确快速打字	工具能力	38. 译入语拼写规则知识	语言能力
39. 发现原文中的数学错误	策略能力	39. 发现原文中的数学错误	策略能力
40. 使用 Excel 及 ppt	工具能力	40. 准确快速打字	工具能力

① 本表由笔者根据 Lafeber（2012）翻译制作。

表 4-7 D 组数据中的职业笔译能力构成[①]

D 组数据能力成分（按重要性由高到低排列）	能力构成
计算机操作能力	工具能力
中外语言及互译能力	语言能力/策略能力
基本互联网知识和网络资源使用能力	工具能力
专业领域知识	知识能力
职业道德与行业规范	翻译职业能力
文本审校能力	策略能力
术语学知识和术语翻译能力	工具能力
文献查找、利用、储备和管理能力	工具能力
工作压力承受能力	心理能力
人际沟通协作能力	个人特质
各类文体的处理能力	语言能力
翻译软件使用能力	工具能力
解决问题能力	翻译职业能力
本地化能力	工具能力
组织管理能力	翻译职业能力

　　除通过各能力成分要素所涉及的数据数量探讨他们之间相对重要性之外，也有研究探讨了职业笔译能力中各能力要素的相对重要性。本书搜集到的 C 组数据提到的 36 个 KSAOs 中，受试认为非常重要的知识、技能及才能如表 4-8 中所示。从表中可以看出，语言能力中涉及的是双语能力；策略能力中转换能力更重要；知识能力中百科知识和主题知识更重要；工具能力中对工具使用能力，尤其是现代化工具及技术使用能力的关注更多；翻译职业能力中更关注的是翻译行业知识，尤其是职业道德和时间管理；心理能力涉及的是心理因素。这一结果和之前通过分析各能力成分内涵所涉及数据数量所得出的结果基本相同。具体内容见表 4-8。

　　以上对翻译行业中职业笔译员应具有的能力进行了分析，可以发现，职业笔译能力模型的构成基本上涵盖了笔译能力参数集（理论）涉及的 7 种能力类型，即语言能力、策略能力、知识能力、工具能力、翻译职业能力、心理能力和个人性格及特质。此外，通过对 7 个能力成分所涉及的数据数量进行分析，可以看到，这 7 个能力成分按重要性排列依次为：语言能力、策略能力和工具能力、翻译职业能力、知识能力、个人性格及特质、心理能力。就各能力成分要素之间的相对重要性而言，转换能力、

---

① 本表由笔者根据苗菊和王少爽（2010）制作。

主题知识、现代化工具及技术使用能力、翻译行业知识和个人特质分别在策略能力、知识能力、工具能力、翻译职业能力和个人性格及特质中的重要性最高。

表 4-8　C 组数据中最重要的职业笔译能力构成要素[①]

C	能力构成
词汇知识	语言能力
语法知识	
地道知识	
普通写作技能	
文本分析技能	
源语阅读和目的语写作才能	
语对中的细微差异和语域理解才能	
辨明并核实语对中对应的才能	策略能力
语言转换才能	
普通知识	知识能力
主题特殊知识	
术语研究技能	工具能力
计算机技能–文字处理	
计算机技能–网络	
组织技能	
译者道德约束	翻译职业能力
个人时间管理技能	
使用常识才能	心理能力
辩证分析才能	
直觉思考才能	

4.3　笔译资格考试应测量概念特征

以上从笔译能力参数集（理论）和职业笔译能力模型两个方面对建立笔译资格考试构念应关注的理论基础和工作分析进行了回顾，这两个方面是建立笔译资格考试应测量概念的基础。因此下面将笔译能力参数集（理论）和职业笔译能力模型的构成特点结合起来，分析笔译资格考试应测量概念成分、要素、各成分及要素之间的相对重要性。

---

① 本表由笔者根据 Koby 和 Melby（2013）翻译制作。

4.3.1 笔译资格考试应测量构念成分及要素

从笔译能力参数集（理论）和职业笔译能力模型分别包含的能力成分来看，双方均涉及语言能力、策略能力、知识能力、工具能力、翻译职业能力和个人性格及特质6个成分，只是在心理生理能力方面，职业笔译能力只涉及心理成分。造成这种现象的原因有两个。其一是两种能力模型所涉及的核心机制是相同的。无论是在理论推演和实证研究基础上归纳总结出来的笔译能力参数集（理论），还是建立在翻译行业调研和企业报告基础上的职业笔译能力模型，两者所关注的都是译者顺利完成翻译活动应具有的能力和素质，两种不同条件下翻译活动的核心属性是一致的。其二则和本书的研究方法有关。虽然从整体上看，笔译能力参数集（理论）和职业笔译能力模型所涉及的能力成分大体相同，但这两个能力构成均建立在对一系列数据的对比分析和归纳总结基础之上，分别体现的是笔译能力理论研究和翻译行业工作分析的一般特征。单独来看，各能力模型和不同行业调研及企业报告并未涵盖所有能力类型，也有各自特点。

此外，还需要对笔译能力参数集（理论）和职业笔译能力模型中各自能力成分的要素进行对比分析。

第一，语言能力方面，笔译能力参数集（理论）以双语能力为主，极个别只关注单语能力，职业笔译能力模型则全部涉及双语能力。这里的单语能力和双语能力并不是完全对立的关系，而是从属关系，对双语能力的要求其实已经包含了对单语能力的要求。此外，笔译资格考试作为一种具有显著行业特征的社会性考试，应符合翻译行业中职业笔译能力的需求。因此，作为笔译资格考试应测量构念成分的语言能力在语种方面应考察的是双语能力。总的来看，笔译能力参数集（理论）和职业笔译能力模型在语言能力涉及语种方面主要指双语能力。

第二，策略能力方面，笔译能力参数集（理论）和职业笔译能力模型均包括转换能力和整体宏观能力，不过后者更侧重译前、译中和译后的转换技能，较少涉及整体宏观能力。相对于笔译能力参数集（理论）对"行动能力""使用能力""翻译服务提供能力"等译者处理整个翻译活动宏观能力的关注，行业调研和企业报告则更加强调比较微观的转换能力。不过两个能力构成中的转换能力均涉及原文理解、译文表达、转换技巧及策略使用、审校编辑等内容。就翻译方向而言，笔译能力参数集（理论）同时涉及双向互译能力和单方向笔译能力，职业笔译能力模型则只包括双向互译能力。

由于单方向笔译能力和双向互译能力之间属于从属关系，掌握了双向互译能力也就具备了单方向笔译能力，而且笔译能力理论模型中对双向互译能力和单方向笔译能力的探讨只是由于关注对象不同，在具体的内涵上是相同的。因此，这里只需要关注双向互译能力即可。此外，职业笔译能力模型中的策略能力还对整体宏观能力的具体要求进行了说明，如对翻译指南的把握和遵照、对原文信息的纠错和把握、对翻译传统及习惯的遵从、对翻译问题及翻译决策的解释等。

第三，知识能力方面，两个能力构成均包括百科知识、主题知识和文化知识 3 个部分，但笔译能力参数集（理论）对主题知识所涉及的专业领域进行了说明，后者则未给出具体说明。

第四，翻译职业能力方面，两个能力构成均包括翻译学科知识和翻译行业知识两个部分，不过职业笔译能力模型对翻译行业知识的说明更加细化，尤其强调翻译职业道德、时间掌控能力等方面的知识和能力。

第五，工具能力方面，两个能力构成均涉及传统工具使用能力和现代化工具及技术使用能力，且均强调对各种性质和类型工具的使用能力，以及利用这些工具搜集信息并对信息进行研究的能力。

第六，个人性格及特质方面，两个能力构成均对个人性格和学习能力、团队精神、人际交往能力等方面的个人特质有所涉及，且均对个人特质的关注较多。

第七，除以上两个能力构成所共同涉及的能力成分外，笔译能力参数集（理论）还包括心理生理能力，而职业笔译能力模型则只涉及心理能力。笔译能力参数集（理论）将生理能力作为笔译能力的构成成分是从理论角度出发，说明实施笔译活动应具有的生理基础。职业笔译能力模型的建立则以翻译行业中职业笔译员的能力特征为基础，关注更多的是一些区别性特征。因此，职业笔译能力模型虽然未涉及生理能力，但仍然是从事职业翻译活动的前提和基础。

因此，建立在笔译能力参数集（理论）和职业笔译能力模型基础之上的笔译资格考试应测量构念应由 7 个成分构成，即语言能力、策略能力、知识能力、翻译职业能力、工具能力、心理生理能力和个人性格及特质。就各能力成分的要素上来看，语言能力主要包括双语能力；策略能力包括转换能力和整体宏观能力 2 个要素，在翻译方向上主要是双向互译能力；知识能力包括主题知识、百科知识和文化知识 3 个要素；翻译职业能力包括翻译学科知识和翻译行业知识 2 个要素；工具能力包括传统工具使用能力和现代化工具及技术使用能力 2 个要素；心理生理能力包括心理因素和生理因素 2 个要素；个人性格及特质包括个人性格和个人特质 2 个要素。

4.3.2 笔译资格考试应测量构念成分及要素相对重要性

除笔译资格考试应测量构念的成分及要素外,还应关注各构念成分及要素之间的重要性程度。翻译行业中,笔译员一般要承担多项任务,扮演多重角色,为完成各种任务需要具备各类技能和知识,包括现代化设备、技术及工具使用,项目及人事管理能力,人际交往能力,职业素养等,同时还应具备一定的历史常识、理论知识、方法论知识等,只有这样才能适应业务范围不断扩大和翻译服务不断变化的职业笔译活动,增强自身职业竞争力。因此,考虑到实际工作中职业笔译员能力的复杂性和多样性,不可能将所有能力、技能和知识都作为考试构念,只能选取最重要、最核心的部分。此外,从测试的标准化程度和可操作性来看,也不可能将所有的内容都涵盖在一个笔译资格考试中,因此,对笔译资格考试应测量构念的讨论中,还需要分析笔译资格考试构念中各概念成分及要素的相对重要性。

从以上分别对笔译能力参数集(理论)和职业笔译能力模型的分析可以看出,两个能力构成在成分之间及各能力成分要素之间的相对重要性既有相同点,也存在一定的差异。

首先,看各能力成分在两个能力构成中的相对重要性。笔译能力参数集(理论)中,7个能力成分的重要性程度依次为语言能力、策略能力、知识能力、工具能力、心理生理能力、翻译职业能力、个人性格及特质。职业笔译能力模型中,7个能力成分的重要性程度依次为语言能力、策略能力和工具能力、翻译职业能力、知识能力、个人性格及特质、心理能力。通过对比,可以发现,语言能力和策略能力在两个能力模型中都处于相对重要的地位,其他能力成分在两个能力模型中的重要性有一定差异。工具能力和翻译职业能力在职业笔译能力模型中的地位和重要性要远远大于在笔译能力参数集(理论)中的地位和重要性,体现出翻译行业中对职业笔译员这两种能力成分的重视。

其次,看各能力成分要素之间重要性在两个能力构成上的相同及相异之处。笔译能力参数集(理论)涉及的7个能力成分中,语言能力关注的是双语能力,不存在重要性的问题;策略能力中,转换能力比整体宏观能力更重要,在翻译方向上关注的是双向互译能力;知识能力中,文化知识最重要,百科知识最不重要;工具能力中,现代化工具及技术使用能力比传统工具使用能力更重要;翻译职业能力中,翻译行业知识比翻译学科知识更重要;心理生理能力中,心理因素比生理因素更重要;个人性格及特质中，个人性格和个人特质的重要性相当。职业笔译能力模型所涉及的 7 个能力成分中，转换能力、主题知识、工具使用能力、翻译行业知识、个人特质分别在策略能力、知识能力、工具能力、翻译职业能力和个人性格及特质中的重要性最大；此外语言能力和心理生理能力分别只包括双语能力和心理因素，策略能力在翻译方向上只涉及双向互译能力。通过对比可以看出，两个能力构成中的语言能力、策略能力、工具能力、翻译职业能力、心理生理能力和个人性格及特质中各要素的相对重要性基本相同。只有知识能力部分有所差异，笔译能力参数集（理论）中更重要的是文化知识，职业笔译能力模型中更重要的是主题知识。这种差异进一步体现出翻译行业中专业领域知识的重要性。

　　从以上分析中可以看出，对笔译资格考试应测量构念中各构念成分的相对重要性而言，首先可以将笔译能力参数集（理论）和职业笔译能力模型中均占有重要地位的语言能力和策略能力作为最重要的构念构成，而将两个能力构成中均最不重要的心理生理能力和个人性格及特质作为最不重要的构念构成。对于知识能力、翻译职业能力和工具能力而言，结合两个能力构成中各能力成分的重要性顺序，尤其考虑到笔译资格考试面向翻译行业的特殊性，三者的相对重要性顺序依次为工具能力、翻译职业能力、知识能力。对于笔译资格考试应测量构念中各成分要素的相对重要性而言，两个能力构成中各能力成分要素的重要性基本相同，因此，双语能力、转换能力、翻译行业知识、现代化工具及技术使用能力、心理因素和个人特质在语言能力、策略能力、翻译职业能力、工具能力、心理生理能力和个人性格及特质 6 个构念构成中均处于相对重要的地位，知识能力中文化知识和主题知识均处于相对重要的地位。

　　笔译资格考试应测量构念成分和各成分要素，以及各构念成分及要素之间的相对重要性如表 4-9。

　　需要指出的是，通过理论文献回顾和工作分析建立的构念根据某一特定考试目的及性质而设立，通常体现出该考试构念的特殊性。本书则并非关注某一特定笔译资格考试，而是针对现有国际国内笔译资格考试构念的一般情况。鉴于笔译资格考试的特殊性，建立笔译资格考试构念要考虑到该笔译资格考试所处的社会、历史、经济各方面因素，而且设计各笔译资格考试构念的研究者对自己认可的笔译能力理论模型会有所不同，因此，本书得出的笔译资格考试应测量构念的特征只能作为笔译资格考试的一般情况，或者作为某一特定笔译资格考试应测量构念的参照，关注的也只是应测量构念的构成、要素、各构念构成及要素之间的相对重要性。如果要建立某一特定笔译资格考试的构念，还应结合具体的测试性质和目的，以及该笔译资格考试所处的环境等诸多因素，对本书中提出的应测量构念构成进行必要的修订，以符合具体的考试性质及目的。

表 4-9　笔译资格考试应测量构念特征

笔译资格考试构念成分及要素		笔译资格考试构念各部分重要性	
成分	要素	成分重要性排序	最重要要素
语言能力	双语能力	1	双语能力
策略能力	转换能力	2	转换能力
	整体宏观能力		
知识能力	百科知识	5	文化知识/主题知识
	文化知识		
	主题知识		
翻译职业能力	翻译学科知识	4	翻译行业知识
	翻译行业知识		
工具能力	传统工具使用能力	3	现代化工具及技术使用能力
	现代化工具及技术使用能力		
心理生理能力	心理因素	6	心理因素
	生理因素		
个人性格及特质	个人性格	7	个人特质
	个人特质		

4.4　本章小结

本章主要关注的是笔译资格考试应测量构念，目的是回答研究问题一。笔者在 29 个笔译能力理论模型的基础上归纳总结出笔译能力参数集（理论）的特征，在 7 个翻译行业调研及报告基础上归纳总结出职业笔译能力模型的特征，并将以上两个方面数据相结合，最终确定了笔译资格考试应测量构念的特征，即构念成分、各成分要素、各成分重要性和各要素重要性。就数据来源来看，笔译能力的理论研究主要以理论思辨为主，部分研究通过具体的实证研究加以验证和修订，既有面向笔译教学环境的，也有面向翻译行业中职业笔译员能力的。职业笔译能力模型的数据则全部采用实证研究的方法，面向的是翻译行业中的职业笔译，既涉及翻译企业中职业笔译员的情况，也包括国际组织内的职业笔译员状况，可以说比较全面地体现出翻译行业中的职业笔译员能力特征。

第5章 现有笔译资格考试构念特征

本章探讨现有笔译资格考试的构念特征，包括构念成分、各成分要素、构念呈现形式三个方面，主要通过对国际国内主要笔译资格认证及资格考试的相关资料进行分析，分别探讨各笔译资格考试的构念特征，并在归纳总结所有笔译资格考试的基础上，探讨现有笔译资格考试的构念特征。

5.1 国际国内主要笔译资格考试分析

为对现有笔译资格考试状况有所了解，本书选取部分国家和地区的笔译资格考试为研究对象，通过分析各笔译资格考试组织及管理部门公布的考试规范相关信息，探讨各笔译资格考试的构念特征。

目前国际上许多国家和地区都设立有各类笔译资格考试，这些笔译资格考试的内容和性质可能并不相同，但都起着笔译能力测试和水平测试的作用。Stejskal（2005）于2005年对国际译联各协会成员就笔译和口译职业的地位进行了调研，重点关注世界各国及地区翻译协会如何吸收会员并对会员进行认证。从调研结果来看，各国协会的认证目的基本上是一致的，即建立职业翻译标准，提升行业地位，满足社会对标准的需求。著名的全球职业译员网站 Proz.com 提供了世界上不同国家和地区译员认证的各个专业协会情况。需要说明的是，由于不同国家和地区对"资格认证"的理解不同，现有笔译资格考试会出现不同的名称。鉴于本书关注的资格考试是面向行业的以测量职业笔译员的能力、水平及知识为目的并颁发相关资格证书的考试，本书对象选取的标准不以考试的名称为标准，也不以组织及设立该考试的单位性质为标准，而以考试的目的和性质为选择标准。

目前内地开设的面向社会的大型笔译考试包括全国翻译专业资格（水平）考试（CATTI）、全国外语翻译证书考试（NAETI）、厦门大学笔译资格证书考试、全国商务英语翻译资格证书考试等。其中，全国商务英语翻译资格证书考试旨在测试考生在商务工作环境中的中英语言和商务知识的应用能力，虽然名为"翻译资格证书考试"，但实际上并非资格证书考试，关注的是商务英语应用能力，而不是笔译能力。因此本书关注的中国内地笔译资格考试主要包括全国翻译专业资格（水平）考试（CATTI）、全国外语翻译证书考试（NAETI）和厦门大学笔译资格证书考试。

境外笔译资格考试方面，考虑到资料获取的有限性，重点选取台湾地区和以英语为母语或官方语言的国家与地区的笔译资格考试为主要考察对象。一些非英语母语或官方语言的国家和地区的笔译资格考试虽然也会在网站上使用英语公布相关考试信息，但多为对考试或翻译协会的介绍，无法得知这些考试组织机构或相应的翻译协会是否使用其他语言，尤其是母语或官方语言对考试规范进行详细说明。因此，为保证各笔译资格考试资料的完整性，同时为后续对笔译资格考试构念的清晰度进行研究，本书主要选取台湾地区 LTTC 中英翻译能力检定考试、加拿大 CTTIC 笔译资格考试、英国 IoL 笔译文凭考试、澳大利亚 NAATI 笔译资格考试、美国 ATA 笔译资格考试、南非 SATI 笔译资格考试、南非 SATI 宣誓笔译资格考试和爱尔兰 ITIA 笔译资格考试 8 个境外笔译资格考试体系为考察对象。加上中国内地 3 个笔译资格考试体系，本书总共关注 11 个笔译资格考试体系。由于部分资格考试分为不同的等级，故本书一共关注 21 个笔译资格考试体系。

为对现有笔译资格考试有比较全面的了解，笔者对现有境内外笔译资格考试组织管理部门在官方网站及相关翻译协会官方网站公布的考试相关资料进行了搜集整理。此外，部分笔译资格考试的主管部门及研究者也在一些学术期刊和行业协会出版物上介绍、分析资格考试的情况，其中多为对笔译资格考试的情况介绍和解释，故也纳入本书的资料范围。因此，本书搜集到的各笔译资格考试资料包括考生手册、考试大纲、考试介绍、年度报告等考试规范相关资料，涉及各笔译资格考试的考试目的、考试性质、能力要求、考试内容、评分方法、通过标准等信息。之后，本书分别就各资格考试进行分析，提取各资格考试的构念。然后再将各资格考试构念进行归纳对比，分析现有笔译资格考试构念的共同特征。

5.1.1 全国翻译专业资格（水平）考试

全国翻译专业资格（水平）考试（CATTI）于 2003 年设立，由人力资源与社会保障部委托中国外文局负责实施与管理，属于国家职业资格证书考试的一种，是全国范围内以测量应试者翻译能力为主要目的的翻译资格认证考试，面向翻译行业从业者或拟从业者，可以说是最"名至实归"的翻译资格证书考试。该考试目前共推出 7 个语种（英、法、日、阿、俄、德、西），4 个等级（三级、二级、一级、资深），其中英语考试每年举行两次，分别在上半年的 5 月和下半年的 11 月。根据中国翻译协会官方网站（http://www.tac-online.org.cn/）和全国翻译专业资格（水平）考试官方网站（http://www.catti.net.cn/）上的介绍，截止到 2015 年年底，全国翻译资格水平考试已经组织了 25 次，累计报考近 46 万人，近 5.5 万人获得翻译资格证书，这些数据都说明该考试的影响力和规模。

中国外文局翻译专业资格考评中心负责考试的具体实施，包括考试命题、阅卷、试卷分析、题库建设等工作。该考试出版有考试大纲，也有考试开发组成员对部分考试进行的汇报。此外，在考试的网站、微博及针对考试进行访谈的报道中，也有关于考试性质及考试内容的陈述和说明。本书的资料收集来源主要来自这几个方面。

CATTI 官方网站上公布了考试简介、考试实施办法、考试暂行规定、考试大纲等和考试密切相关的文件，具体内容见附录 11。目前开设的笔译考试等级包括一级笔译、二级笔译和三级笔译，其中二、三级笔译资格认证只需要通过考试就可以获得翻译专业资格（水平）证书（Qualification Certificate of Translation Proficiency），一级笔译认证则采取考试和评审相结合的办法，通过一级考试只是获得认证的必要条件之一。

关于考试性质及考试目的，考试简介指出，CATTI 是一项国家级职业资格考试，已经纳入国家职业资格证书制度，是一项在全国实行的、统一的、面向社会的翻译专业资格（水平）认证，是对参试人员口译或笔译方面双向互译能力和水平的评价与认定。CATTI 组织及实施单位负责人也指出[1]，该考试面向社会，目的是对社会上从事和有志于从事翻译工作人员的翻译能力和水平做出评价，考试"侧重评价考生的实际翻译能力和水平"。考试要考查的是翻译能力，即翻译实践能力，包括考生对源语理解是否正确，译入语表达是否准确，是否合乎译入语的语言规律，等等。

通过对一级、二级、三级笔译资格考试的考试规范相关资料研究可以发现，三个等级笔译资格考试的考试目的指明了考试要测量的具体内容，考试基本要求和具体要求则对这一内容进一步分解，考试设置部分则是对考试要求的具体体现。一级笔译资格考试要测量的是高级笔译员的笔译能力，这一能力主要由双向互译能力组成，包括原文理解、译文表达、笔译技巧和策略使用、审定稿能力等方面。这里的双向互译能力属于笔译能力模型中的策略能力，而笔译技巧和策略即双语转换技巧和策略。考试要求中还从译文质量的角度提出了译文要达到的标准，可看做是原文理解、译文表达

---

① 中国外文局副局长郭晓勇、黄友义及人社部专业技术人员管理司司长吴剑英接受中国网记者访问，2011. http://fangtan.china.com.cn/2011-06/24/content_22852236.htm.

和笔译策略技巧使用及审定稿能力的结果。英译汉、汉译英和审定稿速度的要求体现出对考生的时间掌控及管理能力的关注，属于笔译能力模型中的翻译职业能力。除此之外，考试总体要求中还对考生的语言能力和知识能力进行了规定。考试实施中允许考生使用纸质词典，可以从一个侧面反映出考生的工具使用能力。

从对英语二级笔译资格考试的介绍中可以看出，英语二级笔译资格考试的构念是专业译员的笔译能力，基本要求、具体要求和考试基本设置则体现出该笔译实践能力的构成及内涵。考试要求及考试设置体现出考试要考察的是双向互译能力，包括原文理解、译文表达和专家技巧及策略使用等方面，这些均属于策略能力中的双向互译能力。有关"中国和英语国家文化背景知识"的要求体现出对译者知识能力的要求，考试要求中对英语词汇、双语语法、各文体英语文章阅读能力的说明和对译文语法、译文流畅、用词等方面的要求均和语言能力相关，尤其以外语能力为主，考试的具体设置则体现出对外语能力中词汇、语法、阅读理解和综合应用能力（完形填空）的侧重。此外，对笔译速度的要求和考试设置中的篇章长度及考试时间，均体现出对译者在翻译过程中的时间掌控及管理能力的要求，属于翻译职业能力的范畴。对考试过程中纸质词典应用的规定则可以从一个侧面反映出对考生工具使用能力的考察。

英语三级笔译资格考试的构念方面，从考试规范中可以看出，该考试要测量的是准专业译员的笔译实践能力。考试的基本要求、具体要求和考试基本设置同样体现出该笔译实践能力的构成及内涵。各层级要求中的 "笔译能力""双语互译"和考试设置体现出考试要考察的是双向互译能力；相关说明和要求均指出该能力包括原文理解、译文表达、转换技巧及策略使用等要求。语言能力要求主要体现在英语词汇、语法、表达习惯、双语表达、双语语法、常用文体英语文章阅读理解能力、译文无明显语法错误等方面，依然以外语能力为主。此外，各要求中同样体现出对译者时间掌控及管理能力、工具使用能力等方面要求。

因此，CATTI 三个笔译资格考试的构念不同，各构念所包含的成分和要素，以及对各成分的要求也有差异。三个笔译资格考试的构念构成见表 5-1。

5.1.2　全国外语翻译证书考试

全国外语翻译证书考试（NAETI）于 2001 年成立，由教育部考试中心与北京外国语大学合作举办。NAETI 官方网站（http://sk.neea.edu.cn/）公布了项目概况、考生须知和考试大纲等相关文件，指出考试的主要目的是测量考生的外语翻译能力，属于面向社会的非学历性翻译认证考试。英语考试目前设 4 个级别，各级别包括笔译和口

表 5-1　CATTI 一、二、三级笔译资格考试构念[①]

类别	构念	成分	要素	要求
CATTI 一级笔译资格考试	高级笔译员笔译能力	双向互译能力（策略能力）	原文理解；译文表达，转换技巧及策略，审定稿能力	对原文有较强的理解能力，有较强的翻译表达能力，能够熟练运用翻译策略和技巧对有较高难度的文章进行英汉互译；译文准确、完整、流畅，体现原文风格；能够发现、修改译文中的问题，用词严谨、恰当，能使译文质量有较大提高，并体现原文风格
		语言能力	双语能力	中外文语言功底扎实
		知识能力	知识面；文化知识	知识面；中国和相关语言国家的文化背景
		时间掌控及管理能力（翻译职业能力）	笔译速度；审定稿速度	英译汉速度每小时约 600 个单词；汉译英速度每小时约 400 个汉字；英译汉审定稿速度每小时约 1200 个单词；汉译英审定稿速度每小时约 800 个汉字
		工具能力	传统工具使用能力	英汉、汉英字典使用
CATTI 二级笔译资格考试	专业人员笔译实践能力	双向互译能力（策略能力）	原文理解；译文表达，转换技巧及策略	把握原文主旨和风格；忠实原文事实和细节，体现原文风格；译文流畅，用词恰当；无错译、漏译
		语言能力	双语能力	掌握 8000 个以上的英语词汇；掌握并能够正确运用双语语法；具备对各种文体英语文章的阅读理解能力；译文无语法错误、流畅、用词恰当
		知识能力	文化知识	了解中国和英语国家文化背景知识
		时间掌控及管理能力（翻译职业能力）	笔译速度	英译汉速度每小时约 500～600 个单词；汉译英速度每小时约 300～400 个汉字
		工具能力	传统工具使用能力	英汉、汉英字典使用
CATTI 三级笔译资格考试	准专业人员笔译实践能力	双向互译能力（策略能力）	原文理解；译文表达；转换技巧及策略	把握原文主旨；忠实原文事实和细节；译文通顺，用词准确；无明显错译、漏译
		语言能力	双语能力	掌握 5000 个以上英语词汇；掌握英语表达习惯；有较好的双语表达能力；能够正确运用双语语法；具备对常用文体英语文章的阅读理解能力；译文无明显语法错误
		知识能力	文化知识	初步了解中国和英语国家文化背景知识
		时间掌控及管理能力（翻译职业能力）	笔译速度	英译汉速度每小时约 300～400 个单词；汉译英速度每小时约 200～300 个汉字
		工具能力	传统工具使用能力	英汉、汉英字典使用

译两种证书，有关 NAETI 的考试介绍及 4 个等级考试的考试大纲见附录 12。

　　对 4 个等级英语笔译考试的考试规范相关资料进行对比，从中可以看出，虽然考试大纲中指出 NAETI 面向的是社会从业者和大学生，但和翻译教育的联系比较密切，

---

　　① 本表由笔者根据 CATTI 官方网站公布的考试大纲、考试说明等相关资料制作。

各级别的划分也以应试者的翻译教育及外语教育水平为基础。首先，从级别描述中可以看出，4 个等级笔译考试均关注笔译能力，区别主要在于不同等级考试对文本难度、主题和体裁的要求。例如，一级笔译考试在双向互译能力中还要求考生具有译审和定稿的能力，四级笔译考试还关注考生的词汇掌握程度。其次，一级、二级和三级笔译考试的考试内容和考试时间设置体现出拟考察的是双语语篇互译能力，以及考生的时间掌控管理能力要求，四级笔译考试则除此之外，还包括双语单句互译能力。此外，二、三级笔译考试中还特别指出应处理特定主题材料的能力，体现出对译者某些主题知识的要求。NAETI 4 个等级笔译考试的考试构念见表 5-2。

表 5-2　NAETI 各等级笔译资格考试构念[①]

类别	构念	成分	要素	要求
NAETI一级笔译证书考试	外语笔译能力	双向互译能力（策略能力）	篇章笔译能力；译审及定稿能力	能够翻译高难度的各类文本；能够胜任机关、企事业单位各类材料、各种国际会议文献的翻译、译审及定稿
		语言能力	特定文体知识	机关、企事业单位各类材料、各种国际会议文献
		时间掌控及管理能力（翻译职业能力）	笔译速度	外译汉 3 小时 1200 字；汉译外 3 小时 1200 字
NAETI二级笔译证书考试	外语笔译能力	双向互译能力（策略能力）	篇章笔译能力	能够翻译较高难度的各类文本，能够胜任机关、企事业单位的科技、法律、商务、经贸等方面材料的翻译，以及各类国际会议一般性文件的翻译
		知识能力	主题知识	能够胜任机关、企事业单位的科技、法律、商务、经贸等方面材料的翻译，以及各类国际会议一般性文件的翻译
		语言能力	特定文体知识	机关、企事业单位材料、各种国际会议文献
		时间掌控及管理能力（翻译职业能力）	笔译速度	汉外互译 4 小时 1200 字
NAETI三级笔译证书考试	外语笔译能力	双向互译能力（策略能力）	篇章笔译能力	能够翻译一般难度的文本；能够胜任机关、企事业单位的一般性文本和商务类材料的翻译
		知识能力	主题知识	商务类材料的翻译
		语言能力	特定文体知识	机关、企事业单位一般文本
		时间掌控及管理能力（翻译职业能力）	笔译速度	汉外互译 3 小时 1000 字
NAETI四级笔译证书考试	外语笔译能力	双向互译能力（策略能力）	篇章笔译能力；单句笔译能力	能够从事基本的笔译工作，能够翻译简单的书面材料
		语言能力	单语能力	应掌握 6000 左右的词汇量
		时间掌控及管理能力（翻译职业能力）	笔译速度	汉外互译 150 分钟 800 字

① 本表由笔者根据 NAETI 官方网站公布的考试大纲、考试说明等相关资料制作。

5.1.3　厦门大学笔译资格证书考试

厦门大学笔译资格考试由 2002 年成立的厦门大学口笔译资格证书考试中心设立，2013 年 5 月起于每年 5 月、10 月各组织一次英语笔译资格证书（English Translating Certificate，ETC）考试，由厦门大学颁发证书。考生不受年龄和学历限制。厦门大学笔译资格证书考试官方网站（http://kouyi.xmu.edu.cn/）公布了考试的简介及考试大纲。考试共分为 4 个等级，考试简介及各等级考试的考试大纲见附录 13。

通过对厦门大学笔译资格考试规范相关资料的分析可以发现，4 个等级笔译资格考试要测量的均为笔译能力，对不同等级考试的考试级别描述、考试内容和题型及分值等方面的规定体现出该笔译能力具体包括双向互译能力、语言能力等方面内容及具体要求，对考试时间及考试内容篇幅的规定体现出对考生时间掌控及管理能力的考察。此外，二级和三级还对考生的知识能力提出了要求，二级、三级和四级还允许考生使用词典，体现出对考生工具使用能力的考察。

厦门大学各等级笔译资格考试构念的成分、要素及要求见表 5-3。

表 5-3　厦门大学各等级笔译资格考试构念[①]

类别	构念	成分	要素	要求
厦门大学一级笔译资格考试	笔译能力	双向互译能力（策略能力）	单句笔译能力；篇章笔译能力；转换技巧	基本了解笔译技巧；能承担非专业、一般性日常生活材料的英汉笔译工作
		语言能力	双语能力	基本的英汉双语语言能力
		翻译职业能力（时间掌控及管理能力）	笔译速度	3 小时完成 100 ~ 150 字汉译英句子、75 ~ 125 字汉译英句子、240 ~ 340 字英译汉篇章、400 ~ 600 字汉译英篇章
厦门大学二级笔译资格考试	笔译能力	双向互译能力（策略能力）	转换技巧；单句笔译能力；篇章笔译能力	初步掌握笔译技巧；能承担各种非专业材料的英汉互译工作，译语质量较高；能承担一般性政治、经济、文化、艺术、科技等方面材料的英汉笔译工作
		知识能力	主题知识	能承担一般性政治、经济、文化、艺术、科技等方面材料的英汉笔译工作
		语言能力	双语能力	较好的英汉双语语言能力
		翻译职业能力（时间掌控及管理能力）	笔译速度	3 小时内完成 150 ~ 200 字汉译英句子、100 ~ 150 字英译汉句子、300 ~ 400 字英译汉篇章、500 ~ 700 字汉译英篇章
		工具能力	传统工具使用能力	可以使用纸质双语词典，但不能用电子词典

---

① 本表由笔者根据厦门大学笔译资格考试官方网站公布的考试简介、考试大纲等资料制作。

类别	构念	成分	要素	要求
厦门大学三级笔译资格考试	笔译能力	双向互译能力（策略能力）	转换技巧；篇章笔译能力；文言文英译能力	较好地掌握笔译技巧；能承担专业性较强且具有一定难度的材料和文件的英汉互译工作，译语质量高；能承担大中型会议文件、谈判文件和公司重要文件等的英汉笔译工作；能从事基本的文言英译工作
		语言能力	双语能力；特定文体处理能力	良好的英汉双语能力；文言文理解能力；会议文件、谈判文件
		翻译职业能力（时间掌控及管理能力）	笔译速度	3小时内完成400~600字英译汉篇章、600~800字现代汉语英译篇章、80~120字文言英译篇章
		工具能力	传统工具使用能力	可以使用纸质双语词典，但不能用电子词典
厦门大学四级笔译资格考试	笔译能力	双向互译能力（策略能力）	转换技巧；篇章笔译能力；审译及定稿能力；文言文英译能力	熟练掌握笔译技巧；能承担专业性强且较复杂、难度较大的材料和文件的英汉互译工作，译语质量高；能承担大型国际会议文件、重要政治外交文件和公司重要文件等的英汉笔译、审译及定稿工作；能从事较难的文言典籍英译工作
		知识能力	主题知识	重要政治外交文件
		语言能力	双语能力；特定文体处理能力	很好的英汉双语语言能力；文言文能力；大型国际会议文件、重要政治外交文件
		翻译职业能力（时间掌控及管理能力）	笔译速度	3小时完成500~700字英译汉篇章、700~900字现代汉语英译篇章、100~150字文言英译篇章
		工具能力	传统工具使用能力	可以使用纸质双语词典，但不能用电子词典

5.1.4 台湾地区 LTTC 中英翻译能力检定考试

　　台湾地区的笔译资格考试是 2007 年开始设立的"教育部"中英文翻译能力检定考试（Chinese and English Translation and Interpretation Competency Examinations，简称 ECTICE），每年举办一次（2012 年暂停一年），2007~2011 年由台湾地区"教育部"负责主办，2013 年起由"财团法人语言训练测试中心"（http://www.lttc.ntu.edu.tw/）担任主办单位，"教育部"为指导单位，并更名为"LTTC 中英文翻译能力检定考试"。

　　目前，考试主办单位通过网站公布了一系列考试相关文件，包括考试基本介绍、历年考试简章、历年考试真题及考试结果分析、考试大纲、考试安排说明等。有关考试的部分简介及考试大纲见附录 14。设立考试的目的是检测考生是否达到笔译工作的基本门槛要求，面对对象是"翻译人员及有志于从事翻译专业工作者"，通过考试则说明考生"已经具备从事笔译工作的基本能力"，在时间压力下可以正确理解原文，并能以通顺、自然的译入语表达出来。因此，该考试要考察的是中英文翻译能力。考试大纲同时指出，专业笔译人员必须具备相当多的条件，包括专门领域知识，以及良好的工作态度，如责任感、抗压性、合作沟通能力、随时吸收新知识、职业道德等，这些都难以通过纸笔测验得知。

LTTC 中英翻译能力检定考试分为口译考试和笔译考试两个大类，其中笔译考试又分为一般文件笔译和技术文件笔译，目前只开放一般文件笔译。这里的"一般文件"指"以非专门领域读者为主要对象之文件，内容不涉及专门领域的知识或概念，且不以该领域专用术语或词汇表达"，通常不包括文学类作品和专门领域文本。通过本考试者，"于从事一般文件笔译时，能以通顺、合乎语言规范之译文，准确且完整地传达原文之讯息"。一般文件笔译考试分翻译方向分别进行，即英译中一般文件笔译考试和中译英一般文件笔译考试，通过两门考试分别获得两个不同的资格证书。另外，英译中一般文件笔译包括 A、B 两科，中译英一般文件笔译包括 C、D 两科；A 科和 B 科考试涵盖但不限于商业、财经、教育、文化等主题，C 科和 D 科考试涵盖但不限于科普、医疗保健、资讯科技等主题。

考试评分方面，考试管理及组织机构在设计之初就特别关注评分方法及标准的问题。中国台湾"国立编译馆"开展的系列研究——"建立国家翻译人才评鉴基准之研究"第二期（2005 年）提出采用五五评分量表，从"通顺"和"忠实"两个方面对译文进行评分。该评分方法经过 2007 年初次考试的试评分之后，专家组建议改为六四评分量表，从"讯息准确"和"表达风格"两个部分进行错误扣分。随后，经过 2008 年和 2009 年对考试命题、评分及考试结果进行分析，最终确定自 2010 年起采用"讯息准确"和"表达能力"相结合的六四评分量表。其中"讯息准确"部分主要包括译文传达信息与原文是否相同，有无重大错误或次要错误，是否是堆砌字词的字面翻译，是否有漏译；"表达能力"部分主要包括陈述是否清晰明白，是否符合句法，用词、语域、搭配、标点是否恰当，是否出现错别字、赘字，是否无法理解、缺译等。

从对考试简介及考试大纲中的报考资格、考试内容、考试科目、考试形式、考试时间、评分要素、及格标准及其他要求等相关信息的描述中可以看出，两个翻译方向考试所要考察的对象均为笔译能力。考试科目安排上也体现出对应试者某几类特定主题文章的侧重，考试形式和考试时间的确定则体现出对考生时间掌控和管理能力的要求。评分方法的规定体现出考试以译文为主要媒介，关注的是考生的译文表达能力、译入语能力、笔译策略和技巧。此外，大纲中还提到考试中可携带纸本词典一本，体现出对应试者基本工具使用能力的关注。通过对一般文件英译中和中译英两个笔译资格考试的对比可以看出，除语言方向不同引起的对译入语的要求差异之外，两种考试的构念、概念成分及要素基本上是相同的,因此,可以将两个考试的构念结合在一起,归纳总结出台湾地区 LTTC 一般文件中英文笔译能力检定考试的构念,具体见表 5-4。

表 5-4 台湾地区 LTTC 中英文笔译能力检定考试构念[①]

构念	成分	要素	要求
笔译实践能力	单方向笔译能力（策略能力）	篇章笔译能力；译文表达；转换技巧	商业、财经、教育、文化、科普、医疗保健、资讯科技等主题篇章笔译能力；准确且完整传达原文讯息；译文传达信息与原文相同,无漏译；语域恰当；无字面翻译
	知识能力	主题知识	商业、财经、教育、文化、科普、医疗保健、资讯科技等主题
	语言能力	译入语能力	译入语通顺、合乎语言规范；陈述清晰明白,符合句法,用词、搭配、标点恰当,无错别字、赘字
	时间掌控及管理能力（翻译职业能力）	笔译速度	120 分钟内完成长度分别为 240～260 个英文单词的两个语篇；120 分钟内完成长度分别为 390～410 个中文字的两个语篇
	工具能力	传统工具使用能力	可携带纸质词典一本,不得携带其他参考资料或电子工具

5.1.5 加拿大笔译资格考试

加拿大全国性笔译资格考试由全国性翻译协会组织实施,全称为加拿大笔译、术语及口译协会(Canadian Translators,Terminologists and Interpreters Council,简称 CTTIC),成立于 1970 年,前身是组建于 1956 年的加拿大口笔译社团(The Society of Translators and Interpreters of Canada)。CTTIC 只接受单位会员,不接受个人会员。加拿大现有 7 个省、地区翻译协会为其会员,包括英属哥伦比亚口笔译协会（STIBC）、亚伯达口笔译协会（ATIA）、萨斯喀彻温口笔译协会（ATIS）、马尼托巴笔译、术语及口译协会（ATIM）、钮省笔译、术语及口译协会（CTINB）、新斯科舍口笔译协会（ATINS）和安大略口笔译协会（ATIO）。其中 CTTIC 负责加拿大职业认证标准的制定,具体的认证过程则由各省翻译协会负责。

CTTIC 负责的资格认证体系有三种,即档案认证（certification on dossier）、导师认证（certification on mentorship）和考试认证（the certification exam）。笔译资格考试（certification examination）制度设立于 1975 年,每年 2 月举行,职业笔译员通过其中的笔译考试可成为认证笔译员（certified translator）。目前认证笔译员已经在加拿大的多个省得到法律承认。此外,协会还规定,要申请认证必须首先申请成为加拿大某一省翻译协会会员,而各省翻译协会对入会也有具体要求,包括学历、教育背景、工作

---

①本表由笔者根据 LTTC 官方网站公布的考试介绍、考试大纲等资料制作。

经验，以及通过相应的语言水平和笔译考试等。因此，笔译资格考试首先在报考资格上就规定，申请参加考试者应为翻译协会会员，并且应具有翻译专业大学文凭和一年从业经验，或至少四年的从业经验。因本书关注的是资格认证考试，故在此主要探讨由 CTTIC 组织的全国性认证笔译员考试，暂不涉及另外两种资格认证方法和各省级翻译协会的会员考试。

CTTIC 成立的专门的资格委员会（Board of Certification）负责命题。CTTIC 官方网站（http://www.cttic.org/）和各省翻译协会网站上均公布关于入会条件及要求、资格认证程序、资格考试报考要求和考试具体内容等信息。根据这些文件，CTTIC 笔译考试主要面向的是有经验的译者，不仅仅考察其资质（aptitude），更重要的是用来体现应试者的职业技能（professional skills）。考试规范还特别指出，笔译资格考试专门设立有关职业道德的考试内容，个别翻译协会也比较关注申请考试者对职业道德的理解和了解。例如，要成为 STIBC 协会会员，必须参加职业道德专门考试，通过后方可申请笔译资格考试；而要成为加拿大历史最悠久的 ATIO 协会会员，考生参加 CTTIC 笔译资格考试时，还会收到一份 ATIO 道德标准和一份个案，要求考生阅读个案并指出违反道德标准的地方。有关考试的详细情况见附录 15。

从以上介绍中可以看出，加拿大笔译资格考试面向的是有经验的职业笔译员，考察的对象是职业笔译员的职业技能和能力，即职业笔译能力，包括分析和理解能力、译入语表达能力；以及特定主题篇章的处理能力；所涉及翻译方向为单方向笔译能力；对特定主题的规定还体现出对考生主题知识的要求；考试时间和篇章长度的限制反映出对考生时间掌控及管理能力的要求；此外，考试还将职业道德作为考试内容；考试过程中允许工具及参考书籍的使用体现出对考生工具使用能力的关注；评分方面进一步体现出对理解能力和表达能力的关注，以及对译语使用能力的要求。因此，可以得出加拿大笔译资格考试的构念如表 5-5。

5.1.6　澳大利亚笔译资格考试

澳大利亚笔译资格考试由澳大利亚口笔译资格认证机构（National Accreditation Authority for Translators & Interpreters，简称 NAATI）负责。该机构于 1977 年成立，1983 年由政府机构改制为公司。目前获得认证的方式主要包括课程认证、考试认证、国外教育文凭认证、国际翻译协会成员认证、口笔译行业卓越成就认证 5 种，对目前暂未设立考试的语对也有一定的认证体系。

表 5-5　CTTIC 笔译资格考试构念[①]

构念	成分	要素	要求
职业笔译能力	单方向笔译能力（策略能力）	篇章笔译能力；理解能力；表达能力；转换技巧	文学、科技、医学、管理、经济类主题篇章笔译能力；译文忠实（传递原文意思）、地道（符合译入语语法及其他使用规则）理解原文，译文有意义；语义明确；不可改变语义
	知识能力	主题知识	文学、科技、医学、管理、经济类主题
	语言能力	译入语能力	句子结构、句法，避免不自然用法、令人无法接受的外来语、拼写错误、标点错误、不符合惯例等
	时间掌控及管理能力（翻译职业能力）	笔译速度	3 小时内完成 400 字笔译
	职业道德（翻译职业能力）	职业道德	职业道德考试
	工具能力	传统工具使用能力	可使用词典及参考书籍，但不得与其他考生交换，禁止使用电子技术工具

NAATI 认证是澳大利亚唯一官方承认的针对职业口笔译人员的职业认证。目前推行的笔译资格考试认证共有 4 种证书，分别对应 4 个等级的笔译资格考试，即助理笔译（paraprofessional translator）、职业笔译（professional translator）、高级笔译（advanced translator）和高级笔译（资深）（advanced translator（senior））。2013 年设立的考试中，助理笔译资格考试开设 8 种语言，职业笔译资格考试开设 47 种语言，高级笔译资格考试开设 9 种语言。此外职业笔译考试除在澳大利亚和新西兰国内举行外，还在非洲、亚洲（包括中国）、欧洲、南美洲等国家和地区设立考点，NAATI 的国际影响力逐渐增大。

NAATI 官方网站（http://www.naati.com.au/）公布了有关考试的各类信息，包括考试说明、年度考试手册、年度考试情况报告、年度考试回顾及建议、评分方法及标准、评分员要求及选拔等。此外，NAATI 还就各等级考试中的职业道德部分进行了专门说明，明确指出职业道德是 NAATI 认证体系的必要组成部分。根据 2012 年公布的考生手册，职业道德部分包括一般道德守则（general ethics principles）、口译道德守则和笔译道德守则三部分。

NAATI 3 个等级的笔译资格考试情况见附录 16。NAATI 3 个等级笔译资格考试面对的考生均为职业笔译员，要考察的是其职业笔译能力，其中助理笔译资格考试考查的是双向互译能力，职业笔译和高级笔译考试考查的是单方向笔译能力。职业笔译和高级笔译考试的具体内容部分体现出对应试者掌握特定主题知识的要求；助理笔译和职业笔译考试中的时间限制则体现出对考生时间掌控及管理能力的关注；三个等级笔

[①] 本表由笔者根据 CTTIC 官方网站及部分翻译协会官方网站公布的考试说明、考试介绍等资料翻译制作。

译资格考试中对工具使用的要求体现出考试希望尽最大可能体现考试的真实性，也是对考生的工具使用能力的关注。评分标准的设定则体现出考试对理解、表达、笔译技巧使用等方面的要求。助理笔译和职业笔译考试中对职业道德考题的设定体现出资格考试较强的职业取向。因此，不同笔译资格考试的构念有其核心和相同的地方，也有各自的特点，并不完全相同。NAATI 3 个等级笔译资格考试的构念见表 5-6。

5.1.7 美国翻译协会资格考试

美国翻译协会（American Translators Association，简称 ATA）成立于 1959 年，是美国最大的口笔译职业协会，负责美国翻译资格认证工作，目的是向职业笔译员及客户证明申请认证者掌握某一特定语对的职业能力（professional competence）。首次 ATA 资格考试设立于 1973 年，目前设立 26 种语对考试，每年约有 1000 名应试者参加。ATA 资格认证委员会（ATA Certification Committee）负责资格考试的管理和监督工作。

近年来，ATA 还逐渐开展了针对资格认证体系的修订，包括根据国际标准化组织颁布的人员认证机构通用要求（ISO17024）进行的一系列修正。Nordin（引自 Pym et al，2012：67-68）认为美国未来的资格考试应建立一个全国性的资格考试体系，并根据具体的能力水平设立不同等级的资格证书，即学徒（apprentice）、熟练工（journeyman）、职业（professional）、专家（expert）等级别。

ATA 官方网站（http://www.atanet.org/）上公布了考试指南、申请考试条件、继续教育条件、考试设置，以及有关评分的系列文件等信息。按照对考试的相关说明，ATA 笔译资格考试针对的是职业翻译技能，目的是测量应试者是否能在翻译指南的要求下完成职业需要的翻译，通过资格认证考试者可成为 ATA 正式会员。具体来说，笔译资格考试要考察的笔译技能包括：

（1）译文应符合笔译指南要求，即符合语境，并在语域、风格及措辞方面和译入语对应文本一致。

（2）笔译过程中应理解试题内容、目的及论点，即留意并理解主题以便于正确传译和使用词典，原文中的所有内容包含在译文中，不增加原文作者隐含或明确说明的内容，准确分析原文以保证译文在各个层面（文本、句子、词语）的观点、论点及信息。

（3）译文应体现出对各种笔译策略的熟练掌握能力，即呈现的观点、论点及信息符合译入语文化和句法，译文并不需要模仿原文句子结构，原文中的习语在译文中能传达相应信息，尽量保证措辞清楚。

表 5-6　NAATI 三个等级笔译资格考试构念[①]

类别	构念	成分	要素	要求
助理笔译资格考试	职业笔译能力	双向互译能力（策略能力）	篇章笔译能力；原文理解；译文表达；转换技巧	一般主题篇章笔译；应将源语中的信息完整传达至译入语，使用恰当的风格和语域；准确，避免意思歪曲、漏译、误译、不正当插入、未完成语篇；原文理解，应避免错误理解词汇及短语、语法及语言结构、句子结构等；译文表达，应避免不恰当、不正确词汇选择；笔译技巧，应避免过于直译或意译，以及不恰当语域、语气和风格
		语言能力	译入语使用能力	不可出现不恰当及不地道句子结构及用法、拼写及书写错误、标点符号及大小写错误
		时间掌控及管理能力（翻译职业能力）	笔译速度	90分钟内完成240~280字笔译
		职业道德（翻译职业能力）	职业道德规范的理解与运用	正确理解职业道德规范的意义及应用
		工具能力	传统工具使用能力；现代化工具及技术使用能力	考试中可使用自己携带的词典、词汇表等公共工具，纸质、电子版均可
职业笔译资格考试	职业笔译能力	单方向笔译能力（策略能力）	篇章笔译能力；原文理解；译文表达；转换技巧	文化、科学、技术、健康、法律、商务等主题篇章笔译；应将源语中的信息完整传达至译入语，使用恰当的风格和语域；准确，避免意思歪曲、漏译、误译、不正当插入、未完成语篇；原文理解，应避免错误理解词汇及短语、语法及语言结构、句子结构等；译文表达，应避免不恰当及不正确词汇选择；笔译技巧，应避免过于直译或意译，以及不恰当语域、语气和风格
		知识能力	主题知识	文化、科学、技术、健康、法律、商务等主题
		语言能力	译入语使用能力	不可出现不恰当及不地道句子结构、不地道用法、拼写及书写错误、标点符号及大小写错误
		时间掌控及管理能力（翻译职业能力）	笔译速度	90分钟内完成500字笔译
		职业道德（翻译职业能力）	职业道德规范的理解与运用	正确理解职业道德规范的意义及应用
		工具能力	传统工具使用能力；现代化工具及技术使用能力	考试中可使用自己携带的词典、词汇表等公共工具，纸质、电子版均可
高级笔译资格考试	职业笔译能力	单方向笔译能力（策略能力）	篇章笔译能力；原文理解；译文表达；转换技巧	有关政治、外交、文化、法律、经济、医药、科技等较高难度的科技类篇章笔译；应将源语中的信息完整传达至译入语，使用恰当的风格和语域；准确，应避免意思歪曲、漏译、误译、不正当插入、未完成语篇；原文理解，应避免错误理解词汇及短语、语法及语言结构、句子结构等；译文表达，应避免不恰当及不正确词汇选择；笔译技巧，应避免过于直译或意译，以及不恰当语域、语气和风格
		知识能力	主题知识	有关政治、外交、文化、法律、经济、医药、科技等较高科技类
		语言能力	译入语使用能力	不可出现不恰当及不地道句子结构、不地道用法、拼写及书写错误、标点符号及大小写错误
		工具能力	传统工具使用能力；现代化工具及技术使用能力	允许使用词典及其他参考资料，包括百科全书、手册、科技期刊、术语表、笔记等，可使用自己携带的电脑

① 本表由笔者根据 NAATI 官方网站公布的考试说明、考生手册等资料翻译制作。

（4）笔译应体现出译入语的良好写作能力，即译文应流畅通顺，不包含翻译腔，较少或无技术性错误（包括语法、使用、拼写或标点）。

从上文可以看出，职业笔译能力体现在对翻译指南的遵循、对原文理解、策略运用、译入语写作水平等方面，其中第一条明确强调是职业能力。此外，笔译资格考试明确提出将遵从翻译指南列入要考察的职业笔译能力组成部分。

官方网站上还公布了有关考试设置、考试语篇的选择、评分方法等考试规范文件，具体见附录 17。通过对考试规范的分析可以看出，ATA 笔译资格考试的构念为职业笔译能力；从官方网站对具体笔译技能的描述和评分观测点中可以看出，这一能力的具体内涵包括遵从翻译指南、原文理解、译文表达、策略运用等内容；对笔译技能的具体描述和评分方法还特别提出了对译入语使用能力的要求，包括写作能力、避免出现形式错误等；考试时间和考试篇幅的限制一方面是为了保证考试的可操作性，另一方面也体现出对考生时间掌控及管理能力的关注；一系列评分标准和方法的制定和说明，不但增加了整个考试的评分效度，同时也体现出对考生转换技巧及策略使用、原文理解能力、译文表达形式及内容的关注，尤其强调对译文呈现形式的关注。因此，ATA 笔译资格考试的构念可归纳如表 5-7 所示。

表 5-7　ATA 笔译资格考试构念[①]

构念	成分	要素	要求
职业笔译能力	单方向笔译能力（策略能力）	语篇笔译能力；转换技巧与策略；原文理解；译文表达	可以处理特定文本类型和特定主题的语篇；熟练使用笔译策略和技巧；译文符合译入语文化和句法，措辞清楚，在语域、风格及措辞方面和译入语对应文本一致；理解原文内容、主题和论点，准确把握原文意义及风格；原文所有内容包含在译文中，不增加原文作者隐含或明确说明的内容，准确分析原文，译文流畅通顺，无翻译腔；无漏译、错译；避免字迹不清；不可出现多个译文
	整体宏观能力（策略能力）	遵照翻译指南	笔译应符合笔译指南要求
	知识能力	主题知识	特定主题（技术、科技、医疗、财经、贸易、法律）语篇
	语言能力	译入语能力	良好写作能力，较少或无技术性错误和形式错误，具体包括语法、句法、标点、拼写/书写、方言、大写、词形/词类、使用等；特定文本类型（表述观点、提出论点或创新观点）处理能力
	时间掌控及管理能力（翻译职业能力）	笔译速度	3 小时内完成 450～550 字笔译
	工具能力	传统工具使用能力	禁止使用电子产品

---

① 本表由笔者根据 ATA 官方网站公布的考试说明、考试介绍等资料翻译制作。

5.1.8　英国语言学会笔译文凭考试

英国面向职业笔译员的笔译考试主要有两种，其一是由英国语言学会（Chartered Institute of Linguists，简称 IoL 或 CIoL）组织实施的笔译文凭考试（Diploma in Translation，简称 Dip Trans），其二是由英国口笔译协会（the Institute of Translators & Interpreters，简称 ITI）组织的会员考试（ITI Membership Examination）。由于本书关注的是资格证书考试，故此处只讨论由 IoL 组织实施的资格考试，暂不涉及 ITI 会员考试的情况。

IoL 成立于 1910 年，是英国最大的职业笔译员和其他语言服务专业人员协会组织，负责英国的语言能力评估、资格认证和考试组织。学会成立之初就设立翻译和语言考试，目前设立和翻译相关的考试认证包括笔译文凭（Dip Trans）认证、双语交际国际文凭（International Diploma in Bilingual Communication）认证、双语技能证书（Certificate in Bilingual Skills）认证，全部由语言学会教育基金会（IoL Educational Trust）负责。笔译文凭考试于 1989 年设立，属于非学历性质的证书考试，相当于硕士阶段学历。就考试的等级而言，笔译文凭考试和欧盟共同语言框架（Common European Framework）中的 C2 级相对应，已经被英国资格与考试规范部（the United Kingdom's Office of Qualifications and Examinations Regulation，Ofqual）认证为正式认证框架（Qualifications Credit Framework）中的一部分，作为第七级，并达到全国翻译职业标准（National Occupational Standards in Translation）中的"职业笔译"标准。目前该考试除在英国本土设立考点外，在欧洲、南美、亚洲等许多国家和地区都设有考点。

英国语言学会对笔译文凭考试有一整套详细的考试报名、培训及应考程序，官方网站（http://www.iol.org.uk/）上提供了对考试的详细说明、考生手册、不同年度评分员对考生的建议、不同主题的考试样题和部分语对的备考指南等资料，涉及考试对象、考试要求、考试目的、考试设置、考试评分等内容，具体内容见附录 18。

从对考试规范的分析中可以看出，IoL 笔译文凭考试属于职业笔译考试，考察的是考生的职业笔译能力，对考生要求的说明体现出这一职业笔译能力的具体内涵，即原文理解能力、译入语写作水平、两种语言的掌握能力和水平，以及相关主题知识和文化知识的掌握。考试规范中还明确提到了笔译速度的重要性。考试设置中对文本主题范围的描述进一步解释了对相应主题知识和文化知识的要求，以及对特定主题篇章处理能力的关注。考试时间和语篇字数的确定和考生的时间掌控及管理能力有关。评分标准和观测点的制定同样体现出对考生原文理解、译文表达和语言使用能力等方面的关注。此外，考试中对工具使用的规定从一定程度上体现出对考生工具使用能力的考察。

从以上分析中，可以看出英国笔译文凭考试的构念如表 5-8。

表 5-8　IoL 笔译文凭考试构念①

构念	成分	要素	要求
职业笔译能力	单方向笔译能力（策略能力）	篇章笔译能力；原文理解；译文表达；转换技巧	技术、商务、文学、科学、社会科学、法律等相关主题篇章的笔译能力；理解和传达原文信息；根据原文主题和意图选择语言和语域；译文达到市场可接受的标准，即功能准确、风格及语域恰当、语言地道，以及忠实传达原文风格、意义及拟达到的效果等；无漏译；字迹清晰
	整体宏观能力（策略能力）	解释翻译问题解决办法	使用翻译注释向客户解释翻译问题及解决办法
	语言能力	译入语能力	译入语写作水平应达到母语写作水平，具有较高水平的准确和地道程度
	知识能力	文化知识；主题知识	掌握足够的双语文化知识；涉及技术、商务、文学、科学、社会科学、法律等相关主题
	时间掌控及管理能力（翻译职业能力）	笔译速度	3 小时完成 600 字笔译；2 小时完成 450 字笔译
	工具能力	传统工具使用能力	可使用纸质词典及其他参考资料，可携带、参考自己制作的词汇表

5.1.9　南非笔译资格考试及宣誓笔译资格考试

南非翻译协会(the South African Translators' Institute，简称 SATI)成立于 1956 年，是南非最大的翻译协会，成员包括笔译员、口译员、编辑、校对、审校、术语专家、文案（copywriter）等语言产业从业人员。笔译资格考试于 1990 年设立，只面向协会会员，不过并不强制协会会员参加考试。

目前南非翻译协会资格认证体系包括笔译员资格认证、宣誓笔译员（sworn translator）资格认证、语言编辑（language editor）资格认证、口译（同声传译及会议口译）资格认证、术语专家（terminologist）资格认证等，均采用考试的形式。本书主

---

① ┌　本表由笔者根据 IoL 官方网站公布的考试说明、考生手册等资料翻译制作。

要关注的是笔译资格认证考试和宣誓笔译资格认证考试两种。

SATI 官方网站（http://translators.org.za/）对以上认证及考试的详细信息进行了介绍，包括考试目的、考试形式、考试设置、考试时间、考试其他要求、考试评分等，其中考试评分方面还公布了具体的考试评分框架（Framework for Marking of Translation Accreditation Examinations）、错误分析方法、评分标准等，具体内容见附录 19。

从对考试规范的分析中可以看出，SATI 笔译资格考试的对象是职业译员，要考察的是考生的职业笔译能力，以考生在真实环境下生成的翻译产品作为评判标准。考试设置体现出对考生语篇处理能力的要求和对主题知识的了解要求；评分标准和方法则重点关注原文理解、译文表达、译入语使用、转换技巧等方面，以及对译文呈现形式的特别要求；对工具使用的要求体现出考试对考生使用各种工具能力的要求。

再看宣誓笔译考试的情况。宣誓笔译指在南非最高法院（High Court）宣誓"尽最大知识和能力忠实准确翻译"。宣誓译文有时被称为官方译文（official translation）或认证译文（certified translation）。南非翻译协会于 1998 年成为宣誓译员考试的组织机构。宣誓笔译资格认证只针对协会会员，考试采取笔试形式，目的是测试考生的最终翻译产品。通过考试者可获得证书，之后便可成为宣誓笔译员。不过宣誓笔译员同普通笔译员不同，主要用于法律和法庭场合，翻译文本也主要以证书、证件、证明、证词等为主。因此，宣誓笔译员除具有普通译员的特征外，还必须掌握南非法律系统知识，掌握工作语言所在国家的法律系统，一般需要通过由具有 7 年以上宣誓笔译经验的相同语对译员为其专门设立的考试才能成为宣誓笔译员。

宣誓笔译资格考试的设置、评分标准和方法、通过标准等方面和普通笔译资格考试既有相同点，也有一些不同之处，具体内容见附录 19。从中可以看出，宣誓笔译资格考试的考试目的和普通笔译资格考试相同，即测试考生的职业笔译能力，考试设置和评分方法也分别体现出对考生的原文理解、译文表达、篇章处理、译入语使用、转换技巧、工具使用等方面的要求。就宣誓笔译而言，译文的呈现形式也有特定要求。除此之外，宣誓笔译资格考试还包括对特定文体篇章处理能力、相关法律法规知识等方面的要求。

南非 SATI 笔译资格考试和宣誓笔译资格考试的构念见表 5-9。

表 5-9　SATI 笔译及宣誓笔译资格考试构念①

类别	构念	成分	要素	要求
SATI 笔译资格考试	职业笔译能力	单方向笔译能力（策略能力）	篇章笔译能力；原文理解；译文表达；转换技巧	技术、行政管理、服务、经贸、媒体、文学、广告、电视节目、宣誓文本等主题篇章的笔译能力；翻译准确，不可出现原文理解错误、译文错误、偏差、漏译或增译；正确选择词汇、术语及语域；译文地道、自然、连贯，不能过于直译或意译，应保留原文结构；使用正确和地道的译文表达；不可出现多个译文；不可错误转换日期、数字及其他数据；不能出现打印错误、格式不对应
		知识能力	主题知识	技术、行政管理、服务、经贸、媒体、文学、广告、电视节目、宣誓文本等主题
		语言能力	译入语使用能力	应掌握介词及冠词使用、语法、拼写、搭配、变格、一致等，避免错误时态
		工具能力	传统工具使用能力；现代化工具及技术使用能力	和真实笔译环境相同，考生可使用词典、百科全书、法规章程、报告、语言速记等任何工具和资料，也可使用文字处理中的拼写检查
SATI 宣誓笔译资格考试	职业笔译能力	单方向笔译能力（策略能力）	篇章笔译能力；原文理解；译文表达；转换技巧	宣誓笔译相关文体及主题篇章笔译能力；翻译准确，不可出现原文理解错误、译文错误、偏差、漏译、增译；正确选择词汇、术语及语域；译文地道、自然、连贯，不能过于直译或意译，应保留原文结构；使用正确和地道的译文表达；不可出现多个译文；不能出现打印错误、格式不对应；不可错误转换日期、数字及其他数据；不可出现人名、地名或参考数据拼写错误、日期抄写错误
		整体宏观能力（策略能力）	遵守专业规范	应注明认证，并认证每页译文
		知识能力	主题知识	相关语言国家法律法规知识
		语言能力	译入语使用能力	应掌握介词及冠词使用、语法、拼写、搭配、变格、一致等，避免错误时态；宣誓笔译相关文体处理能力
		工具能力	传统工具使用能力；现代化工具及技术使用能力	和真实笔译环境相同，考生可使用词典、百科全书、法规章程、报告、语言速记等任何工具和资料，也可使用文字处理中的拼写检查

5.1.10　爱尔兰笔译资格考试

爱尔兰的社会性笔译考试有两种，第一种是希望加入爱尔兰口笔译协会（the Irish Translators'and Interpreters'Association，简称 ITIA）的申请者需要参加的职业会员考试（Professional Membership Examination），通过该考试后可成为 ITIA 会员；第二种考试

---

① 本表由笔者根据 SATI 官方网站公布的考试介绍、考试说明等资料翻译制作。

是资格考试（Certification Examination），ITIA 会员可通过参加考试成为认证笔译员（ITIA Certified Translator）。本书只涉及笔译资格考试。

ITIA 成立于 1986 年，是爱尔兰唯一的口笔译员专业协会，笔译资格考试设立于 2006 年，面向具有至少 5 年职业翻译经验的职业译员。ITIA 官方网站（http://translatorsassociation.ie/）公布了有关资格考试的相关介绍及参加考试的具体程序，包括考试设置、考试评分、通过标准、其他要求等，具体见附录 20。

从对爱尔兰笔译资格考试的介绍和分析可以看出，该考试属于职业翻译考试，要考察的是职业笔译能力，属于单方向笔译考试，考试方式的设置一方面体现出考试的真实性，但另一方面也使考试存在过多的不可控因素，不能算作标准化考试。评分标准和评分方法中对错误类别及权重的划分说明资格考试对原文理解、译文表达、译入语使用等方面的关注。

爱尔兰 ITIA 笔译资格考试的构念见表 5-10。

表 5-10　ITIA 笔译资格考试构念[①]

构念	成分	要素	要求
职业笔译能力	单方向笔译能力（策略能力）	原文理解；译文表达	不可出现解码/编码错误、漏译造成的文本缺失、粗劣翻译、表述不地道等，避免不恰当使用习语、语域、语气和风格
	语言能力	译入语使用	不可出现大小写及标点使用错误
	工具能力	传统工具使用能力；现代化工具及技术使用能力	一般工作环境下的工具使用能力，可采用电脑或在线术语表，但不允许使用机器翻译

5.2　国际国内主要笔译资格考试构念构成

以上对 11 个笔译资格考试体系涉及的 21 个笔译资格考试构念进行了分析，下面通过对各考试构念进行对比，探讨现有笔译资格考试构念的性质、构成成分及要素。

5.2.1　构念类别

从名称看，中国内地 CATTI 3 个等级、中国内地 NAETI 4 个等级、中国内地厦门大学 4 个等级笔译资格考试、澳大利亚 NAATI 3 个等级、南非 SATI 笔译资格考试

---

① 本表由笔者根据 ITIA 官方网站公布的考试说明及考试介绍等资料翻译制作。

和南非 SATI 宣誓笔译资格考试 16 个笔译资格考试采用的是 "accreditation examination"（认证考试）；加拿大 CTTIC、美国 ATA、爱尔兰 ITIA 3 个笔译资格考试采用的 "certification examination"（证书考试）；另有台湾地区 LTTC 采用的是 "competency examination"（能力考试）；英国 IoL 采用的是 "Diploma in Translation examination"（翻译文凭考试）。前面已经对 "accreditation" 和 "certification" 两个词语的用法进行了辨析，因此这两个术语在本书中的内涵基本一致，只有台湾地区 LTTC 和美国 IoL 两个考试的名称与其他考试不同。不过从这些考试的设置目的来看，以上考试均以翻译行业和市场为导向，面对职业译员和拟进入翻译行业的准职业译员，通过考试获得的相关证书均可以作为考生职业笔译能力的证明。因此，本书涉及的 21 个笔译考试均具有一定的资格考试性质。

此外，如果从资格认证承担的功能来看，以上 11 个笔译资格考试体系中，南非 SATI 宣誓笔译资格考试的认证强度最高，具有法律效应；澳大利亚 NAATI、南非 SATI 笔译资格考试、加拿大 CTTIC、美国 ATA、爱尔兰 ITIA 等考试的资格认证属于正当的笔译资格考试，体现的是笔译资格考试的一般特征；中国台湾 LTTC 和英国 IoL 两个考试虽然也属于资格考试范围，但同时具有一般能力考试的性质。中国 CATTI、NAETI 和厦门大学笔译资格考试虽然英文名称均为 "accreditation examination/test"，但 CATTI 的中文名称还包括 "水平"，NAETI 的中文名称为 "外语翻译证书考试"，水平考试和能力考试的味道更浓厚一些；厦门大学笔译资格考试从考试面向对象和考试分级标准看，都和教育教学密切相关，也具有浓厚的水平考试和能力考试的特征。

考试性质、考试内容和设置的不同直接决定着考试构念的差异。以上 21 个笔译资格考试中，关注点虽然均为笔译能力或者说笔译实践能力，但在具体类别上也存在一定差异，如有的考试仅指出关注的是笔译能力和水平，有的笔译资格考试则明确提出要考察的是职业笔译能力，个别笔译资格考试还明确提出考察不同等级笔译员的笔译能力，如高级笔译员能力、宣誓笔译译员能力等。因此，分析各笔译资格考试的构念特征，还应详细探讨各考试构念的具体构成成分及要素。

5.2.2　构念成分

除构念特征外，分析笔译资格考试构念更需要关注的是构念成分。根据前一部分对各笔译资格考试构念的分析，并以笔译能力参数集（理论）中的成分为参照，可以将各笔译资格考试的构念成分进行对比，具体情况见表 5-11。通过分析可以看到，21

个笔译资格考试的构念包括策略能力、语言能力、知识能力、翻译职业能力和工具能力 5 个构念成分。其中，21 个考试全部涉及策略能力和语言能力，15 个考试涉及知识能力，17 个考试涉及翻译职业能力，16 个考试涉及工具能力。

表 5-11　国际国内主要笔译资格考试构念成分对比[①]

序号	考试类别	构念成分				
		策略能力	语言能力	知识能力	翻译职业能力	工具能力
1	CATTI 一级笔译	√	√	√	√	√
2	CATTI 二级笔译	√	√	√	√	√
3	CATTI 三级笔译	√	√	√	√	√
4	NAETI 一级笔译	√	√		√	
5	NAETI 二级笔译	√	√		√	
6	NAETI 三级笔译	√	√		√	
7	NAETI 四级笔译	√	√			
8	厦门大学一级笔译	√	√		√	
9	厦门大学二级笔译	√	√		√	√
10	厦门大学三级笔译	√	√		√	√
11	厦门大学四级笔译	√	√		√	
12	LTTC 中英文笔译	√	√	√	√	√
13	CTTIC 笔译	√	√	√	√	√
14	NAATI 助理笔译	√	√		√	√
15	NAATI 职业笔译	√	√	√	√	√
16	NAATI 高级笔译	√	√	√	√	√
17	ATA 笔译	√	√	√	√	√
18	IoL 笔译	√	√	√	√	√
19	SATI 笔译	√	√	√		√
20	SATI 宣誓笔译	√	√	√		√
21	ITIA 笔译	√	√			√
	总数	21	21	15	17	16

5.2.3　构念成分要素

以上分析了 21 个笔译资格考试的构念成分，不过不同笔译资格考试的构念成分

---

① 本表中的"√"指某一笔译资格考试通过考试大纲、考试说明等考试规范相关资料体现出来的考试构念包括该构念成分，灰色阴影部分表示某一笔译资格考试未体现出包含该构念成分。

虽然相同,但各自成分构成的要素并不完全相同。下面逐一对各成分的要素进行分析。

5.2.3.1　策略能力

　　从各笔译资格考试的构念成分来看,策略能力主要由双向互译能力、单方向笔译能力、整体宏观能力三个方面要素组成。其中双向互译能力和单方向笔译能力涉及的是翻译方向问题,均属于笔译能力参数集(理论)中策略能力的转换能力。21 个笔译资格考试中,12 个考试考察的是双向互译能力,分属 4 个不同的笔译资格考试体系,其中 3 个为中国内地笔译资格考试,另一个考试为 NAATI 助理笔译资格考试;9 个考试考察的是单方向笔译能力,分属 7 个不同的考试体系。

　　首先,看转换能力的具体内涵。从 21 个笔译资格考试对双向互译能力和单方向笔译能力的具体描述及要求可以看出,转换能力主要涉及篇章笔译能力、单句笔译能力、原文理解、译文表达、转换技巧与策略使用、审定稿能力、译文形式等方面。

　　就篇章笔译能力和单句笔译能力而言,21 个笔译资格考试中全部包括篇章笔译能力,另有 NAETI 四级笔译资格考试、厦门大学一级和二级笔译资格考试 3 个考试不仅仅关注篇章笔译能力,还关注单句笔译能力。不过各等级考试对具体主题和文体的要求并不完全相同。一般而言,单句笔译因比篇章笔译缺乏必备的背景信息,可能在理解方面会出现较大的自由度。但是篇章笔译在篇幅长度、句子复杂度、单句之间的衔接和连贯等方面要比单句笔译复杂得多,在翻译难度上远超过单句笔译。薄振杰(2010)指出,无标题篇章笔译能力应该是翻译能力的核心。此外,3 个包括单句笔译能力的资格考试全部属于各考试体系中的初级资格考试。也就是说,只有当笔译资格考试测量考生较低层次的笔译能力时,才会将单句笔译能力作为考试构念成分;在对已达到一定能力水平的有经验的职业笔译员进行资格考试时,只需要进行篇章笔译即可,不再将单句笔译能力作为考试构念成分。

　　就原文理解、译文表达、转换技巧及策略使用三个方面而言,12 个笔译资格考试包括了原文理解这一因素,13 个笔译资格考试包含译文表达,16 个笔译资格考试包括转换技巧与策略使用。这里的原文理解主要是对原文意义、风格、语域、语体、语气等方面的把握;译文表达是指在正确理解原文的基础上忠实原文事实、细节和风格,符合译入语语域和语气,译文通顺、忠实、准确,用词恰当;转换技巧与策略使用则和翻译过程中译者寻找两种语言对应所采取的具体技巧和策略有关,包括直译、意译、增译、减译、转换、重组等笔译技巧。对这三个因素的规定主要体现在对译文质量的要求、评分标准及评分方法的制定等方面。一般说来,这三个因素是翻译过程的核心环节，是决定译文最终质量最直接的因素。理论上讲，所有的笔译活动都会涉及原文理解、译文表达、转换技巧及策略使用这三个基本的转换能力，这里体现的只是通过考试大纲和考试说明明确强调这三个因素的资格考试。

就审校能力而言，3 个笔译资格考试涉及审校能力，均属于中国内地笔译资格考试体系，其中 1 个考试除通过考试要求和考试设置明确指出审定稿能力的具体要求外，还单独就该能力设计相应题型。此外，3 个包括审定稿能力的考试均属于各自笔译资格考试体系中的最高等级，包括 CATTI 一级笔译资格考试、NAETI 一级笔译资格考试和厦门大学四级笔译资格考试。其中 CATTI 一级笔译资格考试通过考试要求和考试设置明确指出，审定稿能力应能发现、修改译文中的问题，对其要求则主要体现在译文质量上；NAETI 一级笔译资格考试只是对这一能力进行了要求，但没有具体说明如何评价，考试设置中也没有专门设置题型来考察审定稿能力。

就译文形式而言，3 个笔译资格考试体系中的 4 个考试在构念中还特别对转换能力中的译文形式进行了规定，要求最终呈现的译文在打印排版和书写字迹上符合要求，尤其对专有名词、日期、数据等重要信息应保证准确等。

其次，整体宏观能力主要涉及笔译指南、专业规范、解释翻译问题及决策等方面。笔译指南指在翻译过程中对相关笔译要求的遵从程度，ATA 笔译资格考试对此进行了专门强调。SATI 宣誓笔译资格考试对专业规范提出了特别要求，即译文应符合特定笔译性质的要求，如对译文进行认证等。解释翻译问题及决策指对出现的翻译问题或提出的解决办法进行说明，通常可通过翻译注释的形式呈现，只有 IoL 笔译文凭考试有所涉及。笔译指南、专业规范、解释翻译问题及决策这几种虽然属于策略能力的范畴，但和转换能力有所不同，并未涉及两种语言的具体转换技巧和策略，因此这里归为整体宏观能力的范畴。

因此，总的来看，现有笔译资格考试构念中的策略能力主要包括转换能力和整体宏观能力两个要素，其中转换能力包括双向互译能力和单方向笔译能力，涉及原文理解、译文表达、转换技巧与策略使用、篇章笔译能力、单句笔译能力、审定稿能力、译文形式等内涵；整体宏观能力还包括笔译指南、专业规范、解释翻译问题及决策等方面。就策略能力两个要素涉及的笔译资格考试数量而言，转换能力涉及的考试个数远远多于整体宏观能力。

5.2.3.2 语言能力

从语言能力所涉及的语种来看，21 个笔译资格考试中，11 个只涉及单语能力，7

个同时涉及外语和母语双语能力，另有 3 个并未明确指出所涉及语种。涉及单语能力的 11 个笔译资格考试中，只有 1 个强调的是外语能力，其他 10 个均强调译入语能力。涉及双语能力的 7 个笔译资格考试分属于 CATTI 和厦门大学笔译资格考试两个考试体系。

就语言能力的具体要素来看，对语言能力的要求主要体现在考试大纲中的要求及评分方法中的评分标准、错误分类等方面。各考试既从语言结构的角度提出考生应掌握词汇、语法、句法、拼写、标点符号等使用，也从能力的角度提出应关注的是考生的译入语写作能力。此外，个别考试还对考生文体知识的掌握提出了要求。限于篇幅，本书暂不涉及语言能力的具体内涵，只关注语言能力的语种问题。

此处需要特别说明的是语言能力和转换能力之间的关系。一方面，语言能力是转换能力的基础，转换能力中的原文理解、译文表达和笔译策略及技巧使用等具体内涵因素都和考生的源语和译入语能力密切相关；但另一方面，语言能力和转换能力之间又不是完全对等的关系，语言能力是转换能力的必要条件，但不是充分条件。本书中的语言能力单纯从语言本身的角度出发，包括源语知识掌握和使用能力及译语知识掌握和使用能力，其中源语知识掌握和使用能力主要包括对源语词汇、语法、句法等基本语言知识的掌握和使用，译语知识掌握和使用能力主要指对译入语的词汇、语法、句法等基本语言知识的掌握和使用。而转换能力中的原文理解主要指对原文意义、风格、语域等的理解能力，译文表达主要从原文和译文相对比的角度进行界定，包括意思完整、表达地道，以及符合语域、风格、目的等，笔译策略和技巧使用则是对具体双语转换技巧的使用。关于语言能力和转换能力之间的差异，NAATI 笔译资格考试和ATA 笔译资格考试均在评分方法部分区分了语言类错误和翻译类错误。其中 NAATI 笔译资格考试中的错误分类中，和语言能力相关的错误主要指语言类错误，和转换能力相关的错误主要指事实类错误和技术类错误；ATA 笔译资格考试中的错误分类中，和语言能力相关的错误主要是形式错误，和转换能力相关的错误主要是翻译错误/策略错误和有关考试形式的错误。

因此，现有笔译资格考试构念中的语言能力主要包括单语能力和双语能力两个要素，其中单语能力涉及的笔译资格考试较多，且多关注译入语能力。

5.2.3.3 翻译职业能力

翻译职业能力是除策略能力和语言能力外受到关注最多的构念成分，共有 17 个笔译资格考试构念有所涉及，分属于 8 个不同的考试体系。从各笔译资格考试对该构念成分的描述来看，翻译职业能力主要包括两个要素，即时间掌控及管理能力和职业道德。

时间掌控和管理能力方面，有 17 个笔译资格考试对此有所说明，主要体现在对考试时间和考试篇幅长度的限制上。在具体内涵上，16 个笔译资格考试都是指笔译速度，即在规定的时间内完成一定篇幅长度的笔译任务，只有 CATTI 一级笔译资格考试除要求笔译速度外，还对审定稿速度进行了规定。在笔译速度的具体要求上，因考试涉及的语对、等级及考试目的不同，不同考试在考试时间和考试篇幅长度的设定上也各有不同。

职业道德方面，有 3 个笔译资格考试有所涉及，分属于 2 个资格考试体系，主要包括对职业道德规则的理解、了解及实际运用。其中 NAATI 助理及职业笔译资格考试对职业道德的要求主要体现在考试设置方面，即设计具体的考试试题；CTTIC 笔译资格考试中的职业道德要求没有具体说明。从考试的具体设置来看，对考生职业道德的要求基本上都包括了解和应用两个方面，即首先了解、理解相关的职业道德守则，其次根据职业道德守则对具体的个案进行判断，了解具体含义及应用。

5.2.3.4 工具能力

16 个笔译资格考试涉及工具能力，分别属于 10 个笔译资格考试体系。和其他构念成分不同的是，各笔译资格考试通常并未在考试要求及考试设置中明确提出工具能力的要求，而主要通过考试实施的要求来体现。

工具能力的具体要素方面，各考试构念中涉及笔译能力参数集（理论）中工具能力的两个类别，即传统工具使用能力和现代化工具及技术使用能力。传统工具使用能力方面，16 个考试全部包括这一构念要素，其中有 7 个考试只允许考生携带并使用自己的词典，包括 CATTI 3 个等级资格考试，以及厦门大学二、三、四 3 个等级资格考试和 LTTC 中英笔译能力检定考试；对于同时包括两个翻译方向的考试而言，考生可携带两个方向词典各一部，单方向笔译考试只允许考生携带一部词典。另有 9 个考试中，考生除可以携带并使用词典外，还可以使用其他参考资料，包括术语表、笔记、书籍等。现代化工具及技术使用能力方面，6 个考试包括这一构念要素，其中 2 个考试（均属于 NAATI 笔译资格考试体系）允许考生在使用传统工具的同时，还可以使用电子词典；另外 4 个考试则允许考生在相对真实的环境中完成笔译考试，考生可使用任何资料和资源，包括电子工具、电脑、网络等。

5.2.3.5 知识能力

知识能力指通过考试说明、考试要求、考试设置、评分方法等部分提出的对考生相关知识的了解、掌握及使用能力，共有 15 个笔译资格考试涉及了这一构念成分，分属于 9 个笔译资格考试体系。

知识能力的具体要素涉及知识面、文化知识和主题知识 3 个部分。其中 1 个考试涉及知识面，4 个考试涉及文化知识，12 个考试涉及主题知识。这里的知识面主要是指考生对一般知识的掌握，即百科知识。文化知识主要涉及的是相关语对国家的文化背景知识。事实上，在将信息从一种语言转换到另一种语言的过程中，不可避免地会涉及文化处理问题。译者灵活自如地处理具有文化内涵的文化负载词、文化现象等问题时，必须具有较强的双语文化能力。此外，考试设置中提出多个主题的考试试题选择范围，而没有具体指定一个主题，也是对考生知识面的要求。因此，虽然这里只有 4 个考试明确提到了文化能力，1 个考试提到知识面，但实际上所有的笔译活动都暗含对文化知识和知识面的要求。

主题知识方面，12 个涉及该部分的考试中，只有 2 个明确提出考生应具有相关领域知识，其他 10 个考试主要通过对特定主题篇章笔译能力的要求来体现。不过各考试对具体领域的要求并不完全相同。通过统计分析可以发现，12 个考试中的主题知识一共涉及 18 个大类，其中涉及 3 个及以上考试的领域依次为：科技（包括科学、技术）、商贸（包括商务、贸易和经贸）、法律法规、经济（包括财经）、医疗（包括保健、健康、医药）、文化、政治和文学。此外，包括主题知识的 12 个考试均为等级较高的考试。也就是说，主题知识是对具有一定笔译能力的有经验的职业笔译员进行资格认证时的测量内容，在对入门等级笔译员进行测量时，则不会包括在内。

5.2.4 现有笔译资格考试构念构成

以上分析了 21 个笔译资格考试的构念类别、构念成分及要素。总的来看，这 21 个笔译资格考试在一定程度上体现出现有国际国内笔译资格考试的构念特征。

首先，构念类别上，从各笔译资格考试的考试性质、考试要求、考试设置等方面来看，21 个考试所要测量的均为笔译能力，或者说笔译实践能力。进一步分析可以发现，一些笔译资格考试（包括 NAETI 笔译资格考试和厦门大学笔译资格考试、LTTC

中英翻译能力检定考试）作为笔译能力和水平考试的性质更强一些，其他笔译资格考试，尤其是国际上的笔译资格考试职业趋向性更明显一些。这些资格考试不仅仅对考生的笔译能力进行测量，更关注考生的职业笔译能力。

其次，构念成分上，21个笔译资格考试的构念一共包括5个成分，各考试在构念成分的数量和具体类别上各不相同。按照各构念成分涉及的考试数量，这5个构念成分依次为：策略能力、语言能力、翻译职业能力、工具能力、知识能力。其中包含策略能力和语言能力这两个构念成分的资格考试最多，本书中的21个考试全部在内；包含知识能力的资格考试最少，有15个。这从一个侧面反映出目前国际国内笔译资格考试的构念仍然是以策略能力和语言能力为核心。

最后，各构念成分的要素上，5个构念成分在不同资格考试涉的要素也不同，不但体现在具体构念成分的要素类别不同，也体现在对各要素的具体要求不同。各构念成分的具体要素如下。

策略能力方面，主要由转换能力（包括双向互译能力和单方向笔译能力）和整体宏观能力两个要素组成。从各要素所涉及的考试来看，包括单方向笔译能力和双向互译能力的考试在数量上基本相同，不过从资格考试体系来看，包含单方向笔译能力的资格考试体系远远多于包含双向互译能力的考试体系，且多为境外笔译资格考试体系，中国内地3个笔译资格考试体系全部关注双向互译能力。就转换能力的具体内涵来看，主要涉及原文理解、译文表达、转换技巧与策略使用、篇章笔译能力、单句笔译能力、审定稿能力、译文形式等，其中篇章笔译能力涉及的笔译资格考试最多，审定稿能力和单句笔译能力涉及的资格考试最少。整体宏观能力所涉及的笔译资格考试要比转换能力少得多，主要关注的是译者对笔译指南和专业规范的遵守，以及向译文读者及客户沟通的能力。

其他构念成分的要素方面，语言能力包括单语能力和双语能力两个要素，其中对单语能力提出特别要求的考试较多，且多关注的是译入语能力。翻译职业能力包括时间掌控及管理能力和职业道德两个要素，其中大部分考试都通过具体的考试设置对时间掌控及管理能力提出了要求，只有3个考试关注到职业道德方面。工具能力包括传统工具使用能力和现代化工具及技术使用能力，其中对传统工具，尤其是字典和词典的使用能力最为关注。知识能力主要包括百科知识、文化知识和主题知识三个要素，其中对主题知识的要求最多，对百科知识的要求最少。

现有笔译资格考试的构念构成特征见表5-12。

表 5-12 现有笔译资格考试构念构成

笔译资格考试构念成分及要素		笔译资格考试构念各部分重要性	
成分	要素	成分重要性排序	关注最多要素
策略能力	转换能力	1	转换能力
	整体宏观能力		
语言能力	单语能力	1	单语能力
	双语能力		
翻译职业能力	时间掌控及管理能力	2	时间掌控及管理能力
	翻译职业道德		
工具能力	传统工具使用能力	3	传统工具使用能力
	现代化工具及技术使用能力		
知识能力	百科知识	4	主题知识
	主题知识		
	文化知识		

5.3 国际国内主要笔译资格考试构念呈现形式

除需要关注各笔译资格考试的构念构成外，还可以通过分析各考试组织管理部门对考试相关信息的公布来看各笔译资格考试构念的呈现形式。一般情况下，大型高风险性考试组织及管理部门通常会通过各种渠道公布考试相关资料，向考试利益相关方介绍考试信息。因此，对考试构念的呈现形式可以从资料类型、呈现渠道和信息类型三个方面进行分析。

首先，从资料类型来看，通常可包括考试说明、考试大纲、考生手册、考试教材及辅导用书等。其次，从呈现渠道看，通常会使用官方语言/第一语言或母语，个别考试还会采用考试涉及的其他语言介绍考试情况。最后，从呈现的信息类型来看，考试组织及管理部门应向考试利益相关方介绍有关考试目的及性质、考试对象、考试内容及要求、考试方式及实施、考试评分及通过标准等考试相关信息。考试目的及性质是有关考试的基础信息，对其描述可以使考试利益相关方了解整个考试设置的目的和对考试结果的解释及使用，属于考试的定位问题。考试对象指考试拟面临的考生群体。考试内容指考试拟考察的具体内容，包括考试题型、题量、范围、具体设置等方面，不过这里指的是考试规范等相关资料中对考试拟测量内容的说明，并不涉及具体的考试试卷。考试要求指通过考试的考生应具有的相应能力或水平，这是对考试构念构成体现最直接的部分。考试方式及实施指考试所采用的具体方式及考试实施的具体步骤。考试评分指有关考试评分的相关要求、原则和方法，涉及评分原则、评分表、评分标准、评分方法、错误类别及扣分原则、评分程序等方面。通过考试标准指各笔译资格考试的及格分数线，是考生能力要求在考试行为方面的量化体现。

通过对 21 个笔译资格考试的分析可以看出，各笔译资格认证机构及资格考试组织管理部门均对考试的相关资料和信息进行公开，只是在考试资料的公开程度和考试信息的详细程度上有所不同，具体情况见表 5-13。

表 5-13　国际国内主要笔译资格考试构念呈现[①]

各笔译资格考试构念呈现形式										
考试类别	考试资料类别	目的	性质	对象	内容	要求	方式	实施	评分	通过标准
CATTI 一级笔译	考试大纲；考试样题及部分真题；年度考试结果；考试教材及辅导书	√	√	√	√	√	√	√		√
CATTI 二级笔译		√	√	√	√	√	√	√		√
CATTI 三级笔译		√	√	√	√	√	√	√		√
NAETI 一级笔译	考试大纲；考试教材及辅导资料；考试样题及部分真题	√	√	√	√	√	√	√		√
NAETI 二级笔译		√	√	√	√	√	√	√		√
NAETI 三级笔译		√	√	√	√	√	√	√		√
NAETI 四级笔译		√	√	√	√	√	√	√		√
厦门大学一级笔译	考试大纲	√	√	√						√
厦门大学二级笔译		√	√	√						√
厦门大学三级笔译		√	√	√						√
厦门大学四级笔译		√	√	√						√
LTTC 中英文笔译	考试大纲；考试简章；样题及真题；考试报告	√	√	√	√	√	√	√	√	√
CTTIC 笔译	考生手册；考试指南；考试样题	√	√	√	√	√	√	√	√	√
NAATI 助理笔译	考生手册；考试样题；考试介绍；年度考试报告；评分员要求	√	√	√	√	√	√	√	√	√
NAATI 职业笔译		√	√	√	√	√	√	√	√	√
NAATI 高级笔译		√	√	√	√	√	√	√	√	√
ATA 笔译	考生手册；考试介绍；练习试题及评分员评分结果；报考条件表	√	√	√	√	√	√	√	√	√
IoL 笔译	考生手册；考试介绍；年度评分员报告；评分员建议；样题；备考指南；考试文本来源；考生建议；考试过程	√	√	√	√	√	√	√	√	√
SATI 笔译	考生手册；考试介绍；考试样题；评分结果	√	√	√	√	√	√	√	√	√
SATI 宣誓笔译		√	√	√	√	√	√	√	√	√
ITIA 笔译	考试介绍	√	√	√	√	√	√	√		√

① 本表中的"√"指某一笔译资格考试通过公布该考试信息来呈现考试构念，如考试目的、考试性质等；灰色阴影部分表示某一笔译资格考试未通过公布该考试信息来呈现考试构念。不过，本表只涉及某一特定笔译资格考试是否公布该信息，并未涉及各信息的具体内容。事实上，不同笔译资格考试所公布某一特定考试信息的详细程度并不完全相同，因论文篇幅所限，此处暂不做深入讨论。

　　从资料类型来看，各笔译资格考试的相关资料既有以出版物的形式呈现，如考试教材及辅导材料，也有以文件、规定或说明的形式出现在各笔译资格认证或资格考试的官方网站上，如考试大纲、考试介绍、考试真题，考生手册等。不过部分考试资料的公开程度上要远远多于其他考试，如 CATTI 二、三级考试及 LTTC 考试、NAATI 3 个等级考试除出版、发布以上资料外，同时于每年或每两年公布考试的年度报告，对一定时期内笔译资格考试的报考人数、通过率、试题、考试出现问题等方面进行回顾和分析。从这些资料及信息呈现的语言来看，21 个笔译资格考试均使用母语或官方语言/第一语言对以上考试信息进行了介绍。

　　从信息类型来看，21 个笔译资格考试均通过各类资料对考试信息进行了介绍和说明，包括考试性质及目的、考生对象、考试要求、考试方式及实施等信息。不过相对而言，部分考试对以上信息进行了详细说明，如 LTTC 考试、NAATI 3 个等级考试、ATA 考试和 IoL 考试等，不但通过官方网站及出版等形式公布了考试大纲、考试说明、考生手册等内容，还对具体的考试试题来源、评分方法、评分标准、评分员选拔等信息进行了说明。其他考试信息方面，部分考试并未对考试内容和考试评分予以说明，其中中国内地 3 个笔译资格考试体系中的 11 个考试和爱尔兰笔译资格考试未对考试评分予以说明，厦门大学 4 个等级笔译资格考试未将考试内容予以说明。

　　综上所述，在构念呈现形式上，现有笔译资格考试通常会通过各种途径和方法公布考试相关资料，并将考试目的、性质、对象、内容、能力要求、方式、实施、评分、通过标准等和构念有密切关系的信息向社会公布，从而有利于笔译资格考试各利益相关方对考试构念有更清楚的了解。不过，不同笔译资格考试对构念呈现的方式不同，也有部分笔译资格考试在构念的呈现形式上要比其他笔译资格考试详细。

5.4　本章小结

　　本章关注现有笔译资格考试的构念特征，选取国内国际 21 个笔译资格考试作为研究对象，通过对相关资料及信息的梳理和分析，归纳总结出这些笔译资格考试构念的基本特征，包括构念性质、构念构成和构念呈现形式等方面。从中可以发现，目前不同国家和地区的笔译资格考试既有各自不同的特点，也因其相同或类似的考试目的而存在许多相同之处，而这些就构成了现有笔译资格考试构念的基本特征。

　　此外，本书得出的现有笔译资格考试在构念性质、构成和呈现形式等方面的特征，主要建立在对 21 个笔译资格考试组织及管理部门公布的相关资料和信息的描述和分析中，研究中可能存在因资料不全、信息过少而遗漏某些资格考试构念或构念要素的现象。不过，本书已经搜集到了各笔译资格考试目前对外公布的所有资料，或者说官方公布的所有资料，也是考生或拟参加考试的应试者能接触到的所有信息，对其研究可以看出各资格考试构念的清晰度，而这些与考试的构念效度有直接关系。

第6章 笔译资格考试构念存在问题及解决办法

本章将对现有笔译资格考试存在的问题、原因及具体的解决办法进行探讨，将构念效度和测前理论效度的概念及理论相结合，并整合第4章和第5章的研究结果，通过分析各笔译资格考试中的构念效度威胁、构念适切性及清晰度，探讨现有笔译资格考试构念存在的问题及具体的解决办法。本章共分4个部分进行探讨。首先，通过对比笔译资格考试应测量构念构成和现有笔译资格考试构念构成，分析现有笔译资格考试构念可能存在的构念效度威胁，即构念无关因素和构念代表不良；其次，通过分析现有笔译资格考试的考生特征，并结合现有笔译资格考试构念，分析现有笔译资格考试构念的适切性；再次，通过分析现有笔译资格考试构念的呈现形式，并结合考生特征，探讨其清晰度；最后，结合笔译资格考试可能存在的构念效度威胁和适切性，探讨笔译资格考试构念构成上存在的问题，并从笔译资格考试构念的清晰度角度探讨构念呈现上存在的问题，分析出现以上问题的原因及具体的解决办法。

6.1 构念效度威胁

对笔译资格考试的构念效度进行研究，首先要关注的是构念构成，包括构念成分、各成分要素，以及各成分之间和各要素之间的相对重要性，衡量标准是构念中可能存在的构念效度威胁。从构念效度，尤其是测前理论效度的角度来看，现有笔译资格考试构念应未包含不应测量的构念成分及要素，并涵盖所有应测量的构念成分及要素，同时将拟测量的最重要的构念成分及要素作为最重要的构念成分及要素，从而避免构念无关因素参合和构念代表不良的产生。

就笔译资格考试的构念而言，第4章通过分析笔译能力理论研究和职业笔译能力研究，在笔译能力参数集（理论）和职业笔译能力模型的基础之上，探讨了笔译资格考试应测量构念的构成特征。第5章通过对21个笔译资格考试相关资料的分析，探讨了各考试在测前阶段呈现出来的构念特征，并在对各考试构念进行分析的基础上，归纳总结出现有笔译资格考试构念的构成特征。下面将现有笔译资格考试构念构成和应测量构念构成进行对比，分析现有笔译资格考试在构念构成上存在的问题。

6.1.1　构念无关因素

对笔译资格考试构念中可能会出现的构念无关因素进行分析，主要是通过对比现有考试构念和应测量构念的构成成分及要素，看现有笔译资格考试构念是否存在应测量构念中未涉及的成分及要素。下面从构念成分和要素两个方面，对 21 个笔译资格考试构念的共同特征及个别差异进行分析。

6.1.1.1　笔译资格考试构念成分

第 4 章的研究结果表明，笔译资格考试应测量构念包括 7 个成分，即语言能力、策略能力、知识能力、翻译职业能力、工具能力、心理生理能力和个人性格及特质。第 5 章的研究中，通过对现有 8 个国家和地区的 11 个笔译资格考试体系内的 21 个笔译资格考试的考试规范进行分析，发现现有笔译资格考试考察的构念包括 5 个成分，即策略能力、语言能力、翻译职业能力、工具能力和知识能力。

从 21 个笔译资格考试构念的总体特征来看，现有考试构念的 5 个成分均属于应测量构念的范畴，说明现有考试构念未包含不应测量的构念成分，不存在对测试构念效度可能产生威胁的构念无关因素。就单个笔译资格考试而言，虽然各考试构念包含的成分并不完全相同，但所有考试的构念成分均属于应测量构念成分的范畴，同样不存在对构念效度产生威胁的构念无关因素。因此，无论从整体还是从单个笔译资格考试来看，现有笔译资格考试构念成分不存在对测试构念效度产生威胁的构念无关因素。

6.1.1.2　笔译资格考试构念成分要素

由于现有笔译资格考试构念和应测量构念中的构念成分通常包含多个要素，各要素又有不同的内涵，同一成分或要素所涉及的具体内容并不完全相同，因此还需要对各构念成分的具体要素和内涵进行分析。

1. 语言能力

语言能力涉及的要素主要是语种问题。现有考试构念主要包括单语能力和双语能力两个要素，而应测量构念中的语言能力却只涉及双语能力。就单个笔译资格考试而言，11 个笔译资格考试涉及单语能力，7 个涉及双语能力，另外 3 个则未明确说明。

从这个意义上讲，从整体上看现有考试构念因包含了不应测量的单语能力而出现了构念无关因素，个别考试也因将单语能力作为考试构念而可能对整个测试的构念效度产生威胁，单语能力成为构念无关因素。

2. 策略能力

策略能力方面，现有考试构念和应测量考试构念均包括转换能力和整体宏观能力两个要素，因此从整体上看，笔译资格考试构念在策略能力的两个要素方面未出现构念无关因素。

除此之外，现有考试构念中的转换能力还涉及其他内容，包括双向互译能力、单方向笔译能力、篇章笔译能力、单句笔译能力、原文理解、译文表达、转换技巧和策略、审定稿能力等内容；笔译资格考试应测量构念中的转换能力也基本上包含了以上内容，不存在构念无关因素的问题。这里需要关注的是双向互译能力和单方向笔译能力、篇章笔译能力和单句笔译能力的问题，其中前两个涉及的是翻译方向，后两个涉及的是测试任务输入的长度（length of the input）[1]。就翻译方向而言，从整体上看现有考试构念包括双向互译能力和单方向笔译能力，应测量构念主要关注的是双向互译能力。因此，现有笔译资格考试构念中因包含了不应测量的单方向笔译能力而存在构念无关因素。就单个笔译资格考试而言，9 个考试构念包括应测量构念中不存在的单方向笔译能力，从而可能对其构念效度产生威胁。

测试任务输入长度方面，现有考试构念包括单句笔译能力和篇章笔译能力，但应测量构念关注的是篇章笔译能力，并未涉及单句笔译能力的问题。就单个笔译资格考试而言，除所有考试都包括篇章笔译能力外，另有 3 个考试同时还将单句笔译能力作为考试构念。因此从整体上看，现有笔译资格考试构念存在单句笔译能力这一构念无关因素，个别资格考试构念也因包含这一构念无关因素而对其构念效度可能产生威胁。

就策略能力中的整体宏观能力而言，现有考试构念中的整体宏观能力包括对笔译指南和专业规范的遵守、解释翻译问题及决策等方面，而这些在应测量构念中的策略能力中都有涉及，均属于笔译资格考试应测量构念的范畴，不存在构念无关因素的问题。

从上面分析可以看出，整体上看现有笔译资格考试构念中策略能力的转换能力和

---

① Bachman 和 Palmer（1996：49）提出了一个测试任务特征的系列参数集，其中输入特征（characteristics of the input）参数中的"形式（format）"包括"长度"（length），即输入的测试任务是单词、短语、句子、段落还是语篇。

整体宏观能力两个要素均属于应测量构念的范畴，不存在构念无关因素。就两个要素的具体内涵来看，转换能力中因个别笔译资格考试分别包含的单方向笔译能力和单句笔译能力并非属于应测量构念的范畴，从而成为这些笔译资格考试的构念无关因素，对测试的构念效度可能产生威胁；建立在各考试构念基础之上的现有笔译资格考试构念也因此而出现了单句笔译能力和单方向笔译能力这两个构念无关因素。不过，整体宏观能力无论在整体上还是在个体上都不存在构念无关因素。因此，无论从现有笔译资格考试构念的整体情况，还是个别笔译资格考试构念的具体情况来看，策略能力中的单方向笔译能力和单句笔译能力成为现有笔译资格考试的构念无关因素。

3. 翻译职业能力

从整体上看，现有考试构念中的翻译职业能力包括时间掌控和管理能力、职业道德两个要素，单个考试构念中涉及的翻译职业能力或仅涉及其中一个要素，或同时包括这两个要素，除此之外并未包含其他要素，这两个要素均属于笔译资格考试应测量构念的范畴。因此，就翻译职业能力而言，现有笔译资格考试构念从整体上和个体上均未出现构念无关因素。

4. 工具能力

从整体来看，现有考试构念中的工具能力包括传统工具使用能力和现代化工具及技术使用能力，单个考试构念中的工具能力也只涉及这两个要素，而这两个要素均属于应测量构念的范畴。从两个要素的具体内涵来看，现有考试构念中的传统工具使用能力以字典、词典及其他参考资料的使用能力为主，现代化工具及技术使用能力则涉及各种电子及网络工具、技术及资源的使用能力，均属于应测量构念的范畴。因此，就工具能力而言，现有笔译资格考试构念从整体和个体上均未出现构念无关因素。

5. 知识能力

无论从整体还是单个笔译资格考试构念来看，现有考试构念中的知识能力包括百科知识、文化知识和主题知识三个要素，均属于应测量构念的范畴。从三个要素的具体内涵来看，现有考试构念中的百科知识和应测量构念中的百科知识均指的是普通知识、一般知识或知识面，不存在差异。文化知识指的是考试语种所在国家和地区的各方面文化知识，不过应测量构念中的文化知识还详细列举了具体内容，笔译资格考试构念中的文化知识则主要指的是相关国家的文化背景知识，并没有具体说明相应的文化知识类别。因此，可以说笔译资格考试中的文化知识能力相对于应测量构念中的文化知识而言概括性更强，但总体上并未出现构念无关因素。

主题知识方面，现有考试构念中的主题知识涉及 18 个专业领域，应测量构念中的主题知识则并未对特定领域进行关注，只有两个笔译能力理论模型分别提到了文学知识（Cao，1996）和文学、政治、经济、文化、商贸、旅游、出版、科技、法律、医药等（冯全功和张慧玉，2011）。通过对比可以发现，现有考试构念中的专业领域和应测量构念中涉及的专业领域基本相同，只是多了旅游、出版两个专业领域。不过，现有考试构念中的 18 个专业领域是 12 个笔译资格考试构念所涉领域的总和，体现的是不同国家和地区笔译资格考试对考生专业领域的要求，而应测量构念则关注的是笔译资格考试的一般特征。因此，各笔译资格考试构念中说明的主题知识只是对这一要素的具体要求，在构念构成上和应测量构念仍然是一致的。

从以上分析中可以看出，无论从整体还是个体看，现有笔译资格考试构念中知识能力所涉及的具体要素均属于应测量构念中知识能力的范畴，并不存在构念无关因素。

从对各笔译资格考试的构念成分、要素及具体内涵可以看出，虽然无论从整体还是从个体来看，现有笔译资格考试构念在构念成分上属于应测量构念的范畴，不存在构念无关因素的问题，但在各构念成分的要素上，语言能力中的单语能力成为构念无关因素，涉及至少 11 个笔译资格考试；策略能力中的单方向笔译能力和单句笔译能力成为构念无关因素，分别涉及 9 个和 3 个笔译资格考试。现有笔译资格考试构念中的构念无关因素和涉及考试数量见表 6-1。

表 6-1　现有笔译资格考试构念中的构念无关因素

构念无关因素		涉及笔译资格考试个数
构念成分	构念成分要素	
语言能力	单语能力	11
策略能力	单方向笔译能力	9
	单句笔译能力	3

6.1.2　构念代表不良

构念代表不良指测试未能将所有应测量的构念成分及要素作为测试构念，从而使测试的构念变得狭窄或局限化。因此，对笔译资格考试构念中可能会出现的构念代表不良问题进行分析，主要是对现有考试的构念成分、各成分要素，以及各成分及要素之间的重要性进行分析，看现有考试构念是否包含了所有应测量的构念成分及要素，以及最重要的构念成分及要素是否受到的关注最多。下面从构念成分和要素，以及各成分及要素的重要性两个方面入手，对 21 个笔译资格考试构念的共同特征及个别差异进行分析。

6.1.2.1 笔译资格考试构念成分及各成分重要性

从整体来看，现有笔译资格考试构念主要包括 5 个成分，应测量构念包括 7 个成分，因此现有考试构念成分并未包含应测量构念中的心理生理能力和个人性格及特质。从单个考试构念来看，除 21 个笔译资格考试全部未包含应测量的心理生理能力和个人性格及特质这两个成分外，另有 4 个笔译资格考试未包含翻译职业能力，5 个未包含工具能力，6 个未包含知识能力。

如果进一步对各构念成分的重要性进行分析，可以看出，根据各构念成分涉及的笔译资格考试个数不同，现有考试的构念成分重要性由高到低依次为：语言能力和策略能力，翻译职业能力，工具能力，知识能力；应测量构念中的构念成分重要性由高到低依次为：语言能力，策略能力，知识能力，翻译职业能力，工具能力，心理生理能力，个人性格及特质。可以发现，现有考试构念中受到关注最多的语言能力和策略能力同时也是应测量构念中最重要的成分，现有考试构念中未包含的心理生理能力和个人性格及特质在应测量构念中属于最不重要的成分，不过翻译职业能力、工具能力和知识能力在现有考试构念中的关注程度和在应测量构念中的重要性顺序并不完全相同。从单个考试来看，21 个笔译资格考试构念中全部将应测量构念中最重要的语言能力和策略能力作为构念成分，同时未包含应测量构念中最不重要的心理生理能力和个人性格及特质，不过也有个别考试未将应测量构念中比较重要的翻译职业能力、工具能力或知识能力作为构念成分。

通过以上分析可以看出，从整体上看，现有考试构念虽然并未包含应测量构念的所有构念成分，但已经包含了大部分考试构念，未涉及的只是应测量构念中最不重要的构念成分；从单个考试来看，21 个笔译资格考试构念全部包含了应测量构念中最重要的构念成分，只有个别考试未将应测量构念中处于相对重要地位的翻译职业能力、工具能力或知识能力作为构念成分。因此，现有笔译资格考试虽然因未将心理生理能力和个人性格及特质两个构念成分作为考试构念而存在一定的构念代表不良，但并不严重；从个体上看，所有的笔译资格考试都未将以上两个成分作为构念，同时个别笔译资格考试也未将应测量构念中相对重要的部分构念成分作为考试构念，从而产生了一定的构念代表不良现象。

6.1.2.2　笔译资格考试构念成分要素及各要素重要性

对笔译资格考试构念成分要素及各要素重要性方面可能出现的构念代表不良进行分析,应对现有考试构念和应测量构念中都具有的构念成分的具体要素和内涵进行分析,下面分别对语言能力、策略能力、翻译职业能力、工具能力和知识能力进行分析。

1. 语言能力

从整体来看,现有考试构念中的语言能力主要包括双语能力和单语能力两个要素,而应测量构念则只涉及双语能力,因此现有考试构念中的语言能力包含了应测量构念中的语言能力要素,不存在构念代表不良。从单个考试来看,至少有 11 个只涉及单语能力的笔译资格考试因未将应测量的双语能力作为考试构念而出现了构念代表不良。从语言能力各要素的重要性来看,单语能力涉及的笔译资格考试要远远多于双语能力。因此,就语言能力而言,从整体上看现有笔译资格考试构念因并未将应测量构念中的双语能力作为最重要的考试构念而出现了构念代表不良,从个体上看至少有 11 个笔译资格考试因未将双语能力作为考试构念而出现构念代表不良。双语能力的缺乏造成语言能力方面的构念代表不良。

2. 策略能力

从策略能力包含的要素来看,现有考试构念中的策略能力和应测量构念中的策略能力均包括转换能力和整体宏观能力,未出现构念代表不良的问题。从单个笔译资格考试来看,21 个笔译资格考试全部包括转换能力,但只有 4 个考试涉及整体宏观能力,其他 17 个考试则因未将应测量构念中的这一要素作为考试构念而出现构念代表不良。

从策略能力各要素之间的重要性来看,应测量构念中转换能力的重要性高于整体宏观能力,而现有考试构念中转换能力涉及的笔译资格考试多于整体宏观能力。从单个考试来看,21 个笔译资格考试全部涉及转换能力,未出现构念代表不良。因此,无论从整体还是单个笔译资格考试来看,笔译资格考试应测量构念中最重要的要素在现有笔译资格考试构念中受到的关注最多,并未出现构念代表不良。

由于策略能力的复杂性,还需要对转换能力和整体宏观能力两个要素各自的内涵进行分析。

第一,转换能力部分尤其需要关注翻译方向和测试任务输入长度两个方面。

首先,翻译方向方面,现有考试构念涉及单方向笔译能力和双向互译能力,应测量构念则只涉及双向互译能力，现有笔译资格考试的构念要素包含了应测量的构念要素，不存在构念代表不良的问题。就单个笔译资格考试而言，9 个考试构念包括单方向笔译能力，12 个考试构念包括双向互译能力。由于双向互译能力包括单方向笔译能力，9 个只包括单方向笔译能力的笔译资格考试构念因未涉及双向互译能力而出现了构念代表不良的问题。从双向互译能力和单方向笔译能力之间的重要性来看，笔译资格考试应测量构念只涉及双向互译能力，而从整体上看现有笔译资格考试构念中双向互译能力涉及的笔译资格考试更多，受到的关注更多，未出现构念代表不良。总的来看，就转换能力涉及的翻译方向这一要素来说，从整体上看现有考试构念因包含了应测量构念中的内涵，而且受到更多的关注，从而避免了构念代表不良的问题；但从个体看，9 个笔译资格考试因未将双向互译能力作为考试构念要素，从而出现了构念代表不良。其次，测试任务输入长度方面，现有考试构念包括篇章笔译能力和单句笔译能力，而应测量构念只涉及篇章笔译能力，因此从整体上看现有考试构念包括了应测量构念的要素内涵，并未出现构念代表不良的问题。从单个考试来看，所有笔译资格考试均将篇章笔译能力作为考试构念，也不存在构念代表不良的问题。从篇章笔译能力和单句笔译能力之间的重要性来看，应测量构念中只涉及篇章笔译能力，现有考试中篇章笔译能力受到的关注也最多，单个考试中也全部将其作为考试构念。因此，从整体和单个考试来看，现有笔译资格考试构念在测试任务输入长度方面不存在构念代表不良的问题。

第二，整体宏观能力方面，应测量构念中这一要素主要指译者根据具体翻译任务和环境，运用各种认知策略组织、制定并完成笔译活动的能力；现有考试构念中的整体宏观能力则包括对笔译指南和专业规范的遵守、解释翻译问题及决策等方面。因此，从整体和个体来看，现有考试构念在整体宏观能力上只是将应测量构念中这一要素的部分内涵包括在内，并未完全涵盖所有内容。就整体宏观能力各内容的重要性而言，现有笔译资格考试构念中涉及的笔译指南和专业规范的遵守、解释翻译问题及决策等方面的内容在应测量构念中也占有重要地位。因此，虽然现有考试构念在整体宏观能力上因未将所有内容包括在内而存在一定的构念代表不良，但已经将最重要的要素内涵包括在内，因此这里的构念代表不良问题并不严重。

通过以上分析可以看出，从整体上看，现有考试构念在策略能力的两个要素上包含了应测量的要素，同时最重要的要素受到的关注最多，从而避免了构念代表不良的问题；个别考试虽然未将应测量的整体宏观能力作为考试构念，但已经将转换能力这一最重要的构念要素作为考试构念，因此虽然存在一定的构念代表不良，但问题并不严重。转换能力涉及的翻译方向方面，从整体上看现有考试构念包含了应测量的内涵，而且最重要的内容受到的关注最多，从而避免了构念代表不良的问题；个别考试却因未将双向互译能力作为考试构念，从而出现了构念代表不良的问题。转换能力涉及的测试任务输入长度方面，从整体和单个考试来看，现有考试构念均不存在构念代表不良的问题。整体宏观能力方面，虽然现有考试构念在整体宏观能力上因未将这一要素的所有内涵都包括在内而存在一定的构念代表不良，但已经将最重要的内容包括在内，因此这里的构念代表不良问题并不严重。总的来看，策略能力中的双向互译能力和整体宏观能力及其所包含部分对现有笔译资格考试造成了构念代表不良现象；其中转换能力中双向互译能力的缺失造成的构念代表不良最严重，整体宏观能力及其所包含部分内容造成的问题则不严重。

3. 翻译职业能力

从翻译职业能力包含的要素来看，现有考试构念中该成分主要涉及时间掌控及管理能力和职业道德两个要素，应测量构念中该成分则由翻译学科知识和翻译行业知识两个要素组成。由于时间掌控及管理能力和职业道德均属于翻译行业知识的范畴，而应测量构念中的翻译行业知识除这两个内容外，还包括翻译项目管理、商业知识等方面，因此从整体上看，现有笔译资格考试未将应测量的翻译学科知识和除时间掌控及管理能力、职业道德之外的其他翻译行业知识作为考试构念，从而出现了构念代表不良。从单个考试看，21 个笔译资格考试全部未将翻译学科知识作为考试构念，而将翻译职业能力作为考试构念成分的 17 个考试中，3 个包括了时间掌控及管理能力和职业道德这两个因素，14 个只包括时间掌控及管理能力，可以说均未包括翻译职业能力的所有要素，存在构念代表不良的问题。

就翻译职业能力两个要素之间的重要性来看，应测量构念中翻译行业知识比翻译学科知识更重要，翻译行业知识中对职业道德和时间掌控及管理能力的要求较多。21 个笔译资格考试中有 17 个涉及了翻译行业知识，说明翻译职业能力中最重要的要素受到了更多关注；而这 17 个考试中各有 3 个和 14 个涉及了职业道德和时间掌控及管理能力这两个内容，职业道德没有受到应有的关注。就单个考试而言，17 个笔译资格考试虽然包括了部分翻译行业知识，但未将最重要的职业道德作为考试构念，从而出现了构念代表不良的问题。

因此，就翻译职业能力而言，现有笔译资格考试因未将翻译学科知识作为考试构念而出现了构念代表不良，但已经将最重要的翻译行业知识作为考试构念，因此这里的构念代表不良问题并不严重。就翻译行业知识的具体内涵来看，现有笔译资格考试未将所有应测量的翻译行业知识作为考试构念，尤其未对应测量构念中最重要的职业道德要素给予更多关注，个别考试则根本未涉及职业道德和时间掌控及管理能力，这些都会造成构念代表不良的问题。总的来看，翻译职业能力中可能会对笔译资格考试造成构念代表不良的主要因素包括翻译学科知识、翻译行业知识中的翻译项目管理能力和商业知识、职业道德、时间掌控及管理能力等，其中造成构念代表不良问题最严重的是职业道德，其次为时间掌控及管理能力，翻译学科知识、翻译行业知识中的翻译项目管理能力和商业知识等其他内容造成的问题不严重。

4. 工具能力

从工具能力包含的要素来看，现有考试构念和应测量构念中均包括传统工具使用能力和现代化工具及技术使用能力两个要素，因此整体上的笔译资格考试构念在工具能力上并未存在构念代表不良。从单个考试来看，16 个包含工具能力的笔译资格考试中，只有 6 个同时涉及这两个要素，另有 10 个只涉及传统工具能力。因此，这 10 个笔译资格考试因未将应测量构念中的现代化工具及技术使用能力作为考试构念而产生了构念代表不良。

就工具能力各要素之间的关系来看，应测量构念中现代化工具及技术使用能力比传统工具使用能力的重要性更高，但现有考试构念中传统工具使用能力涉及的笔译资格考试却更多，工具能力中较重要的要素并未在现有考试构念中受到重视。就单个考试来看，包含工具能力的 16 个笔译资格考试中，有 10 个未将应测量工具能力成分中最重要的现代化工具及技术使用能力作为考试构念。因此，无论从整体上还是从单个考试来看，现有笔译资格考试构念中因未对现代化工具及技术使用能力给予足够重视而存在构念代表不良。

此外，如果进一步对工具能力中传统工具使用能力和现代化工具及技术使用能力进行分析，还可以发现两个要素各自包含的具体内容特征。传统工具使用能力方面，16 个笔译资格考试构念和应测量构念均涉及字典、词典、参考资料等纸质工具的使用能力，其中 7 个考试只允许考生使用字典或词典，未将其他参考资料的使用作为考试构念。此外，所有涉及传统工具使用能力的笔译资格考试均将应测量构念中最重要的字典及词典使用能力作为考试构念。因此，就传统工具使用能力而言，从整体上看虽然现有考试构念包含了应测量构念中这一要素的所有内容，且其中最重要的字典及词典使用能力受到的关注最多，但也有个别笔译资格考试因未涉及其他参考资料使用能力而出现了构念代表不良。现代化工具及技术使用能力方面，6 个涉及这一要素的笔译资格考试关注的是电子词典、文字处理工具、电脑、在线资料的使用，其中对电子词典的使用关注最多；应测量构念中这一要素则除了以上内容外，还涉及其他各类电子及网络工具、技术、设备的使用能力等方面，尤其对后者的关注最多。从这个角度来看，现有考试构念在现代化工具及技术使用方面并未将该能力涉及的所有应测量要素包含在内，而且最重要的电子工具、技术、设备并未在现有笔译资格考试构念中得到体现，从而出现了构念代表不良的问题。

因此，就工具能力而言，从整体上看现有考试构念包含这一构念成分中应测量的两个要素，但并未对最重要的现代化工具及技术使用能力给予更多关注，从而造成构念代表不良。从单个考试来看，16 个包括工具能力的笔译资格考试中有 10 个因未将更重要的现代化工具及技术使用能力作为考试构念而出现了构念代表不良。就工具能力各要素的内涵来看，从整体上看现有考试构念中包含了传统工具使用能力的所有内容，但未包含现代化工具及技术使用能力的所有内容，造成构念代表不良。从单个考试来看，10 个包括传统工具使用能力的笔译资格考试中有 7 个未将其他参考资料使用作为考试构念，6 个包括现代化工具及技术使用能力的考试均未将所有应测量的内容作为考试构念，造成构念代表不良。总的来看，工具能力部分可能会对笔译资格考试造成构念代表不良的因素包括传统工具使用能力及其他参考资料使用能力和现代化工具及技术使用能力等，其中现代化工具及技术使用能力可能造成的构念代表不良问题最严重。

5. 知识能力

从知识能力包含的具体要素来看，整体上现有考试构念和应测量构念均包括主题知识、百科知识和文化知识三个要素，即将所有应测量的要素都作为考试构念，不存在构念代表不良的问题。就单个考试来看，15 个涉及知识能力的笔译资格考试中，1 个涉及百科知识，4 个涉及文化知识，12 个涉及主题知识，没有考试构念包括以上全部 3 个知识能力要素，因此所有的笔译资格考试都未将应测量的所有要素作为考试构念，存在构念代表不良的问题。

知识能力三个要素之间的重要性方面，应测量构念中主题知识和文化知识处于相对重要的地位，而涉及知识能力的现有笔译资格考试中受到关注最多的是主题知识，其次为文化知识。可以看出，就整体笔译资格考试构念而言，应测量的知识能力成分中较重要的要素涉及的笔译资格考试也较多，未出现构念代表不良的问题。就单个考试而言，15 个涉及知识能力的笔译资格考试中，分别有 3 个和 11 个未将应测量构念中比较重要的主题知识和文化知识作为考试构念，也出现了构念代表不良的问题。

因此，就知识能力而言，从整体上看现有考试构念包含了所有应测量构念中的要素，并对最重要的要素给予更多关注，不存在构念代表不良。从个体看，各有一定数量的笔译资格考试未将三个要素中的一个或两个作为考试构念，尤其未将最重要的要素作为考试构念，从而出现构念代表不良。总的来看，知识能力中的百科知识、主题知识和文化知识分别对包含该构念成分的 15 个笔译资格考试中的 14 个、3 个和 11 个笔译资格考试造成构念代表不良。

6.1.2.3 现有笔译资格考试构念中的构念代表不良

以上对现有笔译资格考试中的构念代表不良问题进行了分析，同时涉及作为整体和作为个体的笔译资格考试构念。从笔译资格考试的角度来看，21 个笔译资格考试均存在不同程度的构念代表不良问题，不过造成构念代表不良的原因却并不完全相同，不同原因产生的构念代表不良对构念效度产生威胁的严重程度也不完全相同。造成构念代表不良的原因主要是现有笔译资格考试未将应测量的，尤其是最重要的构念成分、要素或内涵作为考试构念，因此这里以应测量构念的 7 个成分及各成分包含的要素及内容为视角来讨论。

（1）语言能力方面，作为构念成分未对笔译资格考试产生构念代表不良，不过这一构念成分中的双语能力造成 11 个笔译资格考试存在构念代表不良，属于严重问题。

（2）策略能力方面，作为构念成分也未对笔译资格考试产生构念代表不良，但其包括的双向互译能力造成 9 个考试出现构念代表不良，属于严重问题；整体宏观能力造成 17 个考试存在构念代表不良，但并不严重，而且其中的部分内容造成 21 个考试存在构念代表不良，但不严重。因此，整体宏观能力共造成 21 个笔译资格考试存在构念代表不良。

（3）翻译职业能力方面，作为构念成分造成 4 个笔译资格考试产生构念代表不良，比较严重；其包含的翻译学科知识造成 21 个考试存在构念代表不良，但不严重；翻译项目管理及商业知识造成 17 个包含翻译行业知识的笔译资格考试存在构念代表不良，但并不严重；职业道德造成 17 个考试中的 14 个存在构念代表不良，属于严重问题；时间掌控及管理能力造成 17 个考试中的 3 个存在构念代表不良，属于严重问题。如果将完全未涉及翻译职业能力的 4 个考试包括在内，那么翻译项目管理及商业知识、职业道德和时间掌控及管理能力分别对 21 个、18 个和 7 个笔译资格考试产生构念代表不良。

（4）工具能力方面，作为构念成分造成 5 个笔译资格考试产生构念代表不良，比较严重；传统工具使用能力中的其他参考资料使用能力造成 16 个包括工具能力的笔译资格考试中的 7 个产生构念代表不良，但不严重；现代化工具及技术使用能力造成 16 个考试中的 10 个产生构念代表不良，属于严重问题，其中的部分工具、技术和设备使用能力造成 21 个笔译资格考试产生构念代表不良，且比较严重；因此，现代化工具及技术使用能力造成 21 个笔译资格考试存在构念代表不良。如果将 5 个完全未包含工具能力的考试计算在内，其他参考资料使用能力一共造成 12 个考试存在构念代表不良。

（5）知识能力方面，作为构念成分造成 6 个笔译资格考试产生构念代表不良，比较严重；其中的主题知识造成 3 个考试产生构念代表不良，且比较严重；文化知识造成 11 个考试产生构念代表不良，且比较严重；百科知识造成 14 个考试产生构念代表不良，但不严重。如果将 6 个完全未包含知识能力的考试计算在内，那么主题知识、文化知识和百科知识分别造成 9 个、17 个和 20 个考试存在构念代表不良。

（6）心理生理能力和个人性格及特质均造成 21 个考试产生构念代表不良，不严重。

现有笔译资格考试中可能存在的构念代表不良因素、涉及的具体笔译资格考试数量，以及各情况的严重程度见表 6-2。

表 6-2　笔译资格考试可能存在的构念代表不良情况

造成构念代表不良的因素			涉及考试数量	严重程度
成分	要素	内涵		
	双语能力		11	严重
		双向互译能力	9	严重
	整体宏观能力		21	不严重
翻译职业能力			4	比较严重
	翻译学科知识		21	不严重
		翻译项目管理及商业知识	21（17+4）	不严重
		职业道德	18（14+4）	严重
		时间掌控及管理能力	7（3+4）	严重
工具能力			5	比较严重
		其他参考资料使用能力	12（7+5）	不严重
	现代化工具及技术使用能力		21	严重
知识能力			6	比较严重
	主题知识		9（3）	严重
	文化知识		17（11+6）	严重
	百科知识		20（14+6）	不严重
心理生理能力			21	不严重
个人性格及特质			21	不严重

以上从构念无关因素和构念代表不良两个角度对现有笔译资格考试的构念构成进行了分析。从中可以看出，现有笔译资格考试构念中同时存在构念无关因素和构念代表不良两种情况，不过后者产生的问题更多。造成现有笔译资格考试中出现较多构念代表不良问题的原因和本书中应测量构念的建立、考试的性质与特征都有一定关系。本书建构的笔译资格考试应测量构念以笔译能力理论模型和职业笔译能力模型为基

础，所得出的只是从理论推演的角度分析应测量构念的构成，故而会将所有理论思辨和行业调研基础上得出的能力成分及要素作为应测量构念。这些构念成分及要素虽然是译者顺利完成笔译活动的必要因素，但考虑到考试的真实性和可行性，不可能将所有内容作为考试测量对象，只能选取其中最重要的部分作为考试构念。因此，将现有笔译资格考试规范中指出的拟测量构念和应测量构念相对比，必然会出现在成分及要素上前者无法覆盖后者的现象，从而出现构念代表不良的问题。不过，并不是笔译资格考试中所有应测量但未测量的构念成分、要素或内容都会对考试的构念效度产生威胁，只有应测量构念中比较重要且并未在考试中得以体现的构念成分、要素或内涵造成的构念代表不良才能会对构念效度产生严重后果。

6.2　构念适切性

对笔译资格考试构念需要关注的另一点是构念的适切性。要使测试符合考试目的，并使建立在测试结果基础之上的推断具有较高构念效度，测试的构念就必须和测试面向的考生之间存在一定的适切性，这种适切性体现在构念是否考虑到拟参加考试的考生特征，并对这些特征有所体现，从而避免由于考生因素可能会对考试造成的构念无关因素，影响考试的构念效度。此外，构念对考生特征的适切性也是考试交互性的要求，即 Bachman 和 Palmer（1996）指出的测试有用性的特征之一，要求考试构念中涉及可能影响考试结果的考生特征。因此，考生特征和构念无关因素有关，是衡量测试是否会出现偏差的重要参数；在建构考试构念时，必须考虑到考试所要面向的考生特征。对笔译资格考试构念的适切性进行分析，需要将现有考试构念构成和考生特征进行对比，探讨构念是否体现了考生特征。

6.2.1　考生特征

考生特征分析主要是对考试面向的目标考生群体和参加考试的考生所具有的特征进行分析。由于考生作为群体和个体特征的复杂性，通常关注的是对考试行为有密切关系的特征。语言测试研究中已有对考生特征进行分析的相关文献，其中 O'Sullivan（2000）在对有关考生特征的文献进行分析的基础上，提出了一个分析考生特征的框架，指出考生特征主要由身体/生理特征（physical/physiological characteristics）、心理特征（psychological characteristics）和经验特征（experiential characteristics）三个部分构成，其中身体/生理特征包括考生的身体状况、健康状况、性别、年龄等基本特征；心理特征指考生的性格、记忆力、认知风格、情感等方面；经验特征则包括教育背景、考试准备、考试经验等。Bachman 和 Palmer（1996）在分析测试的任务特征时，将考生特征作为必备的分析内容，并从个人特征、主题知识、语言才能（language ability）、情感图式（affective schemata）等方面探讨哪些特征会对行为结果产生影响，其中个人特征包括年龄、性别、母语、民族、教育水平、考试准备及考试经验等因素；主题知识包括相对专业的主题知识和一般主题知识两种；语言才能主要指考生具有的大概语言能力水平；情感图式指考生对考试的潜在情感反映，如对考试设置的熟悉程度等。

从以往研究对考生特征参数的分析中可以看出，考生特征研究的重点是对可能影响考生行为表现的各种要素进行分析。但是，由于影响考试行为的考生特征包括多个因素，不可能也没有必要在一个研究中对所有考生特征进行分析，只选取和考试行为关系最密切的部分特征即可。

笔译资格考试中的考生指是笔译资格考试拟面向的考生群体及报名参加考试的考生个人。概括来讲，考生特征具体包括考生的各类差异，其中既有群体性差异，也有个体性差异。群体性差异指整个考生群体所具有的共同特征，如考生应具有一定的教育水平、基本知识和能力等；个体性差异则指各个考生在完成考试行为的过程中体现出来的各种差异，如考生的知识、才能、技巧等能力构念，以及性格特征等。本书关注的是笔译资格考试构念和考生特征的适切性，而笔译资格考试要测量的就是考生在执行考试任务过程中呈现出来的某一特定个性差异，即笔译能力。要达到测试的构念效度目的，考试的构念就应考虑到考生的群体性差异，避免某一特定群体特征会对考试可能造成的偏差。因此，这里分析的主要是群体性差异。

下面通过对现有笔译资格考试规范等相关文件的梳理，分析现有笔译资格考试的考生特征。

6.2.2　笔译资格考试考生特征

通过对搜集到的 21 个笔译资格考试的相关资料进行分析可以发现，各笔译资格考试在考试目的、性质及报考条件等信息中对考生的特征进行了描述和要求。这些特征又可分为两类，即目标考生特征和报考考生特征，前者指考试所要面向的考生群体特征，具有这些特征的考生可以参加考试；后者则指报考考生必须具有的特征，只有具备了这些特征或达到一定标准才有资格报名参加考试。各笔译资格考试考生特征及涉及的具体内涵见表 6-3。

表 6-3　现有笔译资格考试考生特征

考试类别	目标考生特征及要求	报考考生要求
CATTI 一级笔译	遵守中华人民共和国宪法和法律，恪守职业道德，具有一定外语水平的人员	通过同语种二级笔译资格考试或具有同等职业资格
CATTI 二级笔译		遵守中华人民共和国宪法和法律，恪守职业道德，具有一定外语水平的人员，不分年龄、学历、资历和身份，均可报名参加相应语种二、三级考试。获准在华就业的外籍人员及港、澳、台地区的专业人员，也可参加报名
CATTI 三级笔译		
NAETI 一级笔译	经过专业英语翻译培训，拥有英语翻译经验的专业翻译人员或具有同等能力的各类人员	无年龄、职业及受教育程度等限制，原则上任何人都可以根据自己的实际水平选择参加其中任何一个证书的考试
NAETI 二级笔译	具有英语专业或英语翻译专业研究生水平者或具有同等水平的各类人员	
NAETI 三级笔译	具有英语专业或英语翻译专业本科四年级水平者或具有同等水平者	
NAETI 四级笔译	英语专业大专或高职毕业生；英语专业本科二年级学生；非英语专业本科四年级学生；需要从事基础英汉互译的职业人士；具有同等水平的各类英语学习者	
厦门大学 一级笔译	英语专业大专毕业生或本科低年级学生；非英语专业通过 CET 4 级学生；同等水平者	无年龄和学历限制
厦门大学 二级笔译	英语专业高年级学生；非英语专业通过 CET 6 级学生；同等水平者	
厦门大学 三级笔译	英语专业本科毕业；非英语专业优秀毕业生；具有一定翻译工作经验的同等水平者	
厦门大学 四级笔译	英语专业本科优秀毕业生或研究生（含学术硕士和翻译硕士）；具有一定翻译工作经验的同等水平者	

考试 类别	目标考生 特征及要求	报考考生要求
LTTC 中英文笔译	目前从事笔译工作，或有 志从事笔译专业工作者	年满 18 周岁
CTTIC 笔译	希望能力得到同行认可的 职业笔译员	申请参加考试者应为 CTTIC 单位会员的省/地区翻译协会会员，应 具有翻译专业大学文凭和一年从业经验，或至少 4 年从业经验。 此外，各省/地区翻译协会对会员入会有特殊要求，包括：①翻译 专业大学文凭和一年工作经验；②其他专业大学文凭和 4 年工作 经验；③至少 4 年工作经验；④通过职业道德考试；⑤通过语言 水平考试和翻译考试
NAATI 助理笔译	职业笔译员	完成澳大利亚至少四年制中学教育，双语达到熟练程度；报考时 应提供拟认证语对的语言水平证明
AATI 职业笔译	职业笔译员	具有大学文凭或相应教育水平，专业不限，或获得相应语对的 NAATI 助理笔译认证，或由雇佣方证明的翻译工作经验，或具有 相关专业（语言、笔译或口译相关专业）中学后学习经历
NAATI 高级笔译	职业笔译员	具有已承认高等教育机构颁发的大学（或以上）文凭，专业不限， 并获得相应语对和翻译方向的 NAATI 职业笔译认证，同时应提供 由雇佣方开具的至少两年笔译工作经验
ATA 笔译	职业笔译员	具有至少 4 个月的 ATA 会员身份，以及一定教育和工作经验证明。 具体而言，申请参加考试者应至少满足以下任一条件：①由国际 译联协会成员认证，或由认可的笔译培训机构颁发的文凭或认证； ②本科或以上文凭及至少两年笔译工作经验；不具有大学文凭， 但具有至少 5 年笔译工作经验；③提供由美国外语教学委员会 （American Council on the Teaching of Foreign Languages, ACTFL）颁发的源语阅读水平考试成绩和译入语写作水平考试成 绩。申请者还必须同时签署声明，表明已经阅读并理解 ATA 的职 业道德守则和工作规范
IoL 笔译	已经达到较高语言能力且 希望从事职业翻译的人	应掌握源语和译入语语法；语言知识是基本要求；笔译员还必须 掌握足够的文化知识和主题知识。报考年龄应在 19 岁以上
SATI 笔译	具有较高水平的职业译员	至少 3 个月的协会会员资历
SATI 宣誓笔译	希望从事宣誓笔译工作的 职业译员	至少 3 个月的协会会员资历
ITIA 笔译	有职业翻译经验的职业笔 译员	全额缴纳会费且具有 5 年职业翻译经验的 ITIA 职业会员。成为职 业会员条件：ITIA 承认的爱尔兰三级大学或其他国家大学颁发的 硕士翻译资格证书；至少两年工作经验，通过 ITIA 会员考试，或 持有 ITIA 承认学校颁发的翻译初级等级证书，或具有至少 3 年全 职业笔译经验，同时通过资格考试。申请会员时必须签署声明， 对相关职业道德及职业操守熟悉且会遵守

6.2.2.1 目标考生特征

有关笔译资格考试所面向目标考生的描述主要出现在各资格认证体系或资格考

试的说明及简介部分。总的来看，21 个笔译资格考试所针对的目标考生特征主要包括（拟）从事职业、从业经验、职业道德、专业水平、语言水平、专业背景、教育程度等 7 个方面。前 3 个要素均和翻译活动有密切关系，其中（拟）从事职业指考试所面向的考生群体为目前从事或准备从事翻译活动的个人；从业经验指考生面向的是有一定翻译实践经验或职业翻译经验的个人；职业道德指的是参加考试者应了解并恪守翻译行业的相关职业道德和守则。从涉及这 3 个特征的资格考试来看，21 个笔译资格考试中，12 个考试涉及（拟）从事职业，4 个考试涉及从业经验，另有 3 个考试指出考生应恪守一定的职业道德。

其他 4 个因素中，专业水平指考试面向的是具有一定翻译实践能力和水平的个人，共有 9 个考试涉及这一因素；语言水平指考试面向的是掌握或达到一定语言能力水平的考生，共有 7 个考试的目标考生特征涉及这一因素，其中 6 个考试强调的是外语能力，均为中国内地笔译资格考试，另有 1 个考试强调的是双语能力；专业背景方面，共有 8 个考试（均为中国内地笔译资格考试）指出该考试面向的是外语专业或翻译专业毕业的考生；教育程度方面，同样有 8 个考试（均为中国内地笔译资格考试）指出不同等级的考试所面向的是不同教育程度或学历水平的考生。

总的来看，笔译资格考试所面对目标考生群体特征的 7 个要素中，涉及笔译资格考试最多的是（拟）从事职业，有 12 个考试对此有所说明；其次为专业水平，有 9 个考试对此有所说明；接着为专业背景和教育程度，有 8 个考试有所说明；然后是语言水平，有 7 个考试有所说明；从业经验方面有 4 个考试有所说明；职业道德方面有 3 个考试有所说明。对职业方面的关注是由笔译资格考试的性质和目的决定的。笔译资格考试是一种面向翻译行业的职业资格考试，关注的是正在从事或拟从事翻译活动的职业笔译员所具有的能力。以上 7 个特征主要关注的是各笔译资格考试面对的考生群体，并不是强制性的，考生只需要了解这些基本要求，不需要提供相关证明。

6.2.2.2 报考考生特征

有关报考考生特征的说明主要体现在对各笔译资格认证体系及资格考试的说明及报考条件等方面，尤其是对报考条件和报名方法的说明。和目标考生特征不同的是，这些特征既有只需要考生了解，不需要或无法提供相关证明的非强制性要求，也有考生必须达到并提供相关证明的强制性要求。21 个笔译资格考试中，有 2 个考试提出了针对报考考生的非强制性要求，即 CATTI 二级和三级笔译资格考试；9 个考试提出了强制性要求，分别为 LTTC 中英文笔译、CTTIC 笔译、NAATI 助理笔译、职业笔译和高级笔译、ATA 笔译、SATI 笔译和宣誓笔译，以及 ITIA 笔译；2 个考试（CATTI 一级笔译和 IoL 笔译）则同时涉及强制性要求和非强制性要求。除此之外，另有 8 个笔译资格考试对报考考生没有任何要求。

具体说来，非强制性要求主要涉及报考者应具有的语言水平（外语水平）、职业道德、语言知识、文化知识和主题知识，但在具体报名过程中并没有要求考生必须提供相关证明。强制性要求主要包括会员资格、从业经验、教育程度、专业背景、职业资格、年龄、职业道德、语言水平等方面。会员资格指报名参加考试的考生应具有相应的行业协会会员资格，而要成为协会会员，考生还必须满足其他相应的条件，如专业水平、教育背景、从业经验等。有 5 个笔译资格考试涉及会员资格这一特征，其中 CTTIC 的会员资格包括专业背景、教育程度、从业经验、翻译水平、语言能力、职业道德等方面[①]；ATA 的会员资格涉及职业资格、教育程度、从业经验和语言水平；ITIA 的会员资格涉及教育程度、从业经验、职业资格、专业水平、职业道德等方面。另有两个笔译资格考试的会员资格没有特别要求。从业经验指考生应具有一定的职业笔译经验，即拟参加考试的考生需出示一定年限的笔译工作经验或一定数量的笔译实践证明，对年限的要求中最长的为 5 年，最短的为 1 年；笔译实践数量上则会根据语种不同需要 3 万～40 万字数的翻译实践量。教育程度指考生应提供相应的学历证书或接受教育、培训的证明，且多要求考生具有本科及以上学历的教育背景。专业背景指要求报考考生应具有翻译专业或相关专业的学历证书或经历。职业资格指拟参加考试的考生应具有相应的资格或资历证明；如果要参加较高等级的资格考试，考生应首先通过较低等级的资格考试，或获得较低等级的资格或资历认证。例如，报考 CATTI 一级笔译资格考试的考试需要具有相同语对的二级笔译资格证书，报考 NAATI 职业笔译资格考试和高级笔译资格考试的考生应分别具有相同语对和语言方向的低一级笔译资格证书。年龄指参加考试者应达到一定的年龄要求，2 个笔译资格考试对此有要求，分别为 18 岁和 19 岁。语言水平指考生应掌握或达到某种语言或语对特定的语言水平，报考考生应提供相应的语言水平证明，或提前参加并通过指定的语言水平考试。职业道德指报考时应首先通过指定的职业道德考试。专业水平指考生申请参加考笔译资格考试前必须通过由行业协会组织的翻译能力考试。

以上对各考试报考考生特征的描述中，涉及强制性要求的 11 个笔译资格考试（包

---

① 加拿大各省级翻译协会对入会资格及程序均有具体要求和规定，具体请见附录 21。

括 9 个只提出强制性要求的考试和 2 个同时包括强制性和非强制性要求的考试）中所涉及的一系列特征主要包括会员资格、教育程度、从业经验、语言水平、职业资格、专业背景、职业道德、年龄、专业水平等 9 个方面，其中个别考试的会员资格具体内容和教育程度、职业资格、从业经验、语言水平、专业水平有关，部分会员资格则没有具体强制要求。以上各特征涉及的笔译资格考试数量方面，如果将会员资格涉及的具体要求和其他 8 个要素结合在一起，可以看到各因素所涉及的笔译资格考试个数分别为：会员资格，5 个；教育程度，6 个；从业经验，5 个；语言水平，5 个；职业资格，4 个；职业道德，3 个；专业背景，2 个；年龄，2 个；专业水平，2 个。

从以上分析可以看出，两类特征涉及的具体要素既有相同之处，也有各自的特点。从性质上看，目标考生群体特征基本上为非强制性，报考考生特征则同时包括强制性和非强制性特征两种，不过强制性特征的要求占到了大多数。无论是目标考生特征还是报考考生特征、强制性特征还是非强制性特征，所反映的都是考试的考生特征。下面从考生特征类型和性质两个角度来分析目标考生特征和报考考生特征中体现出的考生特征。

就考生特征类型来看，目标考生特征涉及 7 个要求；报考考生特征涉及 9 个强制性要求和 3 个非强制性要求，这三类特征中又有一定的重合度。将所有要素结合起来可以发现，现有笔译资格考试中的考生特征共涉及 11 个要素，即（拟）从事职业、从业经验、专业水平、职业道德、语言水平、专业背景、教育程度、文化及主题知识、职业资格、会员资格和年龄。其中（拟）从事职业、从业经验、职业道德、职业资格和会员资格主要关注的是考生的行业背景特征，专业水平、语言水平和文化及主题知识涉及的是考生的能力特征，教育程度和专业背景涉及的是考生的教育背景特征，年龄涉及的是考生的生理特征。就本书关注到的 21 个笔译资格考试来看，17 个考试涉及了考生的行业背景特征，只有 NAETI 二、三级笔译资格考试和厦门大学一级、二级笔译资格考试未涉及；17 个考试涉及能力特征；14 个考试涉及教育背景特征；2 个考试涉及生理特征。就各要素在考生特征中所占的比重来看，有关行业背景特征和能力特征的要素最多，超过了所有考生特征的一半，体现出现有笔译资格考试在考生特征方面的职业资格考试特点，以及对考生相关能力进行测量的目的。

从考生特征的性质来看，非强制性特征方面，目标考生特征共涉及 7 个因素，报考考生特征涉及 3 个因素，两者均涉及语言水平和职业道德。强制性要求则只体现在报考考生特征中。因此，考生特征中的非强制性要求包括（拟）从事职业、从业经验、职业道德、专业水平、语言水平、文化及主题知识、专业背景和教育程度 8 个特征。

强制性要求包括会员资格、从业经验、职业道德、职业资格、专业水平、语言水平、教育程度、专业背景和年龄 9 个特征。就本书关注到的 21 个笔译资格考试来看，11 个考试涉及强制性考生特征，其中包括 9 个只涉及强制性要求的考试和 2 个同时涉及强制性和非强制性的考试；21 个考试则全部涉及非强制性特征。现有考试的考生特征类别及性质见表 6-4。

表 6-4　笔译资格考试考生特征

	强制性特征	非强制性特征
行业背景特征	会员资格；从业经验；职业道德；职业资格	（拟）从事职业；从业经验；职业道德
教育背景特征	教育程度；专业背景	教育程度；专业背景
能力特征	专业水平；语言水平	专业水平；语言水平；文化及主题知识
生理特征	年龄	

6.2.3　笔译资格考试构念对考生特征的适切性

按照测试的构念效度要求，如果考试规范中规定了考试应面向的目标考生特征和报考考生应具有的特征，那么在构念中就应该对这些特征有所体现，这样才能避免出现考试偏差。此外，对目标考生特征进行说明的目的是向各考试利益相关方明确说明考试所面对的考生对象，报考考生特征中的强制性要求则进一步对参加考试的考生进行限制，目的是保证考生在考试之前就具备一定的资格、能力或水平。由于只有达到了报考考生特征中强制性特征的要求才可以参加考试，这些强制性特征在某种程度上起到了对考生的某些资格、能力或水平进行审核甚至评估的作用，可以看做是通过考试内容、考试要求、考试评分等环节评估考生能力的补充。因此，报考考生特征中的强制性特征还可以作为对笔译资格考试构念进行评估的补充。下面分别从各笔译资格考试中涉及的考生特征类别和性质两个方面分析现有考试构念对这些特征的适切性。

就行业背景特征而言，17 个笔译资格考试考生特征中涉及的从业经验、（拟）从事职业、职业道德、职业资格和会员资格主要指参加考试的考生应具有一定的翻译行业经验，了解所从事及拟从事的行业现状，熟悉相关职业道德，并具有相应的职业资格。针对这些特征，笔译资格考试的构念应考虑到考生所具有的专业背景特征，即在具有以上考生特征的 17 个考试的构念构成中体现出对行业背景特征的关注。从现有考试的构念构成来看，翻译职业能力主要关注的是翻译行业中的时间掌控及管理能力和职业道德，工具能力中的现代化工具及技术使用能力也涉及翻译行业中电子词典、在线术语表等工具及技术的使用，这两个方面均在一定程度上对考生的行业背景特征有所体现。因此，从整体来看，现有笔译资格考试关注到了考生所具有的行业背景特征，并在构念构成中对这一特征有所体现。

从行业背景特征的性质来看，强制性特征包括从业经验、职业道德、职业资格和会员资格4个要素。这些特征对考生的资格和能力提出了要求，其中职业资格关注的是考生的专业水平和对翻译行业的了解，会员资格、从业经验和职业道德体现的是考生对翻译行业的了解，现有笔译资格考试构念中的翻译职业能力和工具能力与职业资格、从业经验及职业道德相对应。因此，考生的强制性行业背景特征可以作为对考生的翻译职业能力和工具能力，尤其是翻译行业知识和现代化工具及技术使用能力进行评估的一种途径。

能力特征方面，17个笔译资格考试的考生特征主要涉及专业水平、语言水平和文化及主题知识3个方面。考生特征中对考生能力特征的说明和要求，表明考试面向的是具有一定专业水平、语言水平和相关知识的考生群体。现有笔译资格考试构念中对考生专业水平、语言能力及知识能力的测量和考生的能力特征相对应，在构念构成上体现了考生的能力特征。从能力特征3个要素的性质来看，专业水平和语言水平既是强制性要求，也是非强制性要求，其中强制性要求主要是要求考生提供一定的笔译能力证书和语言等级证书，或通过特定的笔译能力考试和语言水平考试，以证明考生达到了一定的笔译能力和语言能力要求。因此，考生的专业水平和语言水平这一特征可以作为对考生的笔译能力和语言能力进行评估的一种途径。

教育背景特征方面，14个笔译资格考试的考生特征主要包括教育程度和专业背景，其中教育程度指考生一般应具有大学文凭，专业背景则指考生应具有相应专业的背景知识，通常指考生在大学时期的所学专业，以外语专业、翻译专业及其他相关专业为主。一般情况下，获得外语专业、翻译专业或其他相关专业大学文凭的考生通常掌握了一定的外语能力和有关翻译技巧、策略的知识和能力。而现有考试构念中的语言能力、策略能力与考生的双语能力、笔译转换技巧和策略相关。因此，教育背景特征中的教育程度及专业背景和笔译资格考试构念中的语言能力和策略能力相对应。从这个方面来看，现有笔译资格考试在构念构成上体现了考生的教育背景特征。此外，目前部分笔译资格考试也开始考虑和考生教育背景特征的关系，将资格考试和专业教育相结合。例如，CATTI二级笔译资格考试实施办法中指出，翻译硕士专业在读研究生可免考《笔译综合能力》这一科目，一方面是为了将资格考试和教育相结合，另一方面也说明具有翻译专业硕士阶段教育背景的考生已经基本上达到了二级笔译资格考试中的语言能力水平要求。

从教育背景特征的性质来看，教育程度和专业背景既是强制性特征，也是非强制性特征。教育程度的强制性要求指考生必须提供大学相关文凭，专业背景则指必须为相关专业毕业生。对考生提出这两方面强制性要求的笔译资格考试一般将其和对考生从业经验、专业水平和语言能力的要求互为替代。因此，考生的强制性教育背景特征可作为用来对考生的语言能力进行评估的一种途径。

生理特征方面，2 个笔译资格考试涉及这一考生特征，且只涉及年龄这一要素。2 个对考生的年龄提出强制性要求的目的是确保参加考试的考生为成年人，即在一定程度上保证考生为达到一定年龄，具有普通思维能力和自主能力的个人。不过，现有笔译资格考试构念中对年龄这一要素没有相对应的构念成分或内涵。

从以上分析中可以看出，现有笔译资格考试的考生特征包括行业背景特征、教育背景特征、能力特征和生理特征 4 个类别的 11 个要素，在性质上又分为强制性和非强制性两种。通过对考试特征和笔译资格考试构念的分析可以看到，行业背景特征、教育背景特征和能力特征在现有笔译资格考试构念中都有一定体现，达到了适切性的要求，只有考生的生理特征未在笔译资格考试构念中得到体现。此外，考生的强制性特征还可以用来对考生的能力和水平进行评估，从而可以作为通过考试设置、考试内容、通过标准、评分方法等手段对笔译资格考试构念进行评估和体现的一种途径。

6.3 构念清晰度

除笔译资格考试的构念构成对测试的构念效度可能产生影响外，构念呈现的清晰度也会对构念效度产生影响。从测试的设计和开发来说，有关考试目的、性质、对象、报考条件、考试要求、评分标准、通过原则等方面的信息应在测试实施之前就设计好，这样考试的设计和开发者才能在清楚把握考试性质和目的的前提下，合理设置考试的具体内容。对考试和考试结果使用者而言，考试信息对考生正确理解考试目的有重要作用，也是保证考试使用和建立在考试结果基础上的推断符合考试目的的重要保障。

要使测试使用和测试结果的解释及使用符合设计和开发的目的，并达到较高构念效度，包括考生、考试及考试结果使用者在内的各利益相关方（stake-holders）就必须对测试的目的、性质、测量对象、考试内容等信息有详细了解。这就要求考试的组织及管理部门通过各种途径和方法以清楚明确且易懂的方式向考试利益相关方呈现这些信息,并使各考试利益相关方可以比较容易地获得有关考试构念的相关信息。因此,要使测试具有较高构念效度,就应以清楚明确的语言(以官方语言或第一语言为主)对考试的构念进行说明,并将有关考试构念的所有资料及时向考试利益相关方公布,使考试利益相关方可以获得有关考试构念的所有必要信息。

笔译资格考试构念的清晰度主要体现在各笔译资格认证机构及考试管理部门对相关考试资料的呈现上,即是否采用所有考生对象和考试结果使用者所熟悉的语言呈现公开考试资料,以及对相关考试资料的公开程度和对考试信息的详细程度。前者指考试是否通过各种渠道向考试利益相关方提供有关考试的各种资料,包括考试大纲、考生手册、考试样题、考试结果及分数等方面;后者则是考试各相关方通过这些资料对考试信息的了解程度,包括考试目的、性质、对象、报考条件、考试要求、考试内容、评分标准、通过原则等方面。

从第 5 章有关笔译资格考试构念呈现形式的分析中可以看出,21 个笔译资格考试均使用第一语言或官方语言公布了考试的相关信息,并通过考试大纲、考生手册、考试说明等资料对考试目的、考试性质、考生能力要求及通过考试标准进行了说明。这4 个考试信息是考试构念的具体体现,21 个考试对这 4 个考试信息的描述使考生及其他考试利益相关方对各考试构念有一定的了解,进而在参加考试、考试分数的解释和使用方面更符合考试的目的,在一定程度上达到了构念清晰度的要求,从而保证了各笔译资格考试的构念效度。

不过,也有部分考试未将相关资料和信息公布,造成考试构念不够清晰,在一定程度上影响了考试利益相关方对考试的了解和使用。除 21 个笔译资格考试全部将考试目的、考试性质、考生能力要求及通过标准进行说明外,只有部分笔译资格考试涉及考试内容和评分方法及标准等其他相关信息。考试内容指考试拟考察的具体内容,通常通过具体的考试目的、试卷结构、试题类别等考试设置体现。对考试内容的详细说明可以让考生更清楚地了解考试拟考察的内容范围,从而使考试更具有针对性,避免考试无关因素的产生。考试评分指有关考试评分的相关要求、原则和方法,是体现测试构念的重要方面。在测前阶段对评分方法等相关信息的规定,一方面可以提高整个测试的评分方面效度,更重要的是考生可以通过对评分方法的分析更清楚地把握考试构念,了解考试的具体要求,从而对考试的使用更符合效度要求。

从表 5-13 中呈现出的现有笔译资格考试构念呈现形式的特征可以看到,部分考试未将考试内容和评分方法及标准等信息公开。考试内容方面,16 个笔译资格考试对考试内容进行了说明,包括考试题型、题量、范围等方面。同时, 这 16 个笔译资格考试还提供了不同类别或等级考试的样题或以往考试使用过的真题，个别笔译资格考试还对笔译试题中的文本来源、文体特征、所涉及领域知识等方面进行了说明。不过，也有 5 个笔译资格考试对考试内容并未说明，包括厦门大学 4 个等级笔译资格考试和 ITIA 笔译资格考试。评分标准及方法方面，10 个笔译资格考试对这一信息进行了说明，涉及评分原则、评分表、评分标准、评分方法、错误类别及扣分原则、评分程序等方面，个别笔译资格考试还对评分员选拔及培训、评分员评分过程中遇到的问题等信息进行了说明；其余 11 个考试未对评分方法进行说明，分属于 CATTI、NAETI 和厦门大学笔译资格考试 3 个考试体系。

除从笔译资格考试构念呈现的角度分析构念的清晰度外，各考试对考生特征的说明程度也在一定程度上反映出构念的清晰度。本章 6.2 一节在对考试构念适切性进行分析时，指出各笔译资格考试的考生特征主要通过对目标考生和报考条件两个方面进行说明。对考生特征的说明，尤其是对考生的强制性要求更进一步限定了考生群体特征，从而使考试更具有针对性，更能保证考试结果的解释及其使用符合考试性质和目的。21 个笔译资格考试中全部对目标考生特征进行了说明，但只有 13 个考试对报考考生的强制性要求进行说明，另有 8 个考试并未说明，分属于 NAETI 和厦门大学笔译资格考试 2 个考试体系。

总的来看，国际上大部分笔译资格考试达到了清晰度的标准，从而在一定程度上有利于构念效度的实现。就本书关注到的 21 个笔译资格考试来看，全部通过对考试目的、考试性质、考生对象、考生能力要求及通过标准等相关信息的描述使测试的构念更加清晰，不过也有部分笔译资格考试未将报考条件、考试内容和考试评分等具体信息向社会公布，尤其以中国内地 3 个笔译资格考试体系的 11 个笔译资格考试最为突出。这些考试有关信息的缺失造成相关笔译资格考试构念的清晰度不够，从而会对考试的构念效度造成影响。

6.4 笔译资格考试构念存在问题及解决办法

6.4.1 构念构成

本章 6.1 和 6.2 两节分别从笔译资格考试可能存在的构念效度威胁和构念对考生特征的适切性两个方面分析构念构成存在的问题。构念效度威胁方面，现有笔译资格考试构念无论从整体还是个体而言，在构念构成上都存在一定的问题。具体来看，现有笔译资格考试构念中不但因包含了不应测量的构念成分及要素而产生了构念无关因素，也因未能将应测量构念中的所有构念成分及要素，尤其是最重要的成分及要素作为考试构念而产生了构念代表不良，这两种情况都会对笔译资格考试的构念效度产生威胁。构念适切性方面，现有笔译资格考试的构念成分及要素对考生的大部分特征都有所体现，基本上达到了适切性的要求，不过个别考试中的考生生理特征并未在考试构念中得到体现。

就笔译资格考试构念构成方面的问题，构念无关因素和构念代表不良均可以通过对笔译资格考试的构念成分及其要素进行调整来解决，包括去除笔译资格考试中的构念无关因素；增加可能引起构念代表不良的构念成分及要素，尤其是最重要的构念成分及要素。构念适切性方面可以在考试构念中增加和考生特征相关的构念成分或要素。同时，还需要指出的是，并不是所有应该测量的成分都可以作为考试构念。测试除需要达到构念效度要求外，还应考虑测试质量的其他标准，包括真实性、可行性等方面。因此，对笔译资格考试的构念构成进行分析，需要结合现有考试构念、应测量构念、测试本身可行性、真实性等多方面问题进行讨论。

此外，对笔译资格考试构念构成进行探讨，不但要关注在考试大纲和考试规范中对构念构成的界定，还应该说明具体构念成分及要素的测量及体现形式。作为一种行为测试，笔译资格考试要测量的构念是一种抽象的心理特质，无法直接测量，只能通过评价考生完成具体笔译行为的结果来实现。因此，对笔译资格考试构念的测量主要通过考试设置等形式来实现。现有笔译资格考试中对考试构念的呈现主要包括考试目的、性质、考试内容、考试要求、考试评分等方面，其中考试内容是最重要的呈现方法，考试要求和考试评分还体现出对各构念成分及要素的衡量标准。除考试设置外，部分笔译资格考试还通过具体的考试实施要求来体现考生构念，如对考生字典及词典使用能力的关注。此外，有关考试构念和考生特征适切性的研究也表明，一些强制性考生特征也可以成为对笔译资格考试构念进行呈现和评估的补充。

因此，对笔译资格考试构念构成存在的问题及解决办法进行讨论，应首先结合笔译资格考试中可能产生的构念效度威胁和构念对考生的适切性，探讨现有笔译资格考试构念存在的问题，即哪些构念成分及要素应该去除，哪些构念成分及要素应该增加，同时分析出现问题的原因及具体的解决办法，包括在对考试构念的说明中明确具体的构念构成，并通过调整考试设置和限制报考条件等方式来体现具体的构念构成。下面从笔译资格考试的构念成分入手探讨现有笔译资格考试构念存在问题的原因及解决办法。

1. 语言能力

现有笔译资格考试在语言能力方面存在的构念无关因素主要是部分（11个）考试构念中将单语能力作为考试构念。造成构念代表不良的原因则是部分考试未将双语能力作为考试构念，且属于严重问题。不过，语言能力在构念对考生特征的适切性上并未出现问题。因此，无论从构念无关因素还是构念代表不良来看，语言能力方面出现的主要问题是部分笔译资格考试将单语能力而不是双语能力作为考试构念。

就笔译资格考试而言，考生要顺利完成翻译任务，必须同时精通源语和译入语（或母语和外语）两种语言，这样才能保证在准确理解原文的基础上，按照要求将信息转换成译入语。个别笔译资格考试仅将译入语能力或外语能力作为考试构念，既和本书中的应测量构念设立的基础有关，也体现出目前对母语能力的忽视。首先，源语能力和译入语能力虽然在译者完成笔译活动过程中具有同等重要的地位，但两个能力成分的最终体现都是翻译产品——译文质量，而译文质量的高低主要通过译入语得以体现。因此，译入语的使用能力是译文质量的重要指标，现有笔译资格考试在介绍考试评分方法和评分标准时，通常以对译入语的要求来呈现，而对源语的要求则不会体现。这样一来，建立在对考试内容、要求及评分等基础之上的应测量构念就只涉及译入语能力。其次，个别笔译资格考试将外语能力作为考试构念，体现出对外语能力的重视和对母语能力的忽视。但母语能力同样对笔译活动的顺利完成起着重要作用。因此，源语能力和译入语能力、母语能力和外语能力均对笔译活动有重要影响，应作为笔译资格考试的构念。

要保证笔译资格考试的构念效度，避免构念无关因素和构念代表不良的两种威胁，就需要将源语和译入语能力（母语和外语能力）作为考试构念。因此，一方面应在考试大纲或考试规范中明确说明笔译资格考试构念中的语言能力包括双语能力，另一方面应通过具体的考试设置来体现这一构念成分。

从现有笔译资格考试对语言能力的测量和体现来看，包含单语能力和双语能力的部分笔译资格考试主要通过考试内容、考试要求、考生特征、考试评分等方法进行测量和体现。考试内容指在测试试卷中设置有关语言能力的考试任务或项目，对考生的语言能力单独进行测量，如CATTI二级和三级笔译资格考试分"笔译综合能力"和"笔译实务"两个试卷，其中"笔译综合能力"即是对考生外语能力的测量。

不过 CATTI 的语言能力考试只涉及外语能力，仍然未将两个语种的语言能力全部包括在内。考试要求主要是在考试大纲中对通过考试的考生应达到的能力水平进行说明。考生特征则通过对目标考生群体特征和报考考生的要求来体现，如 CTTIC 笔译资格考试要求报考考生必须提供相应的语言能力证明，或在申请参加笔译资格考试之前参加并通过双语能力水平考试。考试评分则是通过在评分标准及错误分类中关注语言类错误来体现。

以上 4 个方法中，现有笔译资格考试中只有考试要求和考生特征涉及双语能力，考试评分主要以译文的质量为基础，只能体现出对考生译入语能力的要求，无法涉及考生的源语能力，因此，要去掉部分笔译资格考试中包含的单语能力，增加双语能力，可以通过两种途径实现：其一，在考试内容中增加专门测量考生双语能力的试题或任务；其二，在考试要求和考生特征中增加有关双语能力的要求。以上两种途径中，增加考试内容对现有笔译资格考试的修订幅度最大，需要经过详细论证和讨论，在明确双语能力具体内涵、要素、要求及测量方法之后，才可进行；对考试要求和考生特征的修订既可以避免构念无关因素和构念代表不良，又可以将对整个考试构念构成的影响降到最低，从目前来看是相对恰当的方法。

因此，就语言能力的构念效度问题而言，应将双语能力作为考试构念成分，并去掉对单语能力的要求；就构念的具体呈现来看，应在对考试构念的描述中明确指出语言能力应包括双语能力，同时在考试内容、考试要求和考生特征中增加有关双语能力的要求。

2. 策略能力

策略能力方面，现有笔译资格考试构念存在的构念无关因素主要是部分考试将单句笔译能力和单方向笔译能力作为考试构念，构念代表不良产生的原因是部分笔译资格考试未将双向互译能力和整体宏观能力作为考试构念，其中双向互译能力属于严重问题，整体宏观能力的问题则不严重。因此，无论从构念无关因素还是构念代表不良来看，策略能力出现的主要问题是部分笔译资格考试将单句笔译能力和单方向笔译能力作为考试构念，未将双向互译能力和整体宏观能力作为考试构念。这些问题主要和各笔译资格考试的考试性质和策略能力测量的难度有关，需要综合考虑各笔译资格考试的现状和这些构念成分及要素的特点来解决。

单句笔译能力方面，现有笔译资格考试主要用来测量考生较低层次的笔译能力，或将同一资格考试体系内不同等级的笔译资格考试进行区分。就单句笔译能力和篇章笔译能力之间的关系来看，篇章由一个个单句组成，但比单句提供更多的语境信息，涉及的翻译问题也更复杂，篇章笔译能力本身就涵盖了单句笔译能力。因此，单句笔译能力只是篇章笔译能力的其中一个部分，掌握了篇章笔译能力也就具有了单句笔译能力。此外，翻译行业中职业笔译员面临的是包含多种语境信息的篇章，而不是一个个单句，篇章笔译也是职业笔译员最常见的业务类型。如果将单句笔译能力作为考试构念，笔译资格考试的真实性就会降低。因此，无论是测量考生的笔译能力还是职业笔译能力，都没有必要将单句笔译能力作为考试构念。即使对于测量较低水平考生的笔译资格考试而言，完全可以通过降低篇章笔译任务的难度来实现。考虑到现有笔译资格考试主要通过在考试内容设置单句笔译任务来体现，要去除现有部分考试构念中的单句笔译能力，就需要在考试内容中去掉单句笔译的相关笔译任务，同时将原有的笔译资格考试试卷中的任务分值进行相应调整。

单方向笔译能力和双向互译能力方面，9个笔译资格考试因这两个要素产生了构念无关因素和构念代表不良。境外笔译资格考试多涉及单方向笔译能力，即考察的是某一特定语对的某一翻译方向的笔译能力，内地笔译资格考试则以双向互译能力作为考试构念，关注的是某一特定语对的双向互译能力。不同笔译资格考试在策略能力这一构念成分中翻译方向上的差异，体现出不同认证体系上的差异，即部分认证体系关注的是特定语对的资格认证，另一些认证体系则既关注语对，也关注翻译方向，而且对于不同翻译方向分开认证。此外，部分笔译资格考试还明确要求考生应根据自己的母语情况选择相应的翻译方向进行考试，一般要求考生选择以母语或第一语言为译入语的翻译方向。

从现有对笔译能力研究的相关文献来看，已有研究者（Pavlovic，2007）指出，译入外语（第二语言）和译入母语（第一语言）两种不同方向的翻译活动是不同的，所需要的笔译能力也不相同。McAlester（2000）也指出，笔译资格考试中两个不同翻译方向的笔译活动在翻译标准上是不同的。此外，相当一部分研究者在探讨笔译能力时，也通常指明具体的语对和语言方向（如 Beeby，2000；杨晓荣，2002；马会娟，2013等）。因此，从理论上讲，不同翻译方向的笔译能力在能力构成和具体要求上并不完全相同，掌握某一方向的笔译能力并不代表已经掌握了另一方向的笔译能力。部分考试将单方向笔译能力作为考试构念，就是考虑到了两个不同翻译方向笔译能力的差异；而将双向互译能力作为考试构念的笔译资格考试也在考试设置中同时包括了不同翻译方向的笔译任务，也是注意到了两个不同翻译方向笔译能力的差异。

因此，现有笔译资格考试根据各自考试的性质和目的，将双向互译能力和单方向笔译能力作为考试构念的做法都是可行的。本书得出的笔译资格考试应测量构念中将双向互译能力作为考试构念和具体的研究方法有关。笔译资格考试应测量构念的确定主要建立在笔译能力参数集（理论）和职业笔译能力模型之中，而笔译能力参数集（理论）的基础是同时涉及单方向笔译能力和双向互译能力的 29 个笔译能力理论模型；职业笔译能力关注的是翻译行业中职业笔译员的能力需求，通常是以职业笔译员所应具有的两个方向笔译能力为基础的。因此，虽然职业笔译员应具备至少某一特定语对的双向互译能力，但完全可以通过不同考试分别对两个方向的笔译能力进行测量。

从以上分析中可以得出结论，虽然笔译资格考试应测量构念中将双向互译能力作为考试构念，但就某一特定考试来说，完全可以根据具体的考试目的选择要测量的是单方向笔译能力还是双向互译能力。因此，对以测量单方向笔译能力为目的的笔译资格考试而言，单方向笔译能力并不能成为构念无关因素；对以测量双向互译能力为目的的笔译资格考试而言，只要在考试设置中同时涉及两个不同翻译方向的笔译任务，双向互译能力就不会成为对构念效度产生威胁的构念代表不良。就单个笔译资格考试而言，在翻译方向上的构念不存在问题。

整体宏观能力方面，21 个笔译资格考试均因未涉及这一构念成分或该成分部分要素出现构念代表不良。笔译资格考试应测量构念中，整体宏观能力多与译者在笔译活动中运用各种元认知策略要求完成笔译活动的能力有关，其中既包括一些语言转换能力之外的整体决策能力，也包括整个笔译活动中的认知心理要素。如果要测量这一构念要素，应对笔译活动的具体环境进行设定，通过分析特定环境中考生的笔译实践来确定。因此，整体宏观能力中的整体决策能力可通过设置特定笔译任务的特定环境和对笔译任务进行限定来实现。认知心理因素则贯穿于策略能力的整个过程，在对转换能力和整体决策能力进行测量的过程中已经涉及认知心理因素，不需要单独在考试设置中对其有所呈现。

部分笔译资格考试构念中未将整体宏观能力作为考试构念，一方面因为这些考试虽然面向的是翻译行业中的职业笔译能力，但并未完全体现职业资格考试的独特性，在具体的考试设计中未考虑到现有职业笔译员的工作特征，从而出现了对该构念成分测量的缺失；另一方面也是由于整体宏观能力中环境因素的复杂性，如果将翻译行业中影响笔译活动的所有环境因素体现在考试设置中，无疑会降低考试的可行性，为考试的具体实施造成困难。

就整体宏观能力所造成的构念代表不良情况来看，为避免这一问题，应在有关笔译资格考试构念的表述中增加整体宏观能力这一策略能力成分。具体体现方面，可借鉴现有部分笔译资格考试的做法，将整体宏观能力中的部分内容进行呈现。例如，ATA笔译资格考试要求考生必须遵守笔译指南，SATI 宣誓笔译资格考试要求考生必须按照相应的专业规范完成，IoL 笔译文凭考试则允许考生通过加注的方式向"客户"解释遇到的翻译问题。因此，对缺乏整体宏观能力的部分考试而言，可将笔译指南、专业规范和解释笔译问题作为考试构念。在具体考试设置中，可通过在笔译任务中增加翻译指南，强调翻译指南的重要性并要求考生根据考试指南完成笔译任务加以体现；对遵守专业规范的考察可以通过在考试指南中明确指出笔译任务涉及的具体类型及要求得以体现；解决翻译问题及决策也可借鉴现有部分笔译资格考试的做法，允许考生采取注释的方式进行补充。

总的来说，就笔译资格考试构念中的策略能力问题而言，应在部分笔译资格考试构念说明中去除单句笔译能力，在部分笔译资格考试构念说明中保留单方向笔译能力或双向互译能力，而在部分笔译资格考试构念说明中增加整体宏观能力。构念的具体呈现方面，应在相应笔译资格考试的考试内容中去掉单句笔译的相关笔译任务，并在相应笔译资格考试中增加有关考试笔译指南、专业规范和解释笔译问题的考试设置。

3. 翻译职业能力

翻译职业能力方面，现有笔译资格考试不存在构念无关因素，只有部分笔译资格考试因未将这一构念成分、部分要素及部分要素的内涵作为考试构念而造成构念代表不良。具体说来，有 4 个笔译资格考试未将翻译职业能力作为考试构念，21 个笔译资格考试均未将翻译学科知识和翻译项目管理及商业知识作为考试构念，另有 18 个笔译资格考试未涉及职业道德。

笔译资格考试应测量构念中，翻译职业能力由翻译学科知识和翻译行业知识两个部分组成，其中翻译学科知识和翻译实践活动有密切联系。译者如果掌握了一定的理论知识，就可以加深对翻译活动的认识，从更加宏观的角度发现翻译问题，选择相应的翻译策略，从而提高笔译质量和效率。这也是现有笔译能力参数集（理论）和职业笔译能力模型均将翻译学科知识作为能力成分的原因。现有笔译资格考试中未将翻译学科知识作为考试构念，一方面是因为考试要测量的是考生的笔译实践能力，翻译学科知识只能对译者的笔译活动产生促进作用，并不是考试要关注的核心能力；另一方面，笔译资格考试是面向社会的职业资格与水平考试，最关注的是译者完成译文的质量，对可能对笔译结果起到影响的翻译学科知识并不关注。此外，目前对翻译学科知识的测试主要应用于翻译教学中，通过在考试设置中设立相应考试任务的方法来测量考生的翻译学科知识，如采用填空、判断、问答等主观题等。不过翻译行业中的职业笔译员通常不会遇到相类似的笔译任务，如果在笔译资格考试中设计专门试题来考察考生的翻译学科知识，考试的真实性就会受到影响。

考虑到翻译学科知识在笔译资格考试应测量构念中并非处于重要地位，对构念效度造成的威胁严重程度也不高，针对现有笔译资格考试构念中对翻译学科知识的缺失，虽然可以在考试构念的说明中增加翻译学科知识，但如何在不损害考试真实性的前提下，通过考试设置对考生的翻译学科知识进行测量，还需要后续经过详细论证和研究，此处不做深入讨论。此外，虽然个别笔译资格考试的考生特征中涉及专业背景，从而在一定程度上保证了考生翻译学科知识的掌握，但专业背景并非是使考生具有翻译学科知识的唯一途径，个别未受过相关专业教育的考生也可以通过其他途径获得翻译学科知识。因此，无论从考试设置还是从考生特征方面，目前对翻译学科知识这一构念要素的测量尚无法实现。

笔译资格考试应测量的翻译行业知识包括翻译项目管理、商业知识、职业道德等内容，这些知识通常和具体的翻译项目有密切关系，涉及职业笔译员在完成项目的整个过程中应具有的知识和能力。现有笔译资格考试中未将翻译行业知识及其部分要素作为考试构念，有两个方面原因：其一，部分笔译资格考试设置的目的并不是单纯的职业资格考试，而且还具有笔译能力水平测试的性质，如 CATTI、NAETI、厦门大学笔译资格考试等。对这类笔译资格考试而言，要面对的考生并不一定具有翻译行业知识，或不需要具有行业知识。因此，部分笔译资格考试因其自身考试的多重目的和功能，对翻译行业的关注较少，职业资格考试的特征并不明显。其二，翻译行业中的各种要素虽然属于职业笔译者应该掌握的能力，但在考试过程中要求考生完成翻译项目的整个过程却不可能。要保证测试结果的稳定性和一致性，笔译资格考试应尽量使考试的设置、环境等因素有统一的标准和原则，以避免不同考试设置及环境因素产生的构念无关因素。因此，翻译行业知识中的项目管理、商业知识等方面知识通常无法在考试中得到体现。

但是，由于翻译行业知识，尤其部分行业知识在翻译职业能力中占有重要地位，如果在考试构念中缺失，会对考试的构念效度造成严重威胁，还需要采取其他方法在考试设置中对翻译行业知识有所呈现。现有将翻译行业知识作为考试构念的笔译资格考试主要将时间掌控及管理能力和职业道德作为考试构念，前者主要通过对笔译速度的要求完成，即要求考生在一定时间限制内完成一定字数的笔译任务；后者则通过具体的考试内容来实现。现有翻译行业调研及研究（Lafeber，2012）指出，笔译速度是翻译行业中影响译者翻译业绩及能力评定的重要参考。此外，对考试时间和考试任务量的限制也考虑到考试实施的可行性问题。因此，应将时间掌控及管理能力作为考试构念。此外，部分笔译资格考试（如 ITIA 笔译资格考试）虽然限定了考生应完成的笔译任务字数，但并未限定考生的考试时间，目的是希望尽量测量出笔译员在翻译行业中的实际笔译能力。这种设置虽然使考试的真实性达到最大，但因涉及过多不确定因素而使考试过程中可能会出现一系列构念无关因素，对考试的公平性产生影响，对有大规模考生群体的资格考试而言，造成的不确定性因素更多，因此，不建议采用这种方法。

笔译资格考试应测量构念中的职业道德指职业笔译员应遵守一定的职业道德规范。就构念的具体呈现来看，部分将职业道德作为构念的笔译资格考试设立单独试卷，采用个案分析的问答形式。一些考试虽未将职业道德作为考试构念，但也通过报考条件的限制对考生的职业道德提出要求。例如，CTTIC 笔译资格考试的强制性考生特征规定，只有加拿大各省区的协会会员才可以报考全国性的笔译资格考试，而要成为各协会会员，考生还必须签署职业道德守则知情书，或参加具体的职业道德考试；ATA 笔译资格考试设置中虽未涉及职业道德的要求，但在报考条件中，要求考生必须签署声明，表明已经阅读并理解 ATA 的职业道德和工作规范；ITIA 笔译资格考试的考生特征也指出，要报考该考试，必须首先成为协会会员，而在申请会员时要签署声明，对相关职业道德及职业操守熟悉且会遵守。因此，对未将职业道德作为考试构念的笔译资格考试而言，建议通过报考条件限制或增加专门考试内容的方法来解决这一构念代表不良问题。

对翻译行业知识中的翻译项目管理及商业知识而言，这些知识是语言服务业及翻译行业中职业笔译员必须要具有的知识和能力，是完成翻译项目的整体能力。但这类知识和能力只有在具体的翻译行业项目中才可能体现出来。考虑到考试实施的可行性，无法在考试中设置完整翻译项目。不过，具有一定从业经验的职业笔译员通常对翻译行业中的相关行业知识有一定了解，并熟悉相关的项目管理及商业知识。因此，可以在笔译资格考试的报考条件上进行限制，通过要求考生提供相应工作经验证明的方法来考察考生的翻译行业知识。

总的来说，笔译资格考试构念中的翻译职业能力方面，应在相应笔译资格考试的构念说明中增加翻译学科知识和翻译行业知识，尤其增加有关时间掌控及管理能力、职业道德等方面内容。对构念的具体呈现来说，可以对笔译资格考试的考试时间及考试任务量进行限制，同时在考生报考条件中要求考生签署职业道德知情书，并提供工作经验证明、同行评价等资料。可能的话，还可以在考试内容中增加有关职业道德的考试任务。

4. 工具能力

工具能力方面，现有笔译资格考试不存在构念无关因素，只有部分考试因未将工具能力和这一构念成分所涉及的其他参考资料使用能力与现代化工具、技术及设备使用能力作为考试构念而出现了构念代表不良的问题。

部分笔译资格考试未将工具能力或工具能力的个别要素作为考试构念，一方面主要是由于该能力并非完成笔译活动的核心能力，笔译者只要掌握了语言能力和策略能力，即使不具有工具能力，也可以完成相应的笔译任务。因此个别只关注最重要的笔译能力成分的资格考试未将工具能力作为考试构念。另一方面，对现代化工具及技术使用能力缺乏关注也体现出现有笔译资格考试的职业资格认证性质并不突出，对翻译行业的关注仍然较少，未能在工具能力方面体现出职业笔译员的能力需求。此外，工具能力通常会涉及不同的资料和工具，如果将其作为考试构念，并在考试设置中允许考生使用各种性质和类型的工具、技术和设备，无疑会增加考试的不确定性因素。尤其对于传统工具使用能力中的各种参考资料使用能力和现代化技术及工具使用能力而言，因这类工具、设备和技术种类繁多，如果由考试组织实施机构提供各类工具，考试管理的成本就会很高，可行性不强；如果由考生自己携带相关工具，则会增加许多不可控和不确定因素。这些不可控和不确定因素会造成考试组织及实施过程中各种变量的产生，形成构念无关因素，影响考试公平。因此，虽然工具能力是笔译资格考试应测量构念中的组成部分，且具有一定重要性，但考虑到对其测量的复杂性，并不是所有的工具能力成分都可以在考试设置中得到体现。

从现有笔译资格考试对工具能力的具体体现来看，关注传统工具使用能力的考试主要通过考试实施来实现，即允许考生在考试过程中携带并使用字典、词典或其他参考资料；关注现代化工具及技术使用能力的笔译资格考试则允许考生使用部分电子工具，如电子词典、术语表、文字处理工具等；也有部分笔译资格考试（如 SATI 笔译资格考试和宣誓笔译资格考试、ITIA 笔译资格考试等）采取模拟笔译任务的方法，允许考生在一定时间内使用所有可能的工具。以上做法中，允许考生携带并使用字典及词典的使用最广,同时也是既能测量考生的工具能力,又能避免其他构念无关因素影响的最好方法。虽然部分考试允许考生使用教材、书籍、术语表等其他参考资料,但这些考试已经在考试大纲中规定了考试涉及的主要专业领域,或者考生可以自己选择拟考试的专业领域,考生可携带的参考资料具有一定的范围。对其他考试专业领域不确定的笔译资格考试而言,由于资料类别和涉及主题的复杂多样,不同的考生会携带不同性质和类别的参考资料,从而增加考试的不公平因素,因此不建议采用这种方法。

现代化工具及技术使用能力方面,允许考生使用现代化工具的部分笔译资格考试也会因考生携带的工具不同而存在潜在的不确定因素;而允许考生使用网络工具还会增加考试实施的可行性问题。对于部分笔译资格考试采用模拟真实职业笔译活动的做法,虽然最大限度地实现了考试的真实性,但会涉及更多的不可操控因素,如非本人完成(包括他人协助完成和机器翻译完成等)等情况,从而对整个测试的构念效度造成影响。因此,综合考虑,目前虽然应将工具能力作为考试构念,但在具体的考试设置中,允许考生携带并使用字典及词典既能在一定程度上测量工具能力,又避免了可能会对考试构念效度产生影响的潜在不可控因素,同时还能达到考试的可行性,是目前测量考生工具能力的最好方法。

不过,考虑到工具能力在整个笔译资格考试应测量构念成分中处于比较重要的地位,而现代化工具及技术使用能力又是工具能力中最重要的要素,除在考试设置中允许考生使用字典及词典之外,还可以通过限制考生特征来进行限制。目前翻译行业中,现代化工具及技术使用能力已经成为职业笔译员顺利完成笔译任务的必备素质,具有一定工作经验的职业笔译员通常已经掌握了一定的现代化工具及技术使用能力。因此,为保证通过笔译资格考试的考生具有一定的工具能力,可以将这一无法直接测量的构念成分通过在报考条件中要求考生提供相关工作经验证明或工具能力说明等方式体现出来。

因此,就工具能力中的构念无关因素和构念代表不良而言,除在考试构念的说明中明确提出这两个要素外,考察字典及词典使用能力可通过考试设置中允许考生在考试过程中携带并使用字典及词典来实现,而参考资料使用能力和现代化工具及技术使用能力若通过考试设置实现则会造成更多的构念无关因素。比较可行的办法是在考生的报考要求方面进行限制,即要求考生提供一定的工作经验证明或相应的工具能力说明。

5. 知识能力

知识能力方面，现有笔译资格考试构念中并未存在构念无关因素，只有部分考试因未将知识能力或知识能力中的百科知识、文化知识和主题知识作为考试构念而存在构念代表不良。

首先，看三个要素的具体内涵。百科知识方面，笔译资格考试应测量构念中对百科知识的要求主要是考虑到翻译活动的复杂性，翻译行业中的职业笔译员也会遇到涉及不同专业领域、主题的笔译任务，这就需要职业笔译员涉猎广泛，具有宽广的知识面，这样才能更容易把握原文主题，按照特定要求完成翻译任务。文化知识方面，应测量构念中之所以将文化知识作为知识能力的要素，是因为语言是文化的载体和固有组成部分，原文中通常会包含一定的文化负载词和有关源语文化的信息，而将这些信息准确理解并按照译入语文化要求传达到译入语之中需要译者掌握一定的双语文化知识。主题知识方面，由于社会分工的不断细化，翻译行业中的业务通常会包括不同专业领域的知识，职业笔译员仅仅具有文化知识和百科知识是不够的，还需要对某一个或多个领域的知识有深入了解。不过就具体的专业领域而言，应测量构念中对主题知识的具体领域并不明确，而是采用比较笼统的说法。因此，主题知识应作为笔译资格考试的构念构成，但具体的专业领域应根据具体国家和地区的业务特征和行业需求来界定。

就现有笔译资格考试中的知识能力来看，有部分考试未将一个或多个要素作为考试构念。究其原因，一方面是因为知识能力并不是影响考生完成笔译活动的核心因素，另一方面则是由于多数情况下百科知识、文化知识和主题知识通过笔译任务所涉及的具体主题和文本特征来确定，而后者又通常和考生的篇章处理能力密切相关。由于考生的知识能力可以在一定程度上通过篇章处理能力来体现，部分笔译资格考试就未在考试设置中对知识能力有特别说明。

其次，就知识能力的呈现来看，现有将知识能力作为考试构念的笔译资格考试除在考试要求中对考生的知识能力进行说明外，多通过考试设置中选取涉及一定主题知识、文化知识及百科知识的考试任务来体现，个别考试评分中对原文理解和相关术语的关注也在一定程度上体现出对考生知识能力的要求。因此，如果将知识能力作为笔译资格考试的构念，可在考试构念说明中要求考生具有百科知识、文化知识和主题知识，并在考试设置中的考试任务选择和考试评分中的评分标准等方面体现对知识能力的关注。

6. 心理生理能力和个人性格及特质

心理生理能力和个人性格及特质是笔译资格考试应测量构念中的两个构念成分，但 21 个笔译资格考试构念中均未涉及，从而造成了构念代表不良的问题。此外，在考试构念对考生特征的适切性方面，考生特征中的生理特征也未在考试构念中得到体现。因此，为解决以上问题，应将心理生理能力和个人性格及特质作为笔译资格考试构念成分。

笔译资格考试应测量构念中对考生心理生理能力的要求，体现出翻译活动的社会性和认知特征，即在一定社会文化环境中进行的交际活动需要笔译员具有一定的心理生理基础和素质。而现有笔译资格考试未将其作为考试构念，原因是心理生理能力并非实施笔译活动的核心能力，而是基础性要素，而且通常认为这是作为考生天然应具有的素质和能力。同样，个人性格及特质也不是构成笔译能力的核心要素，而只是译者更好完成笔译任务而应具有的性格及特征。因此，在现有笔译资格考试中并未对此有所关注。

这两个能力成分因涉及复杂的心理要素、个性特征和生理机制而难以采取量化的方法确定，在笔译活动中最终体现于从事笔译活动的能力、最终翻译产品的质量、和同事同行的关系，以及完成翻译项目的效率，其中前两个可均可通过对翻译产品的评价获得，后两个则通常需要根据具体的工作业绩来体现。有研究者（Chan，2008）指出，如果要考察译者的心理生理能力，可以在考生报考条件中进行限制，如要求考生具有大学学历。一般情况下，能完成大学课业学习并获得学历者基本上都具有笔译活动所需的基本生理机制和心理因素。此外，个别笔译资格考试在考生特征中对考生的年龄进行限制，这也从一个方面保证考生达到了一定的心理能力要求。而对个人性格及特质而言，可通过在报考条件中进行限制来实现，如要求考生提供一定的工作经验证明，以及前雇佣者及同行推荐信和评价信等方法，由此来判断考生是否具有一定的个人性格及特质。

从以上分析可以看出，生理心理能力和个人性格及特质虽然应作为笔译资格考试的构念，但由于这两个能力成分及其要素的复杂性，测量的可操作性不强；而且考虑到这两个能力成分在笔译资格考试应测量构念中的重要性并不高，属于辅助性能力成分，如果要将其纳入考试构念，并在考试设置上得以体现，势必会造成更多的构念无关因素，或引起构念代表不良。针对这两个构念成分问题，一方面可以在考试构念说明中提出对考生这两个能力成分的要求，另一方面则可以通过报考条件等方式来保证通过考试的考生具有这两个方面能力的要求。对心理生理能力而言，可借鉴现有笔译资格考试的做法，要求报考考生应具有一定的学历文凭以证明受过一定的高等教育，或达到一定的年龄；而个人性格及特质方面则可以通过要求考生在报考时提供相关工作经验或同行评价来实现。

6.4.2　构念呈现形式

本章 6.3 部分对现有笔译资格考试的构念清晰度进行了分析，发现目前国内国际的主要笔译资格考试通过不同渠道和方法对考试目的、性质、对象、内容、要求等信息进行公开，从而使考试构念具有一定的清晰度。不过，也有笔译资格考试在对考试信息的公开程度上并不详细，尤其未对考试内容和考试评分等信息进行公布。部分考试对考生特征的详细说明和规定，在一定程度上使考试利益相关方对考试的目的及构念有更清楚的了解，从而在一定程度上避免了对考试及其结果的误读和误用。不过，也有考试未提出具体的强制性报考条件。

部分笔译资格考试未将考试相关信息公布的原因可能和考试的保密性有关。由于笔译资格考试的主要目的是选拔符合条件的考生并对其笔译能力或资格进行认定，进而颁发相应的能力水平证书或资格证书，而后者则可以成为获得相应职业、职位或晋升的重要依据。因此，笔译资格考试属于高风险（high-stake）的考试行为，考试的组织及管理受到密切关注，为了保证考试的公平性和权威性，对考试信息的公开就比较慎重，这也是造成部分笔译资格考试管理部门未将考试内容和考试评分进行公开的主要原因。报考条件方面，个别笔译资格考试未明确规定报考考生必须达到的条件，一方面是由于笔译资格考试关注的核心是考生是否具有一定的笔译能力和水平，而译文质量的高低是衡量考生笔译能力和水平最直观的方法，报考条件并不是影响译文质量的核心要素；另一方面也体现出部分笔译资格考试在考试性质及目的上的模糊性，以及对翻译行业的缺乏关注，职业资格认证的特征未得到充分体现。此外，部分笔译资格考试管理机构也希望能够放开门槛，吸引更多的人才进入到翻译行业中来。最后，构念呈现及考生报考条件等相关信息的缺失，也不排除是由于部分笔译资格考试组织及管理部门在设计笔译资格考试时，并未对考生特征、评分标准和方法进行详细论证或说明，并未形成明确或权威的大纲或考试规范，对考试内容的选择也无明确规定，相关考试信息并不完备，故而无法向公众公开以上信息。

不过，前面已经讨论过，考试内容和考试评分是考试构念呈现的重要方面，或者说是理论化和抽象化的考试构念的操作化过程，通过考试内容和考试评分可以比较清楚地了解考试的构念构成及对各构念成分、要素及内涵的具体要求。对考生特征的公布则可以从一方面更加明确考试所要面临的对象，从而使考试的目的得到实现，避免因不符合考试目的的考生参加考试而造成对考试、考试结果及分数的误读和误用，对考试的构念效度形成威胁；另一方面，通过对考生特征的公布还可以在一定程度上对考生的某些能力或资格进行限定，尤其是目前无法有效测量的部分考生能力，如翻译职业能力、工具能力、个人性格及特征等方面，从而作为除考试设置外对考试构念进行评估的另一种途径。

因此，要保证笔译资格考试构念的清晰度，同时考虑到笔译资格考试的构念构成，现有笔译资格考试构念的呈现应采取以下措施：

首先，各考试组织及管理部门应通过各种途径，包括网站、微博、培训课程等形式，公布考试大纲、考试说明、考生手册、年度报告、辅导教材等相关资料。

其次，各考试组织及管理部门应采用官方语言/母语/第一语言向考试利益相关方公开有关考试的一系列信息，包括考试性质及目的、考生特征、考试内容、考试要求、考试方式、考试实施方法、考试评分、通过标准等。目前大部分笔译资格考试对考试性质及目的、考试要求、考试方式、考试实施、通过标准等信息进行了公开，不过也有部分笔译资格考试对考试内容、报考条件、考试评分等信息的公开程度不够详细。因此，就考试内容而言，各笔译资格考试应对具体的考试题型及题量、试卷结构及分值、考试涉及专业领域等内容予以说明。考试评分方面，建议各笔译资格考试在不违反当地保密法律法规的前提下，适当公布有关考试评分的说明，包括评分标准、评分方法、评分员选拔及管理、评分程序、评分量表、错误分类、错误扣分方法及原则等。报考条件的要求方面，虽然不同笔译资格考试可根据具体性质和目的，对各自的报考条件进行限制，但概括来讲，笔译资格考试的报考条件至少可以包括以下方面：①学历，目的是为了保证考生达到了从事笔译活动所需要的心理生理能力要求。②从业经验和同行评价，目的对考生的翻译职业能力、工具使用能力和个人性格及特质有一定了解，体现出笔译资格考试的翻译行业趋向和职业资格考试的特征。③年龄，目的同样是了保证考生达到了从事笔译活动所需要的心理生理能力要求；同时，针对同时具有资格认证考试和水平考试特征的笔译资格考试而言，年龄可不做限制，但针对只具有资格认证考试的笔译资格考试而言，年龄限制应符合当地法律规定的劳动用工标准。

6.4.3 笔译资格考试构念构成及呈现

以上通过对国际国内主要笔译资格考试构念构成及呈现形式的分析，探讨了现有笔译资格考试构念存在的问题、出现问题的原因，以及具体的解决办法。通过对比现有考试构念和应测量构念，并结合考试构念对考生特征的适切性，可以看到，现有笔译资格考试构念基本上涵盖了应测量构念中的主要构念成分及要素，其中最重要的构念成分及要素在现有考试中受到的关注也比较多；考生特征也基本上在考试构念中得到体现。不过，无论从整体还是单个笔译资格考试来看，现有考试构念既包含一些不应测量的构念成分及要素，也缺失部分应测量的构念成分及要素，个别考生特征未体现在考试构念之中。从构念清晰度来看，大部分笔译资格考试均通过各种途径公布了考试相关资料及信息，基本上达到了清晰度的要求，不过也有个别考试因未将考试内容、考试评分等重要信息公布，以及在考生报考条件上未进行适当限制，从而对考试的清晰度产生影响。

造成现有笔译资格考试在构念构成及呈现方面出现以上问题的原因是多方面的。从考试性质及目的来看，个别笔译资格考试因同时具有职业资格考试和笔译水平考试两种性质，并承担行业入门考试和职业等级评定两个目的，从而在考试构念构成及呈现中未体现出职业资格考试的特征，忽略了翻译行业中对职业笔译员能力的特殊要求。从各构念成分及要素的特征来看，个别考试构念及成分并非影响笔译活动的核心因素，且因其自身复杂性，无法通过具体的考试设置进行评估。从测试质量评价标准看，测试的设计和开发过程中不但要体现其构念效度，还应考虑真实性、可行性、交互性等其他因素，不能只保证考试的构念效度而牺牲其他标准，从而影响整个考试的质量。从考试的组织管理来看，个别笔译资格考试因组织管理制度及保密制度的要求，以及自身组织管理方面的缺陷，未能及时公开相关资料和信息；个别考试未对报考条件予以限制，也存在吸引更多考生参加考试的目的，这些均会对构念的清晰度产生影响。

为解决以上问题，可相互借鉴不同笔译资格考试的优点，从各方面改进现有笔译资格考试。具体说来，就构念构成来看，各笔译资格考试应在考试构念的说明中增加相应构念成分及要素，去除不相关成分及要素，然后通过具体的考试设置对各成分及要素进行测量和体现。但是，由于笔译资格考试的性质和部分考试构念成分及要素在测量上的困难，并不是所有的构念成分或要素都可以通过考试设置得以体现或测量。因此，在构念说明上，可通过考试性质、目的及考试要求对笔译资格考试各构念成分及要素进行说明，而在构念的评估方法和途径上，可通过考试设置来体现最重要的构念成分及要素，而对相对不重要的成分及要素，建议有选择性地进行体现和测量。笔译资格考试的构念构成见表6-5。

表6-5 笔译资格考试构念构成

构念成分	要素	内涵	体现方法	
语言能力	双语能力	源语和译入语各方面能力		考试内容 考试评分 报考条件
策略能力	转换能力	篇章笔译能力；单方向笔译能力/双向互译能力		考试内容 考试评分
	整体宏观能力	整体决策能力；认知心理能力		考试内容 考试评分 报考条件
翻译职业能力	翻译学科知识	翻译理论知识		
	翻译行业知识	有关翻译行业的知识，包括职业道德、时间掌控及管理能力、翻译项目管理能力、商业知识等		考试内容 报考条件
工具能力	传统工具使用能力	字典及词典使用能力；其他参考资料使用能力	考试性质 考试目的 考试要求	考试实施
	现代化工具及技术使用能力	各种现代化工具、技术、设备使用能力		报考条件
知识能力	百科知识	一般世界知识		考试内容 考试评分
	主题知识	特定主题知识		考试内容 考试评分
	文化知识	特定语言及国家文化知识		考试内容 考试评分
心理生理能力	心理因素	实施翻译项目所需要的心理因素及生理因素		报考条件
	生理因素			
个人性格及特质	个人性格	职业笔译员应具有的性格特征及特质		报考条件
	个人特质			

　　从笔译资格考试构念的呈现来看，应首先在考试大纲及考试规范中明确说明考试拟测量的构念成分及要素，并在可能的情况下，逐步对笔译资格考试的相关信息进行公布。尤其对于本书中关注到的中国内地笔译资格考试体系而言，应在允许的范围内，对考试内容、考试评分及报考条件等考试信息予以关注。笔译资格考试构念的呈现形式见表6-6。

表 6-6 笔译资格考试构念呈现

考试资料	语言	考试信息
考试大纲 考生说明 考生手册 年度报告 考试样题	母语/第一语言/官方语言	考试性质 考试目的 考生内容 考试要求 考生群体 报考要求 考试评分 通过标准

6.5 本章小结

　　本章集中探讨了笔译资格考试构念存在的问题、原因及具体的解决办法。首先，通过对现有笔译资格考试构念和应测量构念的对比，探讨了现有考试构念中可能存在的构念效度威胁；通过对现有考试构念和考生特征的对比，探讨了笔译资格考试构念对考生特征的适切性；通过分析现有考试构念的呈现形式和考生特征，探讨了笔译资格考试构念的清晰度。其次，将以上三者相结合，分析了现有笔译资格考试在构念构成和呈现形式方面存在的问题和出现这些问题的原因，并对可能的解决办法提出了建议。最后，在结合以上问题的基础上，指出笔译资格考试构念的构成及可能的呈现方式。

第 7 章　结　　语

7.1　本书回顾

本书以翻译行业的职业化进程、语言服务业的发展和笔译测试研究的学科需要为背景，将笔译资格考试作为研究对象，借鉴心理测试和语言测试学中的构念效度和测前理论效度的理论和方法，选取国际国内部分笔译资格考试为个案，从测前理论效度的角度分析了现有笔译资格考试的构念效度问题。

在回顾前人研究成果的基础上，本书提出 3 个研究问题，并建立了测前理论效度视角的笔译资格考试构念效度研究框架。为解决研究问题，本书首先探讨了笔译资格考试应测量构念的构成，将笔译能力理论研究和翻译行业中对职业笔译能力的调研及报告相结合，归纳总结出笔译资格考试应测量构念的构成成分、要素和内涵，以及各成分及要素之间的相对重要性。为对现有笔译资格考试构念的特征有所了解，本书搜集了境内外 21 个笔译资格考试的考试规范等相关资料和信息，分析了各笔译资格考试构念的构成成分、要素和内涵，以及笔译资格考试构念呈现的形式，并将各考试构念的特征进行归纳总结，探讨现有笔译资格考试构念构成及呈现形式的总体特征。在以上两方面研究的基础上，将笔译资格考试应测量构念构成特征和现有笔译资格考试构念构成特征相对比，分析现有笔译资格考试构念构成上是否存在构念无关因素和构念代表不良；并将现有笔译资格考试构念构成特征和考生特征相结合，分析现有笔译资格考试构念的适切性；同时分析构念的呈现特性和考生特征，探讨笔译资格考试构念的清晰度。在此基础上，从构念构成和构念呈现两个角度探讨了现有笔译资格考试存在的问题，产生问题的原因及具体的解决办法。

在以上分析与讨论的基础上，本书认为，无论从单个笔译资格考试还是从目前国际国内笔译资格考试的一般情况来看，现有笔译资格考试构念均存在一些问题，而且这些问题具有一定的普遍性和规律性。由于构念是测试要测量的对象，是考试设置、设计和开发试卷的基础，现有笔译资格考试构念上存在的问题在一定程度上会对考试本身的质量产生影响，并使考试测量的结果无法达到考试设置的目的，进而影响到考试的构念效度。此外，部分笔译资格考试在构念的清晰度上不够明晰，未能将与考试构念密切相关的考试信息公布，从而使考试利益相关方对考试的了解不够深入，从而有可能对考试造成误读或误用。从这个角度来看，现有笔译资格考试构念构成和呈现上存在的问题可能是造成目前不同国家和地区笔译资格考试未能充分发挥其作用的部分原因。因此，针对笔译资格考试构念方面存在的问题，应结合现有笔译资格考试应测量构念、笔译资格考试的特征、测试质量的评价标准等方面，从构念构成和构念呈现两个方面解决问题。

7.2　对研究问题的回答

本书第 1 章在前人研究的基础上，根据研究内容提出了 3 个研究问题，对各研究问题的回答如下：

1. 笔译资格考试应测量构念有哪些特征

本书第 4 章结合笔译能力参数集（理论）和职业笔译能力模型，通过理论推演得出笔译资格考试应测量构念。该构念包括 7 个成分，即语言能力、策略能力、知识能力、翻译职业能力、工具能力、心理生理能力和个人性格及特质，其中语言能力和策略能力最重要，心理生理能力和个人性格及特质最不重要。各成分又包括不同要素及内涵，语言能力包括两种语言各方面的知识和能力，策略能力包括转换能力和整体宏观能力，知识能力包括百科知识、主题知识和文化知识，翻译职业能力包括翻译学科知识和翻译行业知识，工具能力包括传统工具使用能力和现代化工具及技术使用能力，心理生理能力包括心理因素和生理因素，个人性格及特质包括个人性格及个人特质。各构念成分中不同要素之间的重要性也不完全相同，其中转换能力、主题知识和文化知识、翻译行业知识、现代化工具及技术使用能力、心理因素和个人特质分别在策略能力、知识能力、翻译职业能力、工具能力、心理生理能力和个人性格及特质等构念成分中的重要性相对较高。

2. 现有笔译资格考试构念有哪些特征

本书第 5 章通过对国际国内 21 个笔译资格考试的考试规范进行分析，发现各考试构念之间既有共同点，也有各自的特点。总的来看，现有笔译资格考试构念由 5 个成分构成，即语言能力、策略能力、翻译职业能力、工具能力和知识能力，其中语言能力和策略能力是所有笔译资格考试都涉及的构念成分，知识能力所涉及的考试则最少。各构念成分又包括不同要素和内涵，其中语言能力涉及单语能力和双语能力，策略能力涉及转换能力和整体宏观能力，翻译职业能力涉及时间掌控及管理能力和职业道德，工具能力涉及传统工具使用能力和现代化工具及技术使用能力，知识能力涉及百科知识、主题知识和文化知识。各成分要素受到的关注程度也不同。就笔译资格考试构念的呈现形式来看，大部分笔译资格考试都通过考试目的、性质、考试要求、考试内容、考试评分和通过标准对考试的构念进行了呈现，也有部分笔译资格考试未将考试内容、考生评分和通过标准向考试利益相关方公布。

3. 现有笔译资格考试构念存在哪些问题，如何解决这些问题

本书第6章通过对比笔译资格考试应测量构念构成和现有笔译资格考试构念构成，发现现有笔译资格考试构念中因包含了不应测量的单语能力、单句笔译能力和单方向笔译能力而产生了构念无关因素，同时因未将应测量构念中的部分成分和要素作为考试构念而产生了构念代表不良，包括语言能力中的双语能力、策略能力中的双向互译能力和部分整体宏观能力、翻译职业能力及其部分要素、工具能力及其部分要素、知识能力及其部分要素，以及生理心理能力和个人性格及特质。通过分析考试特征和考试构念呈现，发现现有笔译资格考试构念涉及大部分考生特征，但部分笔译资格考试因未将考试内容、考生特征、考试评分等信息公布而对考试的清晰度产生影响。通过进一步分析，发现现有笔译资格考试构念构成上存在的问题部分和笔译资格考试的性质与目的、各构念成分及要素测量的难度和它们之间的重要性差异、测试质量评价的整体标准、考试的组织管理等方面有密切关系。为解决这些问题，建议各笔译资格考试在考试大纲中明确说明考试构念及要求，并公布考试性质、目的、内容、要求、评分等相关信息，并通过考试设置和报考条件体现考生构念。

7.3 结语

本书选取部分国家和地区的笔译资格考试作为研究对象，通过分析各笔译资格考试的相关信息来探讨现有笔译资格考试构念的共同特征。

一方面，各笔译资格考试在考试目的和性质，以及考试所要测量的构念等方面存在诸多共同点，各构念的核心成分也基本相同。这在一定程度上体现出目前国际国内笔译资格考试发展的一般特征，即均注意到了资格考试的社会化和职业化性质，在考察笔译核心能力的同时，逐步将翻译行业中的业务特征纳入到笔译资格考试之中；不过现有笔译资格考试仍然处于发展阶段，在考试性质、目的及构念构成方面均存在一定的问题，职业资格考试的独特性并未完全体现。这也是造成目前不同国家和地区笔译资格考试所存在问题基本相同的原因。

另一方面，通过对不同笔译资格考试的性质、目的、测量构念和构念呈现形式的差异进行分析可以发现，部分国家和地区的笔译资格考试的职业化和专业性程度落后于其他笔译资格考试，如个别笔译资格考试仍然承担着笔译水平考试和职业资格考试的双重角色，未体现出其独特性，其他资格考试的职业化特征则相对显著，不但以翻译行业中有经验的职业笔译员为考试对象，在考试构念的设置上也尽量体现了翻译行业中职业翻译的特征；还有一些笔译资格考试则成为法律承认的资格认证体系的组成部分，体现出一定的法律效力。和单纯以测量职业笔译员笔译实践能力为目的的考试相比，同时承担水平考试和职业资格考试两种角色的考试因定位模糊，其功能和作用未得到充分发挥；考试结果具有法律效力的考试则具有执业资格考试的性质，是资格考试发展的最终目标。以上特征都会在笔译资格考试的构念上有所体现，包括对考生报考条件的限制、在考试设置中对职业笔译活动特征的关注等。因此，目前国内国际笔译资格考试发展的程度并不完全相同，个别考试的职业特征要远远高于其他考试，其中本书关注到的境外笔译资格考试在职业化和专业化程度上均高于中国内地 11 个笔译资格考试。因此，建议中国内地笔译资格考试借鉴其他国家和地区的笔译资格考试做法，在考试目的和考试性质上加强职业资格考试的特征，将笔译水平考试和职业资格考试两种不同类型的考试分开，并在构念构成和呈现形式上尽量体现翻译行业中职业笔译活动的特征。

此外，本书主要关注的是现有笔译资格考试的构念效度，以探讨考试构念中存在的问题为侧重点，但本书也体现出现有笔译资格考试较高的构念效度。通过对现有笔译资格考试构念和应测量构念之间的对比，以及考试构念和考生特征的对比可以看出，无论从整体还是个体来看，现有笔译资格考试构念基本上包含了笔译资格考试应测量构念中最重要的成分及要素，考生特征也基本上在考试构念中得到关注。这就在一定程度上为笔译资格考试的构念效度提供了证据。因此，从测前理论效度的角度来看，本书关注的 21 个笔译资格考试均呈现出较强的构念效度。就笔译资格考试的设计者和开发者而言，除对笔译资格考试进行不断修订以继续提高其构念效度外，还需要通过各种途径证明笔译资格考试的合理性和科学性，提高其社会地位和影响力，促进其在翻译行业中的推广和介绍，推动其在翻译行业中承担相应的角色，发挥应有的作用。

限于笔者自身学术背景、研究时限及其他主客观原因，本书还存在以下不足之处。

首先，从对资料的搜集与整理看，相关考试资料获取的限制造成本书结果存在一定的局限性。从测前理论效度角度对笔译资格考试构念效度进行研究，可通过文献法、文本分析法、访谈法等方法从各方面搜集理论证据和实证证据。其中采用文献法可搜集的证据包括考试规范、考试大纲、考试说明、考生手册、考试真题及考试译文等考试资料，文本分析法包括对考试真题及考试译文的分析，访谈法则可以对考试的设计与开发者进行调研。本书对相关文献资料的搜集主要采用网上搜索的方法，对各考试官方网站及相关翻译行业协会网站公布的相关考试资料和信息进行搜集和整理。由于不同笔译资格考试组织及管理部门对考试资料及考试信息公布的类别和详细程度不同，对不同笔译资格考试构念的分析也会存在一定的差异。对其他国家及地区的笔译资格考试而言，受地域条件的限制，笔者暂时无法通过其他手段获得有关笔译资格考试更详尽的资料。对中国内地的笔译资格考试而言，由于保密制度及考试自身组织管理制度的限制，个别笔译资格考试组织及管理部门对考试资料和信息的公布并不完整，尤其缺乏考试规范、考试大纲、考试译文和考试成绩等相关资料和信息。由于受到保密制度等条件的制约，笔者在尝试以学术研究的名义申请获得相关考试资料的过程中也遇到了困难。同时，由于无法获得考试真题和考试参考译文，相应的文本分析目前也无法进行；对考试设计与开发者的访谈也因以上原因受到了挫折。因此，本书对现有笔译资格考试构念的探讨只能建立在对考试已经公开的考试资料进行分析的基础上，这是大部分笔译资格考试利益相关方可以获知的构念构成，并不一定是各笔译资格考试组织与管理部门所认可的真正构念。

其次，从研究方法上看，本书在分析笔译能力参数集（理论）时，选取了 29 个笔译能力理论模型作为基础，虽然笔者尽量选取文献中较受到认可且经过详细论述的能力模型，但仍然避免不了可能出现的主观判断。此外，本书对笔译能力理论模型、行业调研和企业报告、各笔译资格考试构念构成均采用理论思辨的方法，由笔者对以上各成分及构成进行分类。虽然为了保证分类的信度，笔者在经过首次资料分类两个月后，重新对相关资料进行了分类，并将两次分类结果进行对比，以保证两次分类结果基本一致，但由于两次分类均由笔者一人完成，在分类的过程中笔者的主观判断起着决定性作用，对笔译资格考试应测量构念构成和现有笔译资格考试构念构成的具体特征有直接影响，其中不可避免地会存在一定的主观判断和误差，从而使研究结果带有一定的主观性。

结合本书的研究结论和以上研究局限，笔者希望后续有更多研究者关注笔译资格考试及其构念效度研究。具体说来，未来可从以下五个方面开展后续研究。

（1）搜集更多有关笔译能力的理论模型，进一步修订笔译能力参数集（理论）。同时开展一定规模内的翻译行业调研，获得有关职业笔译能力的一手资料，在此基础上对本书的职业笔译能力模型进行修订。之后将两者相结合，对本书得出的笔译资格考试应测量构念构成进行修订。

（2）扩大研究范围，将本书未关注到的其他国家和地区笔译资格考试纳入视野，从各种渠道搜集资料，分析各笔译资格考试的构念构成及呈现。对中国内地部分笔译资格考试而言，在遵守相关保密法律的前提下，对个别笔译资格考试的设计与开发者进行访谈，了解他们所认为的笔译资格考试构念构成，并在此基础上分析各笔译资格考试的构念特征。

（3）通过具体的实证研究来对特定笔译资格考试的效度开展个案研究。本书关注的只是笔译资格考试构念的一般特征，对具体考试而言，必须定期进行有针对性的效度研究，以保证测试及测试结果的解释和使用符合测试目的。目前测试学和语言测试研究中，对构念效度研究仍然采取的是对考试结果进行分析的方法。因此，在条件允许的情况下，可获取特定笔译资格考试的考试资料，包括考生信息、考试成绩、通过率等信息，进行统计分析；同时通过合法渠道搜集参考译文、评分标准等资料，进行定性分析。对于个别暂时无法获得考试结果等数据的笔译资格考试而言，可采用模拟考试的形式，通过实验方法获取相关数据，开展构念效度研究。

（4）在本书的基础上，开展笔译资格考试的内容效度研究。测前效度除包括理论效度外，还涉及内容效度，即分析考试构念和考试内容之间的关系。本书分析了现有笔译资格考试的构念，下一步可以将这一构念构成和具体考试试卷呈现出来的考试内容进行对比分析，探讨笔译资格考试的内容效度。这就需要通过各种途径获得各笔译资格考试的考试试卷，采用历时及共时的方法，对不同笔译资格考试的考试试卷的整体特征及历时变化进行分析。

（5）将笔译资格考试和翻译教学相结合，探讨如何发挥笔译资格考试的桥梁作用，衔接翻译行业职业口笔译人才需求和专业翻译人才培养。目前国内已有部分高校在翻译专业本科阶段开设有关 CATTI 笔译资格考试的课程及培训项目，逐步尝试将翻译教学和资格考试及翻译行业发展相结合。不过，关于如何将 CATTI 笔译资格考试各等级和不同学历层次及教育背景专业翻译人才培养对应和衔接，以及笔译资格考试应怎样承担其桥梁及行业入门的"守门员"职责，仍需要进一步探讨和摸索。

参 考 文 献

柏杰. 2004. 译者评估: 对全国外语翻译证书考试设计与译文评估的建议. 青岛: 中国海洋大学硕士学位论文.

薄振杰. 2010. 中国高校英语专业翻译教学研究: 无标题语段翻译能力之培养. 济南: 山东大学博士学位论文.

薄振杰, 李和庆. 2011. 翻译策略能力的构成要素及模式构建. 西安外国语大学学报, (3): 60-64.

蔡啸. 2009. 全国翻译专业资格(水平)考试分析及其对翻译队伍建设的启示. 中国翻译, (1): 60-62.

陈福康. 1996. 中国译学理论史稿. 上海: 上海外语教育出版社.

陈宏. 1999. 语言能力测验的结构效度检验. 世界汉语教学, (1): 65-75.

陈晓扣, 李绍山. 2006. 论语言测试的结构效度. 解放军外国语学院学报, (3): 45-49.

陈怡. 2010a. 学习者翻译语料库与汉英文本翻译测试. 外语教学理论与实践, (2): 91-98.

陈怡. 2010b. 英语专业高年级学生汉译英能力与文本测试评分研究. 上海: 上海外国语大学博士学位论文.

陈志杰, 肖红, 杨默荻. 1998. 段落汉译英作为大规模标准化考试题型的可行性. 外语界, (3): 32-36.

邓杰. 2011. 语言测试效度的辩论方法——辩论逻辑与效度解释. 上海: 上海外国语大学博士学位论文.

邓杰. 2012. 论测试辩论的理性逻辑与累进方法. 外国语, (4): 70-79.

方秀才. 2011. 全国硕士研究生英语入学考试(NETEM)效度验证. 淮北师范大学学报, (3): 114-117.

方秀才. 2012. 外语语用测试: 问题与对策. 外语测试与教学, (2): 43-50.

冯建忠. 2007. CATTI 考试体系中的翻译职业道德意识问题. 外语研究, (1): 53-55.

冯全功, 张慧玉. 2011. 以职业翻译能力为导向的 MTI 笔译教学规划研究. 当代外语研究, (1): 33-38.

辜向东, 彭康洲. 2008. 从测试有用性到测试使用论证——Bachman 语言测试理论的新发展. 中国外语, (6): 37-42.

海芳. 2004. 英语专业本科生的笔译测试. 上海: 上海外国语大学博士学位论文.

韩宝成, 罗凯洲. 2013. 语言测试效度及其验证模式的嬗变. 外语教学与研究, (3): 411-425.

何高大. 2012. 高校外语教学网络化题库建设标准研究. 外语电化教学, (3): 9-14.

侯靖纹. 2008.试题功能差异对翻译测验链接影响之研究. 台南(台湾): 台南大学硕士学位论文.

黄群辉. 2004. 论翻译能力及其培养. 长沙: 湖南师范大学硕士学位论文.

黄忠廉, 陈胜, 刘丽芬. 1997. CET-4 翻译题的命题原则及方法. 现代外语, (2): 48-52.

黄忠廉. 1998. 翻译测试研究: 进展与方向. 中国俄语教学, (3): 55-59.

黄子东. 1997. 翻译能力与翻译教学. 上海科技翻译, (3): 26-30.

贾欣岚, 张健青. 2004. 谈翻译资格考试. 中国科技翻译, (3): 52-54.

江进林, 王立非, 王志敏. 2012. 学生英译汉分析性评分标准的研制. 外语与外语教学, (6): 56-60.

江进林, 文秋芳. 2010. 基于 Rasch 模型的翻译测试效度研究. 外语电化教学, (1): 14-18.

姜秋霞, 权晓辉. 2002. 翻译能力与翻译行为关系的理论假设. 中国翻译, (6): 11-15.

金力. 2011. 计算机辅助大学英语口语测试研究. 外国语文, (4): 126-130.

金艳. 2006. 提高考试效度, 改进考试后效——大学英语四六级考试后效研究. 外语界, (6): 65-74.

鞠成涛. 2011. 从翻译公司的视角谈翻译职业人才培养. 2011 年中国翻译职业交流大会.

赖慈云. 2008. 四种翻译评量工具的比较. 编译论丛, 1(1): 71-92.

李德凤. 2012. 翻译教学: 需求分析与课程设置. 北京: 外语教学与研究出版社.

李家春. 2013. 翻译测试中的能力界定与信度效度评估. 西安外国语大学学报, (2): 117-121.

李洁. 2011. 全国翻译专业资格水平考试英语三级笔译实务考试效度研究. 西安: 西北大学硕士学位论文.

李清华. 2006. 语言测试之效度理论发展五十年. 现代外语, (1): 87-96.

李瑞林. 2011. 从翻译能力到译者素养: 翻译教学的目标转向. 中国翻译, (5): 46-52.

李筱菊. 2001. 语言测试科学与艺术. 长沙: 湖南教育出版社.

李欣. 2004. 翻译测试的结构效度及其实现. 东北大学学报(社会科学版), (3): 217-219.

李玉平. 2009. 大规模计算机辅助英语口语测试效果实证研究. 外语界, (4): 69-76.

刘和平. 2011. 翻译能力发展的阶段性及其教学法研究. 中国翻译, (1): 37-45.

刘靖之. 2001. 香港的翻译与口译教学: 回顾与前瞻. 翻译学研究集刊(台湾), (6): 189-224.

刘宓庆. 2003. 翻译教学: 实务与理论. 北京: 中国对外翻译出版公司.

刘润清. 1991. 语言测试和它的方法. 北京: 外语教学与研究出版社.

刘月云, 廖柏森. 2010. 大学入学考试英文科翻译试题之探讨. 翻译学研究集刊(台湾), (13): 219-254.

柳明明. 2011. 《语言评测实践: 现实世界中语言评测的开发及其使用论证》述评. 外语教学与研究, (4): 633-638.

罗选民, 黄勤, 张健. 2008. 大学翻译教学测试改革与翻译能力的培养. 外语教学, (1): 76-62.

马会娟. 2013. 汉译英翻译能力研究. 北京: 北京师范大学出版社.

马会娟, 管兴忠. 2010. 发展学习者的汉译英能力——以北外本科毕业教学为例. 中国翻译, (5): 39-44.

马会娟, 管兴忠. 2012. 论汉英翻译的语言能力. 西安外国语大学学报, (3): 117-121.

马会灵. 2011. 论翻译测试的功能及其对大学英语教学的反拨效应. 长江大学学报(社会科学版), (2): 94-95.

马湘萍. 2008. 2007 年教育部中英文翻译能力考试概况与应试心得. 编译论丛, (1): 213-220.

马祖毅. 1998. 中国翻译简史. 北京: 中国对外翻译出版公司.

苗菊, 王少爽. 2010. 翻译行业的职业趋向对翻译硕士专业(MTI)教育的启示. 外语与外语教学, (3): 64-68.

苗菊. 2007. 翻译能力研究——构建翻译教学模式的基础. 外语与外语教学, (4): 47-50.

穆雷. 1999. 中国翻译教学研究. 上海: 上海外语教育出版社.

穆雷. 2004. 翻译教学中的(汉英/英汉)文本测试研究——模糊综合评分模式的建立. 香港: 香港浸会大学博士学位论文.

穆雷. 2006a. 翻译能力与翻译测试——英汉/汉英翻译测试研究系列(四). 上海翻译, (2): 43-47.

穆雷. 2006b. 翻译测试及其评分问题. 外语教学与研究, (6): 466-472.

穆雷. 2007. 翻译测试的定义与定位——英汉/汉英翻译测试研究系列(一). 外语教学, (1): 82-86.

穆雷. 2008. 建设完整的翻译教学体系. 中国翻译, (1): 41-45.

穆雷. 2010. 翻译研究方法概论. 北京: 外语教学与研究出版社.

穆雷. 2012. 也论翻译研究之用. 中国翻译, (2): 5-11.

牛宁. 2011. 澳大利亚与中国翻译资格证书认证体系的对比分析. 上海翻译, (4): 73-77.

潘华凌, 刘兵飞. 2011. 翻译人才需求状况调查及其培养对策研究——基于江西省的情况. 解放军外国语学院学报, (1): 79-84.

潘鸣威. 2010. 基于语料库的学习者汉英翻译省译策略研究——兼谈对汉英翻译测试的几点思考. 外语研究, (5): 72-77.

钱春花. 2011. 基于扎根理论的译者翻译能力体系研究. 外语与外语教学, (5): 65-69.

钱春花. 2012. 翻译能力构成要素及其驱动关系分析. 外语界, (3): 59-65.

邱东林, 等. 2005. 大学英语听说机考尝试. 外语界, (4): 76-79.

任文. 2005. 中澳口译水平考试及资格认证对比谈. 中国翻译, (1): 62-66.

汝明丽. 2009. 台湾口译产业专业化: Tseng 模型之检讨与修正. 编译论丛, 2(2): 105-125.

邵志洪. 2003. 汉英对比与翻译——TEM8(2002)汉译英试卷评析. 中国翻译, (1): 76-78.

宋志平, 徐珺. 2009. 选择顺应论视角下的翻译错误非二元对立性分析. 外语研究, (6): 74-78.

宋志平. 1997. 关于翻译测试的理论思考. 中国翻译, (4): 30-33.

仝亚辉. 2010. PACTE 翻译能力模式研究. 解放军外国语学院学报, (5): 88-93.

汪顺玉, 刘孔喜. 2011. 近十年我国翻译测试研究进展概观. 重庆工商大学学报(社会科学版), (1):

104-109.

汪顺玉. 2006. 语言测试构念效度研究. 上海: 上海外国语大学博士学位论文.

汪顺玉. 2009. 语言测试构念效度研究. 成都: 四川大学出版社.

王宏. 2012. 汉译英能力构成因素和发展层次研究. 外语研究, (2): 72-76.

王佶旻. 2011. 语言测验的学科定位. 中国考试, (8): 3-7.

王金铨, 文秋芳. 2009. 中国学生大规模汉译英测试机助评分模型的研究与构建. 现代外语, (4): 415-420.

王金铨, 文秋芳. 2010. 国内外机器自动评分系统评述——兼论对中国学生翻译自动评分系统的启示. 外语界, (1): 75-81.

王克非, 杨志红. 2010. 翻译测试中的理论与实践问题. 外国语, (6): 54-60.

王少爽. 2011. 面向翻译的术语能力: 理念、构成与培养. 外语界, (5): 68-75.

王树槐, 王若维. 2008. 翻译能力的构成要素和发展层次研究. 外语研究, (5): 81-89.

王湘玲. 2012. 建构主义的项目式翻译能力培养研究. 长沙: 湖南大学出版社.

王振亚. 2009. 现代语言测试模型. 保定: 河北大学出版社.

王振亚. 2012. 翻译能力新探. 当代外语研究, (3): 43-48.

文军. 2004. 论以发展翻译能力为中心的课程模式. 外语与外语教学, (8): 49-52.

文军. 2005. 翻译课程模式研究——以发展翻译能力为中心的方法. 北京: 中国文史出版社.

文秋芳, 秦颖, 江进林. 2009. 英语考试翻译自动评分中双语对齐技术的应用. 外语电化教学, (1): 3-8.

吴恬绮. 2004. 国中翻译试题欧化现象之研究. 台北: 台湾师范大学翻译研究所硕士学位论文, 2004.

席仲恩. 2011. 翻译测试的外延与内涵. 重庆邮电大学学报(社会科学版), (6): 99-103.

肖维青. 2010. 翻译测试的信度研究. 广西民族大学学报(哲学社会科学版), (2): 171-174.

肖维青. 2012a. 本科翻译专业测试研究. 北京: 人民出版社.

肖维青. 2012b. 多元素翻译能力模式与翻译测试的构念. 外语教学, (1): 109-112.

胥云. 2011. 语言测试中基于论证的效度验证模式述评. 外语教学理论与实践, (4): 7-14.

徐海铭. 1995. Competence 概念衍变描述. 南京师范大学学报(社会科学版), (4): 102-105.

徐莉娜. 1998. 关于本科生翻译测试的探讨. 中国翻译, (3): 29-32.

徐启龙. 2012a. AUA 框架——语言测评理论的新发展. 外语电化教学, (1): 37-41.

徐启龙. 2012b. 语言测评效验理论的沿革及发展趋势. 西安外国语大学学报, (3): 20-24.

薛荣. 2008. 当代语言测试: 理论发展与未来趋势. 外语与外语教学, (10): 44-47.

颜钰庭. 2007. 翻译自动评分系统于英文学习上之应用. 云林(台湾): 云林科技大学资讯工程研究所硕士学位论文.

杨惠中, Weir, C. J. 1998. 大学英语四、六级考试效度研究. 上海: 上海外语教育出版社.

杨惠中, 朱政才, 方绪军.2012. 中国语言能力等级共同量表研究: 理论、方法与实证研究. 上海: 上海外语教育出版社.

杨晓荣.2002. 汉译英能力解析. 中国翻译, (6): 16-19.

杨英姿.2009. 稳步发展的全国翻译专业资格(水平)考试//中国翻译协会(编)中国翻译年鉴. 北京: 外文出版社: 278-283.

杨英姿.2011. 谈翻译专业资格(水平)考试的三个衔接. 中国翻译, (3): 81-83.

杨颖波.2011. 语言服务产业高端翻译人才需求. 中国翻译职业交流大会.

杨志红.2014. 中国学生英语能力与汉译英能力关系的实证研究. 外语与外语教学, (1): 54-59.

于文娜.2011. 翻译测试题型和评分标准对翻译能力测评影响的实证研究. 济南: 山东师范大学 硕士学位论文.

曾文中.1992. 台湾口译专业化的研究——一个社会学的模型. 台北: 辅仁大学翻译学研究所硕 士学位论文.

曾志伟.2007. 选择题及开放式作答题型在翻译能力测验之比较. 屏东(台湾): 屏东商业技术学 院硕士学位论文.

张丽娟, 彭国珍, 王晓凤.2011. 论本科翻译测试题型设计要义. 浙江工业大学学报(社会科学版), (2): 229-235.

张瑞娥.2012a. 翻译能力构成体系的重新建构与教学启示——从成分分析到再范畴化. 外语界, (3): 51-58.

张瑞娥.2012b. 英语专业本科翻译教学主体交往体系建构研究. 上海: 上海外国语大学博士学 位论文.

张晓芸.2007. 两大全国性翻译测试的反拨效应之预测研究. 江苏外语教学研究, (1): 54-58.

张新玲, 刘君玲.2011. 中国大学 EFL 学习者英汉/汉英笔译测试研究综述. 上海翻译, (2): 30-33.

张新玲, 刘君玲.2013. 一项中国 EFL 学习者英译汉笔试成绩预测因素的实证研究. 上海翻译, (4): 37-40.

张怡.2006. 全国硕士研究生入学统一考试英语考试翻译试题效度研究. 武汉: 武汉理工大学硕 士学位论文.

赵玉闪, 王志, 卢敏.2007. 全国翻译专业资格(水平)考试笔译试题命制一致性研究报告. 中国翻 译, (3): 53-57.

郑雅丰, 陈新转.2011. 能力概念及其教育意义之探讨. 台北: 教育研究与发展期刊, 7(2): 27-55.

周大军, 高兰生.1998. 交际性语言测试理论述评. 外语教学与研究, (2): 40-47.

周幼雅.2008. 英语专业八级考试翻译试题效度研究. 武汉: 武汉理工大学硕士学位论文.

周越美, 孙晓龙, 张韧弦.2009. 写作课程的无纸化考试研究. 外语界, (3): 59-65.

周正一.1995. 大学联考英文科翻译试题之探究: 1979-1994. 台北(台湾): 辅仁大学翻译研究所

硕士学位论文.

朱道敏. 1987. 澳大利亚的译员评级考试. 现代外语, (1): 65-67.

朱尔尔, 张肖莹. 2009. 基于网络的大学英语机考探索与实践. 外语电化教学, (3): 63-67.

庄起敏. 2006. 对翻译作为英语能力测试手段的分析与思考. 外语界, (3): 55-59.

庄智象. 2007. 我国翻译专业建设: 问题与对策. 上海: 上海外语教育出版社.

邹申. 2005a. 语言测试. 上海: 上海外语教育出版社.

邹申. 2005b. 考试效度研究的互动性——再论 TEM 阅读测试项目的有效性. 上海: 上海外国语大学博士学位论文.

Ahmadi, A. 2011. On the validity of a multiple-choice translation test as a substitute for an open-ended translation test in the Iranian university entrance examination. *Perspectives: Studies in Translatology*, 19(4): 307-314.

Alderson, J. C., Clapham, C. & Wall, D. 2000. *Language Test Construction and Evaluation*. Beijing: Foreign Language Teaching and Research Press.

American Educational Research Association(A E R A), American Psychological Association & National Council on Measurement in Education. 1999. *Standards for Educational and Psychological Testing*. Washington American Educational Research Association.

Anastasi, A. 1998. *Psychological Testing(6th ed.)*. New York: Macmillan Publishers Limited.

Angelelli, C. V. & Jacobson, H. E. 2009. *Testing and Assessment in Translation and Interpreting Training*. Amsterdam/Philadelphia: John Benjamins Publishing Company.

Bachman, L. F. & Palmer, A. S. 2010. *Language Assessment in Practice: Developing Language Assessments and Justifying Their Use in the Real World*. Oxford: Oxford University Press.

Bachman, L. F. & Palmer, A. S.1996. *Language Testing in Practice: Designing and Developing Useful Language Tests*. Oxford: Oxford University Press.

Bachman, L. F. 1990. *Fundamental Considerations in Language Testing*. Oxford: Oxford University Press.

Bachman, L. F. 2004. *Statistical Analysis for Language Assessment*. Cambridge: Cambridge University Press.

Beeby, A. 2000. Evaluating the development of translation competence. In C. Schaffner & B. Adab (Eds.), *Developing Translation Competence* (pp.185-198). Amsterdam/Philadelphia: John Benjamins Publishing Company.

Bell, R. T. 2001. *Translation and Translating: Theory and Practice*. Beijing: Foreign Language Teaching and Research Press.

Bendana, L. & Melby, A. 2012. *Almost Everything You Ever Wanted to Know About Translation*. Toronto: Multi-Languages Corporation.

Borsboom, D. & Mellenbergh , G. J. 2004. The Concept of Validity. *Psychological Review*, 111(4): 1061-1071.

Bowker, L. 2005. Professional recognition in the Canadian translation industry: How is it perceived by translators and employers? *Translation Watch Quarterly*, 1(1): 19-32.

Boyle, J. & Fisher, S. 2007. *Educational Testing: A Competence-based Approach*. Oxford: Blackwell Publishing.

Brown, H. D. 2004. *Language Assessment: Principles and Classroom Practices*. New York: Pearson Education, Inc.

Budin, G, et al. 2013. The transcert project: Ensuring that transnational translator certification meets stakeholder needs . *The International Journal of Translation & Interpreting Research*, 5(1): 143-155.

Campbell, S. J. 1991. Towards a model of translation competence. *Meta*, 36(2-3): 329-343.

Campbell, S. J. 1998. *Translation into the Second Language*. London: Longman.

Canale, M. & Swain, M. 1980. Theoretical bases of communicative approaches to second language teaching and testing. *Applied Linguistics*, 1(1): 1-47.

Cao, D. 1996. Towards a model of translation proficiency. *Target*, 8(2): 325-340.

Chan, A. L. J. 2008. *Information Economics, the Translation Profession and Translator Certification* (Unpublished doctoral dissertation). Tarragona: Universitat Rovira i Virgili.

Chan, A. L. J. 2009. Effectiveness of translator certification as a signaling device: Views from the translator recruiters . *Translation and Interpreting Studies*, 4(2): 155-171.

Chan, A. L. J. 2013. Signaling jamming in the translation market and the complementary roles of certification and diplomas in developing multilateral signaling mechanisms. *The International Journal for Translation & Interpreting Research*, 5(1): 211-221.

Chapelle, C. A. 1999. Validity in Language Assessment. *Annual Review of Applied Linguistics*, (19): 254-272.

Chesterman, A. 1997. *Memes of Translation: The Spread of Ideas in Translation Theory*. Amsterdam/ Philadelphia: Jonh Benjamins Publishing Company.

Chodkiewicz, M. 2012. The EMT framework of reference for competences applied to translation: perceptions by professional and student translators. *Jostrans—The Journal of Specialised Translation*, (17): 37–54.

Cohen, R. J. & Swerdlik, M. E. 2009. *Psychological Testing and Assessment: An Introduction to Tests and Measurement(7th ed.)*. NewYork: The McGraw–Hill Companies, Inc.

Colina, S. 2009. *Translation Teaching: From Research to the Classroom: A Handbook for Teachers*. Shanghai: Shanghai Foreign Language Education Press.

Cumming, A. H. 1996. *Validation in Language Testing: Modern Languages in Practice*. Adelaide:

Multilingual Matters Ltd.

Darwish, A. 2005. Towards a formal accreditation of translation quality assurors. http://www.translocutions.com/translation/translation_quality_assurance_accreditation.html.

Davies, A, et al. (Eds.). 2002. *Dictionary of Language Testing*. Beijing: Foreign Language Teaching and Research Press.

Domino, G. & Domino, M. L. 2006. *Psychological Testing: An Introduction*. Cambridge: Cambridge University Press.

Echu, G. & Dasse, T. 2010. Exploring translation intuition: A triangulation approach. *Translation Quarterly*, 57(6): 9-10.

Embreston, S. 2007. Construct validity: A universal validity system or just another test evaluation procedure? *Educational Research*, 36(8): 449-455.

EMT group, 2009. European master's in translation: Competence for professional translators. http://ec.europa.eu/dgs/translation/programmes/emt/key_documents/emt_competences_translators_en.pdf.

Fraser, J. 2000. The broader view: How freelance translators define translation competence. In C. Schäffner & B. Adab(Eds.), *Developing Translation Competence*(pp.51-62). Amsterdam: John Benjamins Publishing Company.

Fulcher, G. & Davidson, F. 2007. *Language Testing and Assessment: An Advanced Resource Book*. London/New York: Routledge.

Gile, D. 1995. *Basic Concepts and Models for Interpreter and Translator Training*. Amsterdam/Philadelphia: John Benjamins Publishing Company.

Gile, D. 2009. *Basic Concepts and Models for Interpreter and Translator Training(Revised edition)*. Amsterdam/Philadelphia: John Benjamins Publishing Company.

Golavar, E. 2012. Translators' performance on translation production tests & translation multiple-choice tests. http://www.bokorlang.com/journal/59education.htm.

Gopferich, S. 2009. Towards a model of translation competence and its acquisition: The longitudinal study transcomp. In S. Gopferich, A. K. Jakobsen & I. M. Mees.(Eds.), *Behind the Mind: Methods, Models and Results in Translation Process Research* (pp.11-37). Rosenoerns: Samfundslitteratur Press.

Gopferich, S. 2013. Translation competence, explaining development and stagnation from a dynamic systems perspective . *Target*, 25(2): 61-76.

Gopferich, S., et al. 2011. Exploring translation competence acquisition: Criteria of analysis put to the test. In O'Brien, S.(ed.), *Cognitive Explorations of Translation*. London/New York: Continuum International Publishing Group.

Gouadec, D. 2007. *Translation as a Profession*. Amsterdam/ Philadelphia: John Benjamins Publishing Company.

Harris, B. & Sherwood, B. 1978. Translating as an innate skill. In D. Gerver & H. W. Sinaiko(Eds.), *Language Interpretation and Communication*. New York: Plenum.

Henning, G. 2001. *A Guide to Language Testing: Development, Evaluation and Research*. Beijing: Foreign Language Teaching and Research Press.

Hubscher-Davidson, S. & Borodo, M. 2012. *Global Trends in Translator and Interpreter Training*. London/New York: Continuum International Publishing Group.

Hymes, D. H. 1972. On communicative competence.In J. Pride & J. Holmes(Eds.), *Sociolinguistics*. Harmondsworth: Penguin.

Kane, M. 2006. Validation. In R. Brennan(Ed.), *Educational Measurement* (*4th ed.*) (pp.17-64). Westport: Greenwood Publishing Group.

Kaplan, R. M. & Saccuzzo, D. P. 2009. *Psychological Testing: Principles, Applications, and Issues*. Wadsworth: Cengage Learning.

Katan, D. 2009. Occupation or profession: A survey of the translators' world . *Translation and Interpreting Studies*, 4(2), 187-209.

Kaur, K. & Singh, G. 2005. A competent translator and effective knowledge transfer. http://www.translationdirectory.com/article742.htm.

Kearns, J. 2008. *Translator and Interpreter Training: Issues, Methods and Debates*. London/New York: Continnum International Publishing Group.

Kelly, D. 2007. Translator competence contextualized. Translator training in the framework of higher education reform: In search of alignment in curricular design. In D. Kenny & K. Ryou(eds.), *Across Boundaries: International Perspectives on Translation Studies*(pp.128-142). New Castle: Cambridge Scholar Publishing.

Kelly, D. 2008. Mobility programs as a learning experience for translation studies: Development and assessment of specific translation and transferable generic competences in study abroad contexts. In J. Kearns(Ed.), *Translator and Interpreter Training: Issues, Methods and Debates*(pp. 66-87). London/New York: Continnum International Publishing Group.

Kiraly, D. C. 1995. *Pathways to Translation: Pedagogy and Process*. Kent: The Kent State University Press.

Ko, L. 2005. NAATI accreditation for translators in australia: Theoretical underpinnings and practical implications . *Translation Watch Quarterly*, 1(1): 46-58.

Koby, G. S. & Baer, B. J. 2005. From professional certification to the translator training classroom: Adapting the ATA error marking scale. *Translation Watch Quarterly*, (1): 33-45.

Koby, G. S. & Champe, G. G. 2013. Welcome to the real world: Professional-level translator certification. *The International Journal for Translation & Interpreting Research*, 5(1): 156-173.

Koby, G. S. & Melby, A. K. 2013. Certification and Job Task Analysis(JTA): Establishing validity of translator certification examinations. *The International Journal for Translation & Interpreting Research*, 5(1): 174-201.

Kubiszyn, T. & Borich, G. 2003. *Educational Testing and* Measurement: *Classroom Application and Practice.* New Jersey: John Wiley & Sons, Inc.

Kunnan, A. J. 2008. Towards a model of test evaluation: Using the test fairness and the test context frameworks. In L. Taylor & C. J. Weir(Eds.), *Multilingualism and Assessment: Achieving Transparency, Assuring Quality, Sustaining Diversity.* Cambridge: Cambridge University Press.

Lafeber, A. 2012. *Translation at Inter-governmental Organizations: the Set of Skills and Knowledge Required and the Implications for Recruitment Testing*(Unpublished doctoral dissertation). Tarragona: Universitat Rovira i Virgili.

Lai, T. 2011a. Translation and interpretation competency examinations in Taiwan since 2007(Paper presented in CIUTI Forum). Beijing.

Lai, T. 2011b. Reliability and validity of a scale-based assessment for translation tests. *Meta*, 56(3): 713-722.

Lesznyak, M. 2007. Conceptualizing translation competence. *Across Languages and Cultures*, 8(2): 167-194.

Li, D. 2006. Making translation testing more teaching-oriented: A case study of translation testing in China. *Meta*, 51(1): 72-88.

Lommel, A. 2013. Alternatives to certification. *The International Journal for Translation & Interpreting Research*, 5(1): 222-234.

McAlester, G. 2000. The evaluation of translation into a foreign language. In C. Schaffner & B. Adab(Eds.), *Developing Translation Competence* (pp.229-241). Amsterdam/Philadelphia: John Benjamins Publishing Company.

Melis, N. M. & Albir, A. H. 2001. Assessment in Translation Studies: Research Needs . *Meta*, 46, (2): 272-287.

Messick, S. 1989. Validity. In R. L. Linn(Ed.), *Educational Measurement(3rd ed.).* New York: Macmillan Publishers Limited.

Messick, S. 1995. Validity of psychological assessment: Validation of inference from person's responses and performances as scientific inquiry into score meaning. *American Psychologist*, 50(9): 741-749.

Munday, J. 2008. *Introducing Translation Studies: Theories and Applications(2nd ed.).* London/New York: Rutledge.

Murphy, K. P. & Davidshofer, C. O. 2005. *Psychological Testing: Principles and Applications(6th ed.).* Upper Saddle River: Pearson Education International.

NAATI. 2005. A review of NAATI administrative processes related to testing including quality control processes final report. http://citeseerx.ist.psu.edu/viewdoc/download?doi=10.1.1.132.1924 &rep=r ep1&type=pdf.

NAATI. 2007. The standards of linguistic competence in English and LOTE among NAATI accredited interpreters and translators: A review. http://mams.rmit.edu.au/6vzzapomxpxez.pdf.

Neubert, A. 2000. Competence in language, in languages, and in translation. In C. Schaffner & B. Adab(Eds.), *Developing Translation Competence* (pp.3-18). Amsterdam/Philadelphia: John Benjamins Publishing Company.

Nord, C. 1991. *Text Analysis in Translation: Theory, Methodology and Didactic Application of a Model for Translation-oriented Text Analysis.* Amsterdam/New York: Rodopi.

O'Sullivan, B. 2000. *Towards a Model of Performance in Oral Language Testing* (Unpublished doctoral dissertation). Reading: University of Reading.

Orozco, M. 2000. Building a measuring instrument for the acquisition of translation competence in trainee Translators. In C. Schaffner & B. Adab(Eds.), *Developing Translation Competence*(pp. 199-214). Amsterdam/Philadelphia: John Benjamins Publishing Company.

PACTE. 2003. Building a translation competence model. In F. Alves(ed.), *Triangulating Translation: Perspectives in Process Oriented Research.* Amsterdam/Philadelphia: John Benjamins Publishing Company.

PACTE. 2005. Investigating translation competence: Conceptual and methodological issues. *Meta,* 50(2): 609-619.

PACTE. 2008. First results of a translation competence experiment: Knowledge of translation and efficacy of the translation process. In J. Kearns(Ed.), *Translator and Interpreter Training*(pp. 104-126), London/New York: Continuum International Publishing Group.

PACTE. 2010. Results of the validation of the PACTE translation competence model: Acceptability and decision making. *Across Languages and Cultures,* 10(2): 207-230.

PACTE. 2011. Results of the validation of the PACTE translation competence model: Translation project and dynamic translation index. In S. O'Brien(Ed.), *IATIS Yearbook 2010.* Londres: Continuum.

Pavlovic, N. 2007. *Directionality in Collaborative Translation Process: A Study of Novice Translators* (Unpublished doctoral dissertation). Tarragona: Universitat Rovira i Virgili.

Pellatt, V., Griffiths, K. & Wu, S. 2010.(Eds.)*Teaching and Testing Interpreting and Translating.* Oxford: Peter Lang.

Pym, A. 2003. Redefining translation competence in an electronic age: In defense of a minimalist approach . *Meta*, (4): 481-497.

Pym, A., et al. 2012. Studies on translation and multilingualism: The status of the translation profession in the european union. http://ec.europa.eu/dgs/translation/publications/studies/translation_profession_en.pdf.

Ressurreccio, V. M., Piorno, P. E. & Izquierdo, I. G. 2008. Developing communicative and textual competence through genre. *Translation Journal*, 24(4): 27-35.

Salvia, J. & Ysseldyke, J. E. 2004. *Assessment in Special and Inclusive Education(9th ed.)*. Boston: Houghton Mifflin.

Schaffner, C. & Adab, B. 2000. *Developing Translation Competence*. Amsterdam: John Benjamins Publishing Company.

Schaffner, C. 2000. Running before walking? Designing a translation program at undergraduate level. In C. Schaffner & B. Adab(Eds.), *Developing Translation Competence* (pp.143-156). Amsterdam/Philadelphia: John Benjamins Publishing Company.

Schaffner, C. 2012a. Translation competence: Training for the real world. In S. Hubscher-Davidson & M. Borodo(Eds.), *Global Trends in Translator and Interpreter Training* (pp. 30-44). London/New York: Continuum International Publishing Group.

Schaffner, C. 2012b. Standardization and benchmarking for improving translator training . *Chinese Translators' Journal*, (6): 37-45.

Sela-Sheffy, R. & Shlesinger, M. 2011. *Identity and Status in the Translation Professions*. Amsterdam/Philadelphia: John Benjamins Publishing Company.

Shepard, L. A. 1993. Evaluating test validity. *Review of Research in Education*, 19(1): 405-450.

Stejskal, J. 2003. International certification study: Lessons learned. *The ATA Chronicle August*: 15-18, 25.

Toury, G. 1980. *In Search of a Theory of Translation*. Tel Aviv: The Porter Institute for Poetics and Semiotics, Tel Aviv University.

Toury, G. 1995. *Descriptive Translation Studies and Beyond*. Amsterdam/Philadelphia: John Benjamins Publishing Company.

Tsagari, D. & Deemter, R. van. 2013. *Language Testing and Evaluation(29): Assessment Issues in Language Translation and Interpreting*. Oxford: Peter Lang.

Turner, B., Lai, M. & Huang, N. 2010. Error deduction and descriptors—A comparison of two methods of translation test assessment. *The International Journal for Translation & Interpreting Research*, (1): 11-23.

Urbina, S. 2004. *Essentials for Psychological Testing*. Hoboken: John Wiley & Sons, Inc.

Waddington, C. 2001. Different methods of evaluating student translations: The question of validity. *Meta*, 46(2): 311-325.

Wang, N., Schnipke, D. & Witt, E. A. 2005. Use of knowledge, skill and ability statements in developing licensure and certification examinations. *Educational Measurement: Issues and Practice*, 24(1): 15-22.

Weir, C. J. 2005. *Language Testing and Validation: An Evidence-based Approach*. Hamphine/NewYork: Palgrave Macmillan.

Wilensky, H. L. 1964. The professionalization of everyone? *American Journal of Sociology*, 70(2): 137-158.

Williams, M. 2004. *Translation Quality Assessment: An Argumentation-centered Approach*. Ottawa: University of Ottawa Press.

Wilss. W. 1989. Towards a multi-facet concept of translation behavior. *Target*, 1(2): 129-149.

Zhang, J. 2006. Certification programs in China. http://www.translationdirectory.com/article1194.htm.

附　录

附录 1：29 个笔译能力理论模型

序号	研究者/作者	研究对象	研究性质/方法
1	Campbell（1991，1998：153-154）	译入第二语言的翻译能力	实证研究
2	Gile（1995，2009）	口笔译员翻译能力	理论思辨
3	Cao（1996）	翻译水平（translational proficiency）	理论思辨
4	Neubert（2000）	翻译能力（translational competence）	理论思辨
5	Beeby（2000）	逆向翻译能力（inverse translation competence）	理论思辨
6	PACTE（2003，2005，2008，2010，2011）	翻译能力	实证研究
7	Schaffner（2000：147）	翻译能力	理论思辨
8	Nord（1991：177）	转换能力（transfer competence）	理论思辨
9	Kelly（2007，2008）	译者能力	理论思辨
10	EMT（EMT group：2009；Schaffner：2012a，2012b）	学生笔译能力（欧盟专业翻译教学）	理论思辨
11	TransComp（Gopferich，2009，2011，2013）	翻译能力	实证研究
12	姜秋霞和权晓辉（2002）	翻译能力（翻译能力和翻译活动的关系）	理论思辨
13	杨晓荣（2002）	汉译英能力	理论思辨
14	刘宓庆（2003：30-34）	翻译能力	理论思辨
15	海芳（2004）	学生翻译能力	实证研究
16	文军（2004，2005）	学生翻译能力	理论思辨
17	苗菊（2007）	学生翻译能力	理论思辨
18	王树槐和王若维（2008）	翻译能力	理论思辨
19	陈怡（2010b）	英语专业高年级学生汉译英能力	实证研究
20	马会娟（马会娟和管兴忠，2010，2012；马会娟，2013）	学生汉译英能力	理论思辨
21	冯全功和张慧玉（2011）	职业翻译能力	理论思辨
22	刘和平（2011）	学生翻译能力	理论思辨
23	钱春花（2011，2012）	翻译能力（构成要素及驱动关系）	实证研究
24	王宏（2012）	汉译英能力	理论思辨
25	王振亚（2012）	翻译能力	理论思辨
26	王湘玲（2012）	（面向市场的）学生翻译能力	理论思辨
27	张瑞娥（2012a，2012b）	翻译能力	理论思辨
28	李家春（2013）	翻译能力	理论思辨
29	张新玲和刘君玲（2013）	学生英译汉能力	实证研究

附录2：笔译能力理论模型中的语言能力

序号	研究者/作者[①]	类型	内涵	涉及语言
1	PACTE	双语子能力	双语交际所需要的程序性知识，包括语用知识、社会语言学知识、文本知识、语法知识和词汇知识等	双语
2	Campbell	译入语文本能力	包括"低标准"（substandard）"托辞"（pretextual）和"文本"（textual）三个部分	单语（译入语）
3	Gile	被动工作语言的被动知识	主要是源语，即理解原文本及话语的能力	双语
		主动工作语言知识	译入语知识	
4	Cao	翻译语言能力	包括源语和译入语组织能力（语法能力、文本能力）、语用能力（施为能力、社会语言能力）	双语
5	Neubert	语言能力	对源语和译入语语法和词汇系统知识的完美掌握；意识到两种语言的变化；了解特殊用途语言术语及倾向使用的句法和词汇特征	双语
		文本能力	语篇熟练度，对文本特征敏感，熟悉特定文本类型	
6	Beeby	对比语言学能力	源语和译入语印刷字体差异、词汇差异和句法差异知识，能意识到词典的局限，根据文本语境解决词汇及句法多义现象	双语
		对比语篇能力	源语和译入语文本类型及体裁差异知识、体裁变化知识、互文知识和文本衔接与连贯差异知识，能意识到语境与语域（语场、语旨、语式）之间的关系，以及不同情境下翻译活动的特征与局限	
7	Schaffner	语言能力	相关语言的语言能力	相关语言
		文本能力	文本、文本类型规则及使用习惯	
8	Nord	语言能力	双语语言能力	双语
9	Kelly	交际及文本能力	至少两种语言和文化的交际及文本能力，包括主动技巧和被动技巧、文本及语篇意识，以及文本和语篇习惯等	双语

———————

　① 附录2~7中各笔译能力模型提出的具体文献时间和附录1表格中的相同，故省略。

续表

序号	研究者/作者①	类型	内涵	涉及语言
10	EMT	语言能力	知道如何理解母语及其他工作语言的词汇、语法及地道结构，以及字形、印刷字体习惯；知道如何使用 A 语和 B 语的相同结构和习惯；培养对语言变化的敏感	A 语和 B 语
		跨文化能力	分为社会语言学层面和文本层面。社会语言学层面包括：知道如何辨认不同语言变体（社会变体、地域变体、历史变体、风格变体）中的功能和意义；知道如何确定特定人群的交流规则，包括非语言部分（有利于沟通的知识）；知道如何为某一特定文献或语篇生成符合特定场景的语域。文本层面包括：知道如何理解并分析文献的宏观结构及其整体连贯（包括视觉及听觉因素）；知道如何抓住文本的预设、内涵、典故、惯用语及互文特征；知道如何遵照文本类型传统及修辞标准撰写文献；知道如何快速及正确使用两种语言打草稿、重新表达、重新组织结构、缩写及后期编辑	
11	TransComp	至少两种语言的交际能力	包括两种语言的词汇、语法和语用知识，其中语用知识又包括不同文化中有关文本类型和特定场景习惯的知识；源语交际能力主要和原文本接受相关，译入语能力决定着译文生成的质量；译入语接受能力在源语单位和译入语单位的对比过程中起着监控作用	双语
12	姜秋霞和权晓辉	双语语言知识	具体包括文本知识、文本认知能力、文本生成能力和言语交际能力	双语
13	杨晓荣	语言运用能力	熟练使用相关语言，除一般听、说、表达外，更应注重对译入语的表达	单语（译入语）
		知识量（语言知识）	丰富的英汉语知识，特别是雄厚的英语词汇积累，包括从词语到句式等各种表达方式；必须不断补充与汉语新词相对应的英语译法	
14	刘宓庆	语言分析和运用能力	源语分析能力，包括语义（意义和意向）分析、语法结构分析和语段（即篇章）分析，并在结构和成分分析的基础上正确把握语言的内容和形式，能做到操控自如	单语（源语）
15	海芳	高级源语阅读能力	分析性很强的阅读能力，包括感知原文各种效果、理解原文发展变化及原因、分析原文效果的传达方式等	双语
		高级译语写作能力	限制性很强的写作能力，包括实施语言转换的能力和整体润饰译文的能力	
16	文军	语言能力	对某一语言语音、词汇、语法、语篇知识的熟谙和掌握	双语
		文本能力	与语域、文体、专业相关	

---

① 附录 2~7 中各笔译能力模型提出的具体文献时间和附录 1 表格中的相同，故省略。

续表

序号	研究者/作者[①]	类型	内涵	涉及语言
17	苗菊	语言能力	包括不同层次上对两种语言的掌握和熟练程度，涉及语法/句法/词汇造语、语义结构、语用关联、综合合成、语际间调节、转换机制，以及表达、选择、修辞、风格、主题、文化意识等。	双语
18	王树槐和王若维	语言-语篇-语用能力	包括语言对比和转化能力、语篇生成能力、美学表现能力、翻译功能实现能力（包括对文本类型的分析和掌握）	双语
19	陈怡	汉英语言能力	英语语法的正确性	单语（译入语）
20	马会娟	双语交际能力	包括词语搭配能力、语句能力、篇章能力	双语
21	冯全功和张慧玉	双语知识（历时翻译能力）	包括句法/语义/语用知识、双语写作能力、修辞知识、衔接连贯、文本分析能力、双语交际能力、双语共性和差异等	双语
		风格知识（历时翻译能力）	包括形式标记的风格符号系统（音系、语域、句法、词汇、章法和修辞）和非形式标记的风格符号系统（表现法、作品内在素质、作家精神气质等）	
22	刘和平	双语能力	两个子模块，其一为使用第二外语进行交际的能力，包括交际能力和跨文化意识两部分；其二为工作语言能力，即根据不同交际场景、不同领域选择恰当语言的能力（包括语言规范、语言层次等）	双语
23	钱春花	语言能力	译者对语言的掌握、运用和生成能力，具体包括语用、语法、语音、词汇、表达、组合、修辞、协调等	双语
24	王宏	双语能力	包括英语表达能力和汉语理解能力；其中英语表达能力具体分为英语词语搭配能力、英语造句能力和英语语篇能力	双语
25	王振亚	语言能力	翻译所涉及的源语和译入语能力，由语言组织能力和语用能力构成；语言组织能力包括语法能力（词汇、形态、句法、语音和语符知识）和语篇能力（衔接和修辞组织能力）；语用能力包括施为性语言能力（语言功能和言语行为知识）和社会语言能力（对语域与方言、文化参照和修辞格、语言自然性的敏感度）	双语（源语和译入语）
26	王湘玲	双语能力	双语交际所需要的程序性知识，包括语用知识、社会语言学知识、文本知识、语法知识和词汇知识	双语
27	张瑞娥	条件性翻译能力	译者进行翻译实践的前提和条件，包括相关的语言能力（源语能力、译入语能力），是翻译质量的保证。	双语
28	李家春	文本分析能力	有效辨识文本语域，并从词汇、句法和语篇等层次进行分析的能力	双语
		跨文化交际能力	源语文本和译入语文本之间有效交际的能力	
29	张新玲和刘君玲	源语阅读能力	包括认知、理解、分析等能力	双语
		译入语写作能力	在原文框架内实施语码转换和润色文字能力	

---

① 附录2~7中各笔译能力模型提出的具体文献时间和附录1表格中的相同，故省略。

附录 3：笔译能力理论模型中的策略能力

序号	研究者/作者	类型	内涵
1	PACTE	策略子能力	为保证翻译过程及解决问题顺利进行所需要的程序性知识，影响其他子能力，将其他各子能力联系起来，目的是制定翻译过程计划，实施翻译项目（选择最恰当的方法），评价翻译过程，激活各种能力，补偿各种缺点，发现并解决翻译问题
2	Gile	程序性知识	实际完成翻译活动的能力，即技术技巧，如在决策过程中遵照忠诚规范，以及获得特定知识所使用的技术，保持并提高语言水平，解决问题，做出决策
3	Campbell	监控能力	包括对产品质量意识的高低，以及编辑策略是否有效等
4	Cao	翻译策略能力	包括所有语言使用者都应有的一般策略能力，即评估（assessment）、计划（planning）、实施（executing），以及翻译特殊策略能力，即在翻译重组过程中非语言阶段的重组和类比逻辑推理能力
5	Neubert	转换能力	将源语文本转换到译语文本的技巧和策略
6	Beeby	转换能力	熟悉翻译过程（源语高级阅读能力：语用目的和互文性；脱离语言外壳技巧；译入语重组和写作能力：语法正确、语用恰当、语言通顺）；熟悉翻译中的多种语境（原文作者、读者、译者、翻译目的、译文读者）；熟悉文本和翻译中微观和宏观结构的相互关系
7	Schaffner	研究能力	解决特定跨文化文本转换问题而具有的一般策略能力
		转换能力	生成译文本并完成翻译任务的能力，是翻译特有能力，并融合其他子能力
8	Nord	转换能力	转换能力
9	Kelly	组织或策略能力	包括组织与制订计划能力、发现问题和解决问题能力、监控能力、自我评估能力、审定能力等
10	EMT	翻译服务提供能力（生成层面）	知道如何创造并提供符合客户需求的翻译，即符合翻译目的和翻译场景；知道如何确定翻译文献的阶段和策略；知道如何确定并评估翻译问题，并找到恰当的解决办法；知道如何解释自己的翻译选择和决策；掌握相应的元语言（用于讨论工作、制定策略和做出决策）；知道如何改错和修改译文（掌握改错和修改的技巧和策略）；知道如何建立和监控质量标准
11	TransComp	翻译程序激活能力	包括回溯及使用某些（标准）转换操作或技巧以生成可接受的对应译文本，通常和特定语言有关
		策略能力	策略能力控制所有能力，属于元认知能力，确定各子能力的优先权和等级，并形成宏观策略
12	姜秋霞和权晓辉	转换能力	在特定语言活动中激活双语语言文化结构，使两种不同的语言形式在各个内容层次上对等，是原文接受和译文再造之间的心理转换机制
13	杨晓荣	翻译技巧	翻译技巧

序号	研究者/作者	类型	内涵
14	刘宓庆	双向转换和表达能力	高级语言转换活动；双向指两个语言方向；只有通过思维逻辑训练、句法规范训练、表达风格训练才能获得
15	海芳	翻译决策能力	充分认识和分析各种翻译条件，调动、选择或设计可行性策略以实现某种翻译目的的能力
16	文军	策略能力	两对范畴：归化和异化，全译和部分翻译
		自我评估能力	帮助译者生成得体译文的反馈机制
17	王树槐和王若维	策略能力	对翻译情景和任务的分析、对翻译计划的制订、对翻译过程策略的选择和引用、对翻译过程的检测和评价等
18	陈怡	翻译转换能力	指以意义传递和双语概念结构替换为主旨，跳出原文字、词、句机械对应；具体包括汉英语言能力（英语语法的正确性）、汉英词汇转换能力（深层词义对等意识）、汉英句级转换能力（保持忠实的句子转译意识），其中汉英词汇转换能力又包括指称意义对等能力、语境意义对等能力、语体意义对等能力和搭配意义对等能力（译词的地道自然性）；汉英句级转换能力包括精简繁复的转译能力、补添逻辑关系的转译能力和调整重构的转译能力
19	马会娟	策略能力	译者在汉英翻译过程中进行译文转换时遇到问题、寻求解决问题最佳方法的能力，和翻译技巧有重合之处
20	冯全功和张慧玉	共时翻译能力	共时翻译能力中的实用翻译理论（技巧）知识指基于翻译实践（现象）总结出并对之有指导作用的理论或技巧；共时翻译能力中的自我评估能力指译者在翻译目的关照下的自我评估能力
21	刘和平	分析综合抉择能力	源语理解阶段的阐释分析、抉择、记忆等内容
		语篇处理能力	在充分考虑语篇用途等因素的同时进行译语选择和言语生成的过程
22	钱春花	行动能力	翻译能力的外在能力部分，包括对策、策划、技巧、资源利用、加工、提炼等。
23	王宏	翻译技能	包括转换能力、选择能力和译文修订能力；转换能力是汉译英任务能否完成的基本条件，选择能力和译文修订能力是译文质量高低、是否得体的关键
24	王振亚	使用能力	包括评价、计划、实施三个部分，指的是语言理解能力和语言生成能力
		转换能力	转换能力包括三个成分：源语理解能力、源语和译入语之间的转换能力和译入语生成能力
25	王湘玲	策略能力	为保证翻译过程及解决问题顺利进行所需要的程序性知识，影响其他子能力，将其他各子能力联系起来，目的是制定翻译过程计划，实施翻译项目（选择最恰当的方法），评价翻译过程，激活各子能力，补偿各种缺点，发现并解决翻译问题
26	张瑞娥	实践性翻译能力	译者在实际翻译过程中应具有的能力，以一定的本体性翻译能力为指导，以条件性翻译能力为保障，以评估性翻译能力为辅助，包括发现问题、分析问题和解决问题的能力、转换能力、策略能力等。
		评估性翻译能力	译者对译文进行评估的能力
27	李家春	转换能力	在两种语言、文化和思维模式间的自如转换能力
		策略能力	翻译中处理疑难问题和灵活应变的能力

附录 4：笔译能力理论模型中的知识能力

序号	研究者/作者	类型	内涵
1	PACTE	超语言子能力	主要是陈述性知识，包括一般知识和特定主题知识，涉及两种文化知识、百科知识和主题知识三个部分
2	Gile	主位和主题领域知识	翻译中的主位和主题领域知识，涉及超语言知识或世界知识
3	Cao	翻译知识能力	译者为完成翻译中跨语言和跨文化交际而具有的知识，包括一般知识、特殊知识和文学知识
4	Neubert	主题能力	翻译所涉及领域的知识体系，包括百科知识和高度专业知识
		文化能力	两种语言所涉及的文化
5	Beeby	超语言能力	超语言能力中源语文化和译入语文化间的语用和符号差异知识
6	Schaffner	领域或特定主题能力	相关主题知识、专家知识
		文化能力	相应国家历史、政治、经济、文化等方面的一般知识
7	Nord	事实能力	某一专业知识能力
		文化能力	文化能力
8	Kelly	主题领域或主位能力	未来译者将要工作主题领域的基本知识
		文化及跨文化能力	不仅包括历史、地理、制度等百科知识，还包括更加详细的价值观、神话传说、观念、信念、行为方式，以及以上种种的书面形式；同时还包括对跨文化交际、翻译作为一种特殊跨文化行为等事情的了解
9	EMT	主位能力	主位知识；学会培养个人的特定领域知识及使用（掌握概念系统、逻辑方法、呈现方式、控制语言、术语等）
		跨文化能力	分为社会语言学层面和文本层面。社会语言学层面包括知道如何确定特定社区的交流规则，包括非语言部分（有利于沟通的知识）。跨文化能力的文本层面包括：知道如何确认并辨认所代表的文化的因素、价值观及参考信息；知道如何将文化因素及写作方法进行对比
10	TransComp	领域能力	用来理解原文和形成译文的普通知识和特定领域知识

序号	研究者/作者	类型	内涵
11	姜秋霞和权晓辉	文化能力	译者的文化知识结构，即两种语言民族所特有的惯常信仰、社会礼仪、道德法律、生活风俗、宗教观点、艺术思想等各种知识的内化结构
		审美能力	对艺术的认知、欣赏、再现等能力，在文本转换过程中具有形象感知、意象整合、想象发挥等各种审美心理机制
12	杨晓荣	知识量	知识量（百科知识）
13	刘宓庆	文化辨析和表现能力	文化辨析和表现能力
14	海芳	知识系统	知识系统
15	王树槐和王若维	文化能力	文化认知能力、文化比较能力和文化协调能力
16	马会娟	语言外能力	主题知识、百科知识和文化能力
17	冯全功和张慧玉	文化知识和风格知识（历时翻译能力）	包括源语文化知识和译入语文化知识，主要指一个国家或地区的民族信仰、价值观、风俗习惯、生活方式及所积累的知识，特别是社会科学方面知识
		专业领域知识（共时翻译能力）	各个具体领域（学科）的知识，如文学、政治、经济、文化、商贸、旅游、出版、科技、法律、医药等
18	钱春花	知识能力	从事翻译活动需要具备与翻译相关的各种社会、文化和语言知识，包括文化、社会知识、时代知识、审美等
19	王宏	知识能力	百科知识和相关专业知识
20	王振亚	知识结构	社会文化知识和有关真实世界的知识
21	王湘玲	超语言能力	主要是陈述性知识，包括一般知识和特定主题知识，涉及两种文化知识、百科知识和主题知识三个部分
22	张瑞娥	条件性翻译能力	译者进行实践的前提和条件，包括文化能力、知识能力（文化知识、专业知识、相关专业知识和百科知识等）；构成翻译实践的条件和前提，是翻译质量的保证
23	李家春	专业能力	对本专业知识和技能的熟练掌握
24	张新玲和刘君玲	语际能力	双语所涉及的文化、百科知识和相关主题知识

附录 5：笔译能力理论模型中的工具能力

序号	研究者/作者	类型	内涵
1	PACTE	工具子能力	翻译过程中使用文献资料、信息和交际技巧的程序性知识（包括使用各类词典、百科全书、有关语法及风格的书籍、对照文本、电子语料库、搜索引擎等）
2	Gile	陈述性知识	可以用言语表述的知识，包括信息资源、翻译中工具使用等方面知识
		程序性知识	实际完成翻译活动的能力，即技术技巧，包括用于获得特定知识所使用的技术，以及掌握特定翻译形式所需要的现代翻译技术及技术技巧，特别是本地化、网页翻译等
3	Beeby	超语言能力	文献技能，包括使用词典、百科全书、数据库、平行文本及请教专家等的能力
4	Neubert	主题能力	获得所涉及领域知识体系的方法和渠道
5	Nord	技术能力	文献能力和研究能力
6	Kelly	职业及工具能力	使用各种资料及资源进行术语查询和信息管理；使用 IT 工具，包括文字处理、桌面排版、数据库、网络、电邮、传真机、录音机等
		主题领域或主位能力	如何查询相关资料解决翻译问题
7	EMT	技术能力	掌握翻译产业中的特定工具，具体包括：知道如何使用并整合一系列软件，并用于修改、翻译、术语、译文呈现、文献搜索等；知道如何创造并管理资料库及文档；知道如何适应并熟悉新工具，尤其是翻译多媒体及视听资料时的工具；知道如何准备及生成适用于不同技术媒体的不同形式译文；知道机器翻译的功能及局限
		信息搜寻能力	知道如何确定个人信息及文献需求；培养文献整理及术语研究（包括联系专家）的策略；知道如何评价文献的可信度（批判态度）；知道如何有效使用工具和搜索引擎（如术语软件、电子语料库等）
		主位能力	知道如何寻找恰当信息以更好理解文献的主位知识（参照信息搜寻能力）；知道如何提炼并总结文献中的核心信息（总结能力）
8	TransComp	工具及研究能力	包括使用传统翻译工具及电子工具的能力，涉及词典、百科全书（纸质或电子版）、术语库及其他数据库、平行文本、搜索引擎、语料库等工具和资料，以及使用文字处理器、术语库、翻译管理系统、机器翻译系统等
		领域能力	意识到可以从哪些外在信息资源中获取额外知识以弥补知识空缺

续表

序号	研究者/作者	类型	内涵
9	王树槐和王若维	工具能力	运用双语词典、搭配词典、平行文本、翻译语料库、网上资源的能力，及与相关领域专家进行信息交流的能力
10	马会娟	查询资料能力	各种工具、技术、软件的使用及查询资料能力
11	冯全功和张慧玉	翻译工具（软件）的应用能力（共时翻译能力）	包括翻译记忆软件（如 Trados，Star-Transit，雅信 CAT 等）、术语管理软件、本地化工具、语料库、因特网、在线词典、文字处理工具、桌面排版工具、文档转换工具及纸质词典、工具书等工具与资料的使用能力
11	冯全功和张慧玉	网上信息检索能力（共时翻译能力）	包括网络信息资源检索、图书期刊检索、特种文献（专利、科技报告、学位论文）检索、检索工具、检索策略和技巧等
12	刘和平	职业能力	翻译工具和翻译资源的使用能力
13	王宏	资料查询能力	利用工具书和网络资源等查询资料的能力
14	王湘玲	面向市场的翻译能力	涉及职业能力和翻译相关知识，即翻译资源管理能力，包括对各种参考书籍、词典、术语表、英文版文本材料的有效管理能力；对计算机辅助工具、翻译记忆软件、电子词典、计算机辅助编程等电子工具的有效管理能力；对主题专家、教师、同事等人力资源的有效管理能力；发现并使用对翻译有用信息的能力
15	张瑞娥	实践性翻译能力	译者在实际翻译过程中应具有的能力，以一定的本体性翻译能力为指导，以条件性翻译能力为保障，以评估性翻译能力为辅助，包括查询、搜集和获取信息的能力，以及利用相关资源和工具的能力
16	李家春	现代技术能力	运用计算机辅助工具和翻译软件的能力

附录6：笔译能力理论模型中的翻译职业能力

序号	研究者/作者	类型	内涵
1	PACTE	翻译知识	主要为陈述性知识，有关翻译和行业的知识，包括翻译如何发挥功能（翻译单位、翻译过程、翻译方法及程序、问题类型）和职业翻译知识（劳动力市场、翻译述要类型、目标对象等），以及其他有关知识，如翻译行业知识、关税、税收等
2	Gile	陈述性知识	包括有关市场、客户、规范译者和客户及其他译者关系的行为准则、客户对各任务的特定期待等方面知识
3	Kelly	职业及工具能力	管理职业活动的基本知识，包括签订合同、预算、账单、税收、职业道德、行业协会等
4	EMT	翻译服务提供能力	翻译服务提供能力中的人际层面包括：意识到译者的社会角色；知道如何按照市场需求和工作职责（知道如何及时了解需求发展）；知道如何接触客户和潜在客户（市场营销）；知道如何和客户沟通（确定截止日期、关税、发票、工作环境、信息获取、合同、权力、责任、翻译细则等）；知道如何向客户、译文接受者及其他相关方解释翻译决策或其他要求、目的和目标；知道如何计划并管理自己的时间、压力、工作、预算及正在进行的培训（提升各种能力）；知道如何确定并计算提供的服务及增加的价值；知道如何遵照指示、遵守时间规定、承担责任；知道适用于提供翻译服务的相关标准；知道如何遵守职业道德；知道如何在压力下工作；知道如何自我评价（质疑个人习惯，开放对待创新，关注质量，时刻准备适应新环境）
5	杨晓荣	对翻译标准、翻译原则的把握	对翻译标准、翻译原则的把握
6	王树槐和王若维	语言-语篇-语用能力	翻译功能实现能力（包括对文本类型、翻译任务、读者需求、市场知识的分析和掌握）
7	马会娟	翻译专业知识	与翻译实践密切相关的知识，包括翻译性质、标准和原则、形式、目的、方法和步骤、文本类型和翻译方法的关系、职业翻译特点及涉及的因素、翻译项目管理、翻译伦理、译员职业素质要求等
8	冯全功和张慧玉	职业知识（共时翻译能力）	包括对翻译行业、翻译市场、翻译公司、翻译管理、翻译服务规范、翻译服务流程、翻译职业道德、翻译速度和质量、翻译人才职业规划等的了解和认识
		基本管理能力（共时翻译能力）	对项目、译员、术语、稿件、工具、质量、信息等资源的管理
9	刘和平	职业能力	译者的职业道德

续表

序号	研究者/作者	类型	内涵
10	王湘玲	翻译相关知识能力（面向市场的翻译能力）	即质量管理技巧，主要包括将原文信息和功能准确完整传递到译文中的能力；遵循目的语表达习惯，并向客户呈现适当编排的版本；将译文核实后呈现给客户的能力；询问并评价客户反馈信息以满足客户要求的能力
		职业能力（面向市场的翻译能力）	即道德、工作态度及行为、人际关系、培训、证书等，其中道德指诚实说明自己的职业资格及时间管理技巧、忠实原文、职业素养、资格认证、信用等；工作态度及行为包括客观、谦虚、自尊、勤奋、对客户需求及要求敏感、了解翻译市场状况以保护自己权益；人际技巧包括和客户搞好关系，和团队成员分享知识，并使团队工作最大化；培训指继续努力提高个人技巧，扩大相应语种的百科知识和主题知识，学习并更新翻译史及理论的知识，熟悉最新行业发展；证书包括语言能力证书和翻译水平证书
11	张瑞娥	本体性翻译能力	译者认识翻译本体的能力，即对翻译的认识和理解能力，包括认识翻译的定义、本质、类别、过程、标准、基本原则、特征以及具有代表性的翻译理论和流派等
		实践性翻译能力	译者在实际翻译过程中应具有的能力，以一定的本体性翻译能力为指导，以条件性翻译能力为保障，以评估性翻译能力为辅助，包括职业导向能力等
12	李家春	就业能力	具备积极动机、专业技能和必备素质
13	张新玲和刘君玲	翻译知识	对翻译的性质、过程和运作的陈述性知识；翻译单位的种类和选择、翻译程序、技巧和策略、翻译问题的种类等的程序性知识

附录7：笔译能力理论模型中的心理生理能力

序号	研究者/作者	类型	内涵
1	PACTE	心理生理成分	即心理生理机制，包括各类认知和态度成分，以及心理监控机制；涉及记忆、观念、注意力、情感等认知成分，智力、好奇心、持之以恒、活力、批判精神、了解自我能力、自信、评估自我能力、动力等态度方面，以及创造力、逻辑思维、分析与综合能力
2	Gile	智力标准	口笔译员应达到一定的智力标准
3	Cao	翻译策略能力	心理机制，主要指人类思维过程中的认知方面
4	Kelly	心理生理或态度能力	包括自信、注意力、记忆、动力等
5	TransComp	心智能力	阅读和写作（包括使用电子工具）所需要的心智能力
6	杨晓荣	综合能力（逻辑思维能力）	综合能力（逻辑思维能力）
7	刘宓庆	逻辑分析和校正能力；审美判断和表现能力	思维逻辑表现为概念、判断和推理的科学性
8	海芳	心理生理机制	心理生理机制
9	苗菊	认知能力	包括直觉、概念、推断、分析、类比、逻辑推理、预测、联想、想象、区分、比较、思维模式、记忆、渗入、修正、信息加工、创造等
10	王树槐和王若维	思维能力	包括形象思维、逻辑思维、灵感思维、创造思维、发散思维、聚合思维等能力
11	冯全功和张慧玉	认知能力（历时翻译能力）	包括直觉、注意、记忆、概念、原型、联想、想象、思维、情感、创造力、信息加工、逻辑推理、解决问题、运用策略等
11	冯全功和张慧玉	生理—心理承受能力（共时翻译能力）	生理—心理承受能力
12	钱春花	认知能力；内驱动力	从事翻译活动的心理和生理等内部要素，即创新、推理、记忆、联想、注意、接纳、比较等
13	王振亚	心理生理机制	听说读写活动涉及的心理、神经、生理机制，包括发音器官、耳、目、神经、大脑等
14	王湘玲	心理生理条件（面向市场的翻译能力）	包括生理承受能力和心理抗压能力
15	张新玲和刘君玲	认知能力	学习者在翻译过程中有效控制认知机制中各种要素的能力，包括记忆力、感知、注意力、情绪、创造力、逻辑能力等

附录 8：笔译能力理论模型中的个人性格及特质

序号	研究者/作者	类型	内涵
1	Campbell	译者气质	译者的两类气质，即倾向于冒险或谨慎、持之以恒或妥协
2	Gile	个人性格特征	口笔译员应具有某些性格特征
3	Kelly	人际及社会能力	翻译过程中和其他专业人员（如译者、审稿员、文献收集者、术语专家、项目经理、排版专家等）及其他人员（如客户、发起人、作者、使用者、主题领域专家）合作的能力，以及团队协作、沟通技巧、领导技巧等
4	EMT	主位能力	培养好奇、分析及总结精神
		翻译服务提供能力	包括人际能力和团队组织能力，如何在多语场景及其他场景中与专家、项目主管联系、合作及共同工作；知道如何在团队（包括虚拟团队）中工作
5	苗菊	交际能力	交际能力
6	王树槐和王若维	人格统协能力	翻译人格、团队精神、智力因素和非理智因素的协调
7	冯全功和张慧玉	快速学习能力（共时翻译能力）	译者快速获取、吸收、消化、加工、储存知识的能力
		团队合作精神	团队合作精神
8	钱春花	内驱动力	翻译能力的源动力，即译者从事翻译行为的心理和生理等内部因素，直接、间接影响翻译结果，包括责任心、热情、心理素质、求知欲、信心等

附录 9：职业笔译员应具有技能-知识体系①

序号	原文	译文	说明
1	knowledge of SL	源语知识	包括词汇、表达和修辞手段等
2	knowledge of SL varieties	源语变体知识	源语不同变体知识
3	knowledge of SL culture（s）	源语文化知识	包括历史、地理、政治经济形势、习惯、价值观、热点等方面知识
4	subject knowledge	主题知识	指技术知识，如有关经济、国际法、科技等方面知识
5	knowledge of the organization	组织知识	组织及其运作知识
6	understand complex topics	理解复杂主题	理解复杂主题的能力
7	master new subjects quickly	快速掌握新主题	快速掌握新主题能力（即不仅仅是外行知识）
8	work out the meaning of obscure passages	弄懂晦涩不清语篇意义	弄懂原文中晦涩不清语篇意义
9	detect inconsistencies, contradictions	发现不一致及矛盾之处	发现原文中的矛盾、不一致及荒谬、非有意含混不清、引起误解的标题等
10	detect mathematical errors in the ST	发现原文中的数学错误	发现原文中数学错误的能力
11	extensive TL vocabulary	丰富的译入语词汇量	丰富的译入语词汇量
12	knowledge of TL spelling rules	译入语拼写规则知识	译入语拼写规则知识
13	knowledge of TL grammar	译入语语法知识	译入语语法的微妙知识
14	knowledge of TL punctuation rules	译入语标点规则知识	译入语标点规则知识
15	produce idiomatic translations	生成地道译文	译文中生成地道（自然）语言的能力
16	produce translations that flow smoothly	生成流畅译文	即使原文不够流畅，也应具有使译文流畅的能力
17	capture nuances of ST	抓住原文细微之处	抓住原文细微之处
18	recast sentences in the TL	重组译入语句子	译入语重新组织语句能力（采用不同方法表述同一内容）
19	write elegantly regardless of the ST	不受源语影响，优美写作	不受源语影响，优美写作
20	convey the ST message clearly	清晰传达原文信息	清晰写作并传达原文信息能力

---

① 本表由笔者根据 Lafeber（2012）翻译制作。

续表

序号	原文	译文	说明
21	convey the intended effect of the ST	传达原文预期效果	传达原文预期效果
22	achieve the right tone and register	采用恰当语气和语域	使译文具有恰当语气和语域能力
23	knowledge of TL varieties	译入语变体知识	译入语变体知识
24	knowledge of TL culture（s）	译入语文化知识	包括历史、地理、政治经济形势、习惯、价值观、热点等方面知识
25	tailor language to the readers' needs	根据读者需求调整语言	根据读者需求调整语言的能力
26	adhere to in-house style conventions	遵照职业风格传统	遵照职业风格传统的能力
27	ensure the completeness of the TT	保证译文完整	保证译文完整的能力（即没有无故省略）
28	ensure the coherence of the TT	保证译文连贯	保证译文连贯的能力（即术语使用一致，无矛盾之处，意义衔接符合逻辑）
29	track down sources to check facts	追根溯源核对事实	对信息追根溯源以核对事实能力
30	track down sources to understand the topic	追根溯源以理解主题	追根溯源以更好理解文本主位知识的能力（理解主题）
31	mine reference material for phrasing	搜寻参考资料以措辞	搜寻参考资料以保证措辞和术语可接受的能力（即符合组织或特定领域使用特征）
32	judge the reliability of information sources	判断信息来源的可靠性	判断信息来源可靠性的能力
33	type accurately and fast	准确快速打字	准确快速打字能力
34	maintain quality even under time pressure	时间压力下仍保持质量	时间压力下仍然保证译文质量
35	explain translation decisions and problems	解释翻译决定及翻译问题	向读者、使用者或审校解释
36	follow complicated instructions	遵照复杂指南	遵照有关复杂指南处理文本能力（必要的增译、调整结构、拼凑、根据最新版本修订等）
37	work with translation memory software	使用翻译记忆软件	有效使用翻译记忆软件的能力
38	work with electronic terminology tools	使用电子术语工具	有效使用电子术语工具的能力
39	handle more than basic Word functions	不仅仅掌握 Word 基本功能	包括格式调整、宏命令、追踪修改、表格、自动更正等
40	work with Excel and/or PowerPoint	使用 Excel 及 PPT	使用 Excel 及 PPT 软件的能力

附录 10：职业笔译能力模型数据来源

编号	作者/研究者	文献性质	收集时间	研究目的	受试	研究方法	研究结果形式
A	Kaur & Singh（2005）	期刊论文	2005 年	成功职业译员的特征	5 位有经验的兼职笔译员	文本翻译任务；TAPs；问卷调查	职业笔译员能力构成
B	Lafeber（2012）	学位论文	2010~2011 年	国际组织翻译活动中职业笔译员能力特征	316 名职业笔译员及审校	访谈及问卷调查	技能-知识系列
C	Koby & Melby（2013）	期刊论文	2009~2011 年	职业笔译员KSAOs	1453 份调查结果	访谈及问卷调查	KSAOs
D	苗菊和王少爽（2010）	期刊论文	2010 年	职业笔译员能力需求	60 家翻译公司网站 434 条招聘信息	文献法	能力构成
E	鞠成涛（2011）	会议发言					能力构成
F	杨颖波（2011）	会议发言					能力构成
G	闫栗丽（2012）	会议发言					能力构成

附录 11：CATTI 简介及英语笔译考试大纲

全国翻译专业资格（水平）考试简介

一、考试性质

全国翻译专业资格（水平）考试（China Accreditation Test for Translators and Interpreters——CATTI）是受国家人力资源和社会保障部委托，由中国外文出版发行事业局（China Foreign Languages Publishing Administration）负责实施与管理的一项国家级职业资格考试，已纳入国家职业资格证书制度，是一项在全国实行的、统一的、面向全社会的翻译专业资格（水平）认证，是对参试人员口译或笔译方面双语互译能力和水平的评价与认定。

翻译专业资格（水平）考试，是我国翻译系列职称评审制度的重大改革。翻译专业资格（水平）考试与原有翻译专业技术职务任职资格评审制度相比，更体现了科学、客观、公平、公正的原则，报名参加考试人员不受学历、资历和所从事专业的限制。取得各级别证书并符合翻译专业职务任职条件的人员，用人单位可根据需要聘任相应职务。在资格考试体系尚未完全建立之前，新旧体系会有一个并存期。翻译专业资格考试将分语种、分级别地逐步推开，随着考试逐步推向全国，旧有的翻译专业技术职务任职资格评审制度将逐渐退出历史舞台。

二、考试目的

设立这一考试的目的是为适应我国经济发展和加入世界贸易组织的需要，加强我国外语翻译专业人才队伍建设，科学、客观、公正地评价翻译专业人才水平和能力，同时进一步规范翻译市场，加强对翻译行业的管理，使之更好地与国际接轨，从而为我国的对外开放服务。

三、考试报名条件

该考试是一项面向全社会的职业资格考试，凡是遵守中华人民共和国宪法和法律，恪守职业道德，具有一定外语水平的人员，不分年龄、学历、资历和身份，均可报名参加相应语种二、三级的考试。获准在华就业的外籍人员及港、澳、台地区的专业人员，也可参加报名。

四、考试语种

考试分 7 个语种，分别是英、日、法、阿拉伯、俄、德、西班牙等语种；四个等级，即：资深翻译；一级口译、笔译翻译；二级口译、笔译翻译；三级口译、笔译翻译；两大类别，即：笔译、口译，口译又分交替传译和同声传译两个专业类别。

五、考试科目

二、三级笔译考试均设《笔译综合能力》和《笔译实务》2 个科目；口译考试均设《口译综合能力》和《口译实务》2 个科目，其中二级口译考试《口译实务》科目分设"交替传译"和"同声传译"2 个专业类别。报名参加二级口译考试的人员，可根据本人情况，选择口译交替传译和同声传译两个专业类别的考试。报考二级口译交替传译的人员，参加《口译综合能力》和《口译实务（交替传译类）》2 个科目的考试；报考二级口译同声传译的人员，参加《口译综合能力》和《口译实务（同声传译类）》2 个科目的考试；已通过了二级口译交替传译考试并取得证书的人员，可免试《口译综合能力》科目，只参加《口译实务（同声传译类）》科目的考试。

翻译硕士专业学位研究生，入学前未获得二级或二级以上翻译专业资格（水平）证书的，在校学习期间必须参加二级口译或笔译翻译专业资格（水平）考试，并可免试《综合能力》科目，只参加《口译实务》或《笔译实务》科目考试。

六、考试方式

二、三级《口译综合能力》科目考试采用听译笔答方式进行；二级《口译实务》科目"交替传译"和"同声传译"以及三级《口译实务》科目的考试均采用现场录音方式进行。

二、三级《笔译综合能力》和《笔译实务》科目考试均采用纸笔作答方式进行。

七、考试时间

二、三级《口译综合能力》科目、二级《口译实务》科目"交替传译"和"同声传译"考试时间均为 60 分钟；三级《口译实务》科目考试时间为 30 分钟。

二、三级《笔译综合能力》科目考试时间均为 120 分钟，《笔译实务》科目考试时间均为 180 分钟。

八、考试实施情况

翻译资格考试从 2003 年 12 月开始进行首次试点，在考试实施与管理及口笔译考务各有关单位的通力合作下，取得了一系列可喜的进步和值得骄傲的业绩，考试的规模稳步增长、影响力不断扩大，得到了社会各界的认可。

2009 年上半年，考试报名人数从 2003 年的单次考试 1，600 人上升到 15，000 人，英语报名人数也从试点时期的 1，000 人上升到近 14，000 人。截至 2009 年上半年，累计报名参考人员超过 96，000 人次，累计合格人数已经超过 14，300 人次。

自 2008 年起，英、法、日、俄、德、西、阿等 7 个语种二、三级口笔译共 29 种 58 个科目考试已在全国范围内成功推开。各地区、各部门已不再进行翻译系列上述 7 个语种相应级别职称即翻译、助理翻译专业技术职务任职资格的评审工作。

九、证书登记和继续教育

根据《翻译专业资格（水平）考试暂行规定》有关要求，翻译专业资格（水平）证书实行定期登记制度，每 3 年登记一次。有效期满前，持证者应按规定到指定的机构办理再次登记手续。再次登记，还需要提供接受继续教育或业务培训的证明。

中国翻译协会受中国外文局委托负责证书登记与继续教育工作的具体实施。中国翻译协会拟定了《关于组织全国翻译专业资格（水平）证书持有者继续教育（或业务培训）的通知》和《关于组织全国翻译专业资格（水平）考试证书登记工作的通知》。作为对翻译专业人员实行规范的行业管理的一部分，这标志着我国翻译行业规范管理迈出新的步伐，此项工作已于 2006 年 1 月正式启动。

十、考试在国内外的影响

1. 得到各方面肯定

翻译资格考试作为一项国家级翻译人才评价体系，多次得到国家人力资源和社会保障部及业内资深专家的好评。人社部专技司领导多次说："我们选外文局组织考试是选对了，外文局领导非常重视，组织工作出色，人社部满意，专家满意，社会认可。考试在国内和国外都产生了良好的影响，是目前国家职业资格考试中做得非常成功的项目之一"。

2. 专家队伍健全、稳定

截止到 2005 年 6 月，英、法、日、俄、德、西、阿等 7 个语种的专家委员会已经全部建立。专家委员会调整、换届工作认真及时，2005 年 9 月，第二届英语专家委员会换届完成，2007 年 7 月，7 个语种专家委员会顺利完成换届。随着考试规模和影响的不断扩大，相当一批高水平的专家教授参与考试工作。专家委员会成员有来自外文局、外交部、中联部、国际台、中央编译局、新华社、中科院等翻译、出版机构的专家，有来自北京外国语大学、北京第二外国语学院、上海外国语大学、广州外语外贸大学、北京语言文化大学、北京大学、清华大学、复旦大学等十几所国内高校的知名教授，其中不乏我国前任驻外使节和一些部级、局级业务专家。

3. 国际国内多个认证机构主动寻求与我合作

台湾、香港地区，日本、韩国、新加坡等有关机构与我局考试办建立了工作联系，有的希望开设考点，有的希望进行互认，有的前来学习借鉴。法国驻华大使馆还派文化官员前往考场观摩，澳大利亚有关机构也致函表示关注。浏览全国翻译考试网站的国家和地区已达几十个。

4. 与翻译专业硕士学位教育实现接轨

2008 年，翻译专业硕士学位教育与翻译专业资格（水平）证书实现接轨，翻译硕士学位教育与职称制度及行业规范管理有机结合起来，翻译考试作为人才评价的标准将逐步起到引导翻译教学、服务翻译教学的作用。

5. 获得考试证书者将可以个人会员身份加入中国翻译协会

2004 年底召开的中国翻译协会第五届全国理事会，对中国翻译协会章程做了重大修订，会上，审议并通过了《中国翻译协会章程（草案）》，新章程（草案）明确了未来中国译协作为学术性、行业性社会团体的性质，使中国译协的业务和职能范围在原来学术领域的基础上向行业领域扩展和延伸，译协的会员组成也从原有的翻译团体，扩展到从事翻译及与翻译工作相关的企事业单位和个人。

2005 年，中国翻译协会出台了《中国翻译协会会员管理暂行办法》，对个人会员入会条件进行规范。个人会员包括资深会员、专家会员、普通会员和荣誉会员。其中普通会员要求取得初级以上翻译专业技术职务任职资格，或获得全国翻译专业资格（水平）考试三级以上口、笔译证书，或在翻译学术界或翻译专业领域内有一定贡献或实践经验；专家会员要求取得副译审以上专业技术职务任职资格，或获得全国翻译专业资格（水平）考试一级以上证书，或在翻译学术界或翻译专业领域内有显著成绩和贡献，有丰富实践经验。

中国翻译协会对个人会员入会条件的规范，说明全国翻译专业资格（水平）考试将会对翻译行业管理做出前所未有的贡献。

全国翻译专业资格（水平）考试
英语一级笔译考试大纲

一、总论

全国翻译专业资格（水平）考试英语一级笔译考试设"笔译实务"一个科目。

二、考试目的

检验应试者英汉互译的技巧和能力以及审定稿能力是否达到高级翻译水平。

三、考试基本要求

知识面宽广，熟悉中国和相关语言国家的文化背景，中外文语言功底扎实。

（一）笔译能力

1. 对原文有较强的理解能力，有较强的翻译表达能力，能够熟练运用翻译策略和技巧对有较高难度的文章进行英汉互译。

2. 译文准确、完整、流畅，并能体现原文风格。

3. 英译汉速度每小时约 600 个单词；汉译英速度每小时约 400 个汉字。

（二）审定稿能力

1. 能够发现、修改译文中的问题，用词严谨、恰当，能使译文质量有较大提高，并体现原文风格。

2. 英译汉审定稿速度每小时约 1200 个单词；汉译英审定稿速度每小时约 800 个汉字。

英语一级考试模块设置一览表
笔译实务

序号	题型		题量	分值	时间（分钟）
1	翻译	英译汉	总量约 600 个单词的文章	30	180
		汉译英	总量约 400 个汉字的文章	30	
2	审定稿	英译汉	总量约 600 个单词的译文	20	
		汉译英	总量约 400 个汉字的译文	20	
总计	——		——	100	180

全国翻译专业资格（水平）考试
英语笔译二级考试大纲（试行）

一、总论

全国翻译专业资格（水平）考试英语笔译二级考试设笔译综合能力测试和笔译实务测试。

（一）考试目的

检验应试者的笔译实践能力是否达到专业译员水平。

（二）考试基本要求

1. 掌握 8000 个以上英语词汇。

2. 能够翻译中等难度文章，把握文章主旨，译文忠实原文的事实和细节，并能体现原文风格。

3. 了解中国和英语国家的文化背景知识。

二、笔译综合能力

（一）考试目的

检验应试者对英语词汇、语法的掌握程度，以及阅读理解、推理与释义的能力。

（二）考试基本要求

1. 掌握本大纲要求的英语词汇。

2. 掌握并能够正确运用双语语法。

3. 具备对各种文体英语文章的阅读理解能力。

三、笔译实务

（一）考试目的

检验应试者双语互译的技巧和能力。

（二）考试基本要求

1. 能够正确运用翻译策略和技巧，熟练进行双语互译。

2. 译文忠实原文，无错译、漏译。

3. 译文流畅，用词恰当。

4. 译文无语法错误。

5. 英译汉速度每小时 500～600 个单词；汉译英速度每小时 300～400 个汉字。

英语笔译二级考试模块设置一览表

《笔译综合能力》

序号	题型	题量	记分	时间（分钟）
1	词汇和语法	60 道选择题	60	
2	阅读理解	30 道选择题	30	120
3	完形填空	20 空	10	
总计	——	——	100	

《笔译实务》

序号	题型		题量	分值	时间（分钟）
1	翻译	英译汉	两段文章，共 900 单词左右	50	180
		汉译英	两段文章，共 600 字左右	50	
总计	——		——	100	180

全国翻译专业资格（水平）考试
英语笔译三级考试大纲（试行）

一、总论

全国翻译专业资格（水平）考试英语笔译三级考试设笔译综合能力测试和笔译实务测试。

（一）考试目的

检验应试者的笔译实践能力是否达到准专业译员水平。

（二）考试基本要求

1. 掌握 5000 个以上英语词汇。

2. 掌握英语语法和表达习惯。

3. 有较好的双语表达能力。

4. 能够翻译一般难度文章，基本把握文章主旨，译文基本忠实原文的事实和细节。

5. 初步了解中国和英语国家的文化背景知识。

二、笔译综合能力

（一）考试目的

检验应试者对英语词汇、语法的掌握程度，以及阅读理解、推理与释义的能力。

（二）考试基本要求

1. 掌握本大纲要求的英语词汇。

2. 掌握并能够正确运用双语语法。

3. 具备对常用文体英语文章的阅读理解能力。

三、笔译实务

（一）考试目的

检验应试者双语互译的基本技巧和能力。

（二）考试基本要求

1. 能够运用一般翻译策略和技巧，进行双语互译。

2. 译文忠实原文，无明显错译、漏译。

3. 译文通顺，用词正确。

4. 译文无明显语法错误。

5. 英译汉速度每小时 300～400 个英语单词；汉译英速度每小时 200～300 个汉字。

英语笔译三级考试模块设置一览表
《笔译综合能力》

序号	题型	题量	记分	时间（分钟）
1	词汇和语法	60 道选择题	60	
2	阅读理解	30 道选择题	30	120
3	完形填空	20 空	10	
总计			100	

《笔译实务》

序号	题型		题量	分值	时间（分钟）
1	翻译	英译汉	两段或一篇文章，600 个单词左右	50	180
		汉译英	一篇文章，400 字左右	50	
总计	——		——	100	180

附录 12：NAETI 简介及英语笔译考试大纲

全国外语翻译证书考试介绍（笔译部分）

全国外语翻译证书考试（NAETI）是由教育部考试中心与北京外国语大学合作举办，在全国实施的面向社会的非学历证书考试，主要测试应试者外语笔译和口译能力，并对应试者提供翻译资格的权威认证。该项考试参考了包括美国、加拿大、欧盟、英国、澳大利亚等国家和地区的翻译资格认证标准，是一项具有国际水准的认证考试。

全国外语翻译证书考试目前设英、日两个语种。日语包括三个级别，英语包括四个级别。两个语种的各个级别均包括笔译和口译两种证书，考试合格者可获得相应级别的笔译或口译证书。其中，英语四级翻译证书于 2008 年 10 月首次开考，从 2010 年下半年开始把笔译和口译分为两个独立的考试，分别颁发证书。

一级笔译证书

本证书证明持有者能够翻译高难度的各类文本；能够胜任机关、企事业单位各类材料、各种国际会议文献的翻译、译审及定稿。

二级笔译证书

本证书证明持有者能够翻译较高难度的各类文本；能够胜任机关、企事业单位的科技、法律、商务、经贸等方面材料的翻译以及各类国际会议一般性文件的翻译。

三级笔译证书

本证书证明持有者能够翻译一般难度的文本；能够胜任机关、企事业单位的一般性文本和商务类材料的翻译。

四级笔译证书

本证书证明持有者能够从事基本的笔译工作，能够翻译简单的书面材料。

全国外语翻译证书考试英语笔译考试大纲

一、英语翻译证书考试一级笔译证书考试

1. 级别描述与适用对象

通过一级笔译证书考试的考生能够翻译高难度的各类文本；能够胜任机关、企事业单位各类材料、各类国际会议文献的翻译、译审及定稿。

本级别考试的适用对象为经过专业英语翻译培训，拥有英语翻译经验的专业翻译人员或具有同等能力的各类人员。

2. 考试形式、内容与考试时间

一级笔译证书考试分为两部分，第一部分英译汉，要求考生将三篇各 400 词左右的英语文章译成汉语。第二部分汉译英，要求考生将三篇各 400 字左右的汉语文章译成英语。考试时间为 6 小时，分上午、下午两个单元。

试卷包括试题与答题纸，考生在答题纸上做答。

3. 考试计分方式与合格线

考试采取百分制计分方式，满分为 100 分。英译汉、汉译英各占总分的 50%，满分分别为 50 分。

考试合格标准为 70 分，同时要求英译汉、汉译英的单项得分不低于 30 分。

二、英语翻译证书考试二级笔译证书考试

1. 级别描述与适用对象

通过二级笔译证书考试的考生能够翻译较高难度的各类文本；能够胜任机关、企事业单位的科技、法律、商务、经贸等方面材料的翻译以及各类国际会议一般性文件的翻译。

本级别考试的适用对象为具有英语专业或英语翻译专业研究生水平者或具有同等水平的各类人员。

2. 考试形式、内容与考试时间

二级笔译证书考试分为两部分，第一部分英译汉，要求考生将两篇各 300 词左右的英语文章译成汉语。第二部分汉译英，要求考生将两篇各 300 字左右的汉语文章译成英语。考试时间为 4 小时。

试卷包括试题与答题纸，考生在答题纸上做答。

3. 考试计分方式与合格线

考试采取百分制计分方式，满分为 100 分。英译汉、汉译英各占总分的 50%，满分分别为 50 分。

考试合格标准为 70 分，同时要求英译汉、汉译英的单项得分不低于 30 分。

三、英语翻译证书考试三级笔译证书考试

1. 级别描述与适用对象

通过三级笔译证书考试的考生能够翻译一般难度的文本；能够胜任机关、企事业单位的一般性文本和商务类材料的翻译。

本级别考试的适用对象为具有英语专业或英语翻译专业本科四年级水平者或具有同等水平的各类人员。

2. 考试形式、内容与考试时间

三级笔译证书考试分为两部分，第一部分英译汉，要求考生将两篇各 250 词左右的英语文章译成汉语。第二部分汉译英，要求考生将两篇各 250 字左右的汉语文章译成英语。考试时间为 3 小时。

试卷包括试题与答题纸，考生在答题纸上做答。

3. 考试计分方式与合格线

考试采取百分制计分方式，满分为 100 分。英译汉、汉译英各占总分的 50%，满分分别为 50 分。

考试合格标准为 70 分，同时要求英译汉、汉译英的单项得分不低于 30 分。

四、英语翻译证书考试四级笔译证书考试

1. 级别描述与适用对象

通过四级笔译证书考试的考生能够从事基本的笔译工作，即常用书面材料的翻译。参加本考试的考生应掌握 6000 左右的词汇量。

本级别考试适用对象为：

（1）英语专业大专或高职毕业生；

（2）英语专业本科二年级学生；

（3）非英语专业本科四年级学生；

（4）需要从事基础英汉互译的职业人士；

（5）具有同等水平的各类英语学习者。

2. 考试形式、内容与考试时间

四级笔译证书考试分为两个部分：第一部分为单句翻译，分 A、B 两节。A 节为英译汉，有 10 个句子，共约 200 词左右；B 节为汉译英，有 10 个句子，共约 200 字左右。第二部分为短文翻译，分两节，A 节是英译汉，要求考生将一篇约 200 词的英语短文译成汉语；B 节为汉译英，要求考生将一篇约 200 字的汉语短文译成英语。笔译考试时间为 150 分钟。

试卷包括试题与答题纸，考生在答题纸上做答。

3. 考试计分方式与合格线

笔译证书考试采取百分制计分方式，满分为 100 分。两个部分分别占总分的 40% 和 60%。笔译合格标准为总分 60 分（含）以上。

合格的考生，由教育部考试中心核发英语四级笔译证书。

附录13：厦门大学笔译资格考试简介及考试大纲

考试介绍

厦门大学笔译资格考试部隶属于厦门大学口笔译资格证书考试中心。该中心成立于2002年，下设英语、日语、俄语、法语口译和笔译考试部。

英语笔译资格证书考试部每年春、秋两季各组织一次英语笔译资格证书（English Translating Certificate，ETC）考试。厦门大学为考试合格者颁发证书，并向用人单位推荐。获得厦门大学英语笔译资格证书者不仅证明了自身的笔译能力，而且增强了求职就业的竞争力。

在一年两次的考试中，春季定于5月，秋季定于10月，考试日期原则上为当月的最后一个周日下午。具体考试时间以每一期的报名通知为准。考生不受年龄和学历的限制。为满足广大考生提高笔译能力的迫切要求，英语笔译考试部开设笔译工作坊和考前培训班，对学员进行笔译技能的综合培训。培训期间，除聘请厦门大学经验丰富、资深的笔译教师授课以外，还邀请国内外在笔译方面具有深厚理论基础和丰富翻译经验的著名专家客串讲学，介绍和传授笔译经验。

考试大纲

一、一级

级别描述：通过一级的考生具有基本的英汉双语语言能力，基本了解笔译技巧。能够承担非专业性、一般性日常生活材料的英汉笔译工作。

适用对象：英语专业大专毕业生或本科低年级学生，非英语专业通过CET4级学生，同等水平者。

考试内容：现代英汉语句子双向翻译；现代英汉语段落翻译。内容涉及日常话题和社会文化热门话题。

题型与分值：（1）句子10句（英汉各5句，每汉译英句20~30汉字，每英译汉句15~25词），每句3分；

（2）段落或篇章4段（英译汉2段，每段120~170词，每段15分；汉译英2段，每段200~300汉字，每段20分）。

合格标准：及格分60（总分100）

考试时间：3个小时

二、二级

级别描述：通过二级的考生具有较好的英汉双语语言能力，初步掌握了笔译技巧。能够承担各种非专业材料的英汉互译工作，译语质量较高；能够承担一般性政治、经济、文化、艺术、科技等方面材料的英汉笔译工作。

适用对象：英语专业高年级学生，非英语专业通过CET6级学生，同等水平者。

考试内容：现代英汉语句子双向翻译；现代英汉语段落翻译。内容涉及社会文化热门话题和与政治、经济、文学、艺术、历史、科技等方面有关的论说文本。

题型与分值：（1）句子10句（英汉各5句，每汉译英句30~40汉字，每英译汉句20~30词），每句3分；

（2）段落或篇章4段（英译汉2段，每段150~200词，每段15分；现代汉语段落英译2段，每段250~350汉字，每段20分）。

合格标准：及格分60（总分100）

考试时间：3个小时

三、三级

级别描述：通过三级的考生具有良好的英汉双语语言能力，较好地掌握了笔译技巧。能够承担专业性较强且具有一定难度的材料和文件的英汉互译工作，译语质量高；能够承担大中型会议文件、谈判文件和公司重要文件等的英汉笔译工作；能够从事基本的文言英译工作。

适用对象：英语专业本科毕业生，非英语专业优秀毕业生，具有一定翻译工作经验的同等水平者。

考试内容：现代英语段落汉译，现代汉语和文言名篇段落英译。内容取自政治、经济、文学、艺术、历史、科技、法律、金融、宗教等方面的原版文本。

题型与分值：段落或篇章5~6段（英译汉2段，每段200~300词，每段20分；现代汉语段落英译2段，每段300~400汉字，每段20分；浅显文言1篇或2段，共80~120字，每篇20分或每段10分）。

合格标准：及格分60（总分100）

考试时间：3个小时

四、四级

级别描述：通过四级的考生具有很好的英汉双语语言能力，熟练地掌握了笔译技巧。能够承担专业性强且具有较复杂、难度较大的材料和文件的英汉互译工作，译语质量高；能够承担大型国际会议文件、重要政治外交文件和公司重要文件等的英汉笔译、审译及定稿工作；能够从事较难的文言典籍英译工作。

　　适用对象：英语专业本科优秀毕业生或研究生（含学术硕士和翻译硕士），具有一定翻译工作经验的同等水平者。

　　考试内容：现代英语段落汉译，现代汉语和文言段落英译。内容取自政治、经济、文学、艺术、历史、科技、法律、金融、宗教、外交等方面的原版文本。

　　题型与分值：段落或篇章 5~6 段（英译汉 2 段，每段 250~350 词，每段 20 分；现代汉语段落英译 2 段，每段 350~450 汉字，每段 20 分；文言 1 篇或 2 段，共 100~150 字，每篇 20 分或每段 10 分）。

　　合格标准：及格分 60（总分 100）

　　考试时间：3 个小时

　　笔译一级不能使用词典，笔译二、三、四级考试可以使用纸质双语词典，但不能用电子词典。

附录 14：台湾地区 LTTC 考试简介及考试大纲

LTTC 中英文翻译能力检定考试 2013 年简章（节选）
简介（笔译部分）

为建立台湾地区翻译人才能力检定制度，培养翻译人才，提升翻译专业形象，"教育部"从 2007 年起举办中英文翻译能力检定考试。2010 年及 2011 年委托财团法人语言训练测验中心（以下简称本中心）办理。

"教育部"为研议转换本考试办理方式，于 2012 年暂停办理一年，并公告自 2013 年注）起"教育部"列为指导单位，由本中心主办。2013 年考试仍分笔译、口译两大类。

考试大纲/评分原则

一、笔译类一般文件英文译中文组（AB 科）

1. 科目类别

A 科：英译中一般文件笔译（一）

B 科：英译中一般文件笔译（二）

2. 考试目标

本考试旨在检测应试者于从事英译中一般文件笔译时，能否以通顺、合乎语言规范之中文，准确且完整地传达英文之讯息。

3. 考试范围与内容

本考试内容为以英文撰写之一般文件，为一般大众在综合性书籍、报章、杂志、网路等媒介所能接触到的文件，例如商业、财经、教育、文化、科普、医疗保健、资讯科技等，且以非专门领域读者为对象。

两科分别出自不同的主题领域：

（1）A 科试题涵盖但不限于商业、财经、教育、文化等主题。

（2）B 科试题涵盖但不限于科普、医疗保健、资讯科技等主题。

4. 考试形式与结构

（1）考试形式：本考试采翻译实作测验，每科各翻译一篇英文文稿，字数介于 240 至 260 个英文字之间。

（2）考试时间：A、B 科考试时间各 60 分钟，共计 120 分钟。

（3）评分原则：采用量表评分，10 级分为满分，并以"讯息准确"（准确且完整传达英文之讯息）及"表达能力"（通顺、合乎语言规范之中文）为评分要项。"讯息准确"占 60%，分为 0~6 级分，6 级分最佳，0 级分最差；"表达能力"占 40%，分为 0~4 级分，4 级分最佳，0 级分最差。

（4）及格标准：各科满分为 100 分，及格分数为 80 分，但讯息准确须达低标 48 分，表达能力须达低标 32 分，始达及格标准。

（5）参考工具——考生可携带纸本词典两本，不得携带其他参考资料或电子工具。

二、笔译类一般文件中文译英文组（CD 科）

1. 科目类别

C 科：中译英一般文件笔译（一）

D 科：中译英一般文件笔译（二）

2. 考试目标

本考试旨在检测应试者于从事中译英一般文件笔译时，能否以通顺、合乎语言规范之英文，准确且完整地传达中文之讯息。

3. 考试范围与内容

本考试内容为以中文撰写之一般文件，为一般大众在综合性书籍、报章、杂志、网路等媒介所能接触到的文件，例如商业、财经、教育、文化、科普、医疗保健、资讯科技等，且以非专门领域读者为对象。

两科分别出自不同的主题领域：

（1）C 科试题涵盖但不限于商业、财经、教育、文化等主题。

（2）D 科试题涵盖但不限于科普、医疗保健、资讯科技等主题。

4. 考试形式与结构

（1）考试形式：本考试采翻译实作测验，每科各翻译一篇中文文稿，字数介于 390 至 410 个中文字之间。

（2）考试时间：C、D 科考试时间各 60 分钟，共计 120 分钟。

（3）评分原则：采用量表评分，10 级分为满分，并以"讯息准确"（准确且完整传达中文之讯息）及"表达能力"（通顺、合乎语言规范之英文）为评分要项。"讯息准确"占 60%，分为 0~6 级分，6 级分最佳，0 级分最差；"表达能力"占 40%，分为 0~4 级分，4 级分最佳，0 级分最差。

（4）及格标准：各科满分为 100 分，及格分数为 80 分，但讯息准确须达低标 48 分，表达能力须达低标 32 分，始达及格标准。

（5）参考工具——考生可携带纸本词典两本，不得携带其他参考资料或电子工具。

附录 15：加拿大 CTTIC 笔译资格考试情况[①]

考试类别	CTTIC 笔译资格考试
考试目的	对职业笔译员的职业技巧进行测试，并得到同行认可
考试内容	考生应翻译两篇分别为 200 字的篇章，其中一篇为必考题，普通文本；另外提供两篇为选译题，其中一篇偏文学、科技或医学类文本，另一篇偏管理或经济文本，考生选取一篇进行翻译
考试时间	3 小时
考试评分及通过标准	采用 2 人独立评分的方法，所有接近及格线的试卷都会重新审查。考试的基本要求是：译文忠实、地道，不需要或较少需要修改。每篇总分 100 分，70 分及格，翻译多余篇章不得分。如果普通语篇得分低于 40 分，则不需要对第二篇进行评分，直接判为不合格。 评分主要采用错误扣分的方法，错误主要分为两类，即翻译错误和语言错误，前者为理解错误（未能传译原文意思），后者为表达错误（违反译入语语法及其他使用规则）。错误分为严重（major）错误和小（minor）错误。翻译错误部分的严重错误包括解释严重不当、未理解原文、译文无意义、严重漏译等；小错误包括单词误译、增删而使语义改变、语义不明确、语义有出入等。语言错误中的严重错误包括无意义句子、语言结构无法接受等；小错误包括句子结构问题、句法错误、语义模棱两可、不必要的重复、结构松散、不地道用法、令人无法接受的外来语、拼写错误、标点错误、不符合惯例等
考试方式及考试实施	考试采取开卷考试的方法，考生可携带任何参考资料，但不得和其他考生共用，禁止使用任何电子设备

[①] 本表由笔者根据 CTTIC 官方网站及加拿大部分省级翻译协会官方网站公布的相关考试资料翻译制作。

附录 16：澳大利亚 NAATI 笔译资格考试情况[①]

考试类别	NAATI 助理笔译资格考试	NAATI 职业笔译资格考试	NAATI 高级笔译资格考试
考试目的	为职业笔译员提供资格及等级认证		
考试说明	职业翻译能力的最低要求		
考试内容	①英语译入其他语言或其他语言译入英语类考试，从 2 篇分别为 120～140 字的篇章中选取 1 篇翻译，一般难度，不涉及特定专业领域知识，且不是从文学类语篇。②职业道德问答，必须回答 3 道问题中的 2 道，可用英语或其他语言回答；要求回答清晰简洁，不超过 150 字	分语言方向进行考试，其中英语译入其他语言考试内容为：①从 3 篇 250 字的篇章中选取 2 篇翻译，文体及主题各不相同，可能涉及文化、科学、技术、医疗、法律、商务等领域，目标读者为非专业人士。②职业道德问答，必须回答 3 道题中的 2 道，可采用英语或其他语言作答。其他语言译入英语考试内容上和上面基本相同，不过针对具体语言有特殊说明。如汉语译入英语的考试中，从 2 篇繁体字中文篇章和 2 篇简体字中文篇章中分别选取 1 篇翻译	3 篇 400 字左右的篇章，包括：①一篇有关政治、外交或文化且具有一定难度的非科技类篇章。②从 4 篇文章中选择 2 篇进行翻译，文章科技性高，难度高；主题来源包括法律、经济、医药、科技。应试者会在考试一周前被告知所有篇章的专业领域、主题及资料来源
考试评分及通过标准	前两部分各 45 分,第三部分 10 分。只有每篇翻译至少达到 29 分，前两部分至少达到 63 分，第三部分至少达到 5 分，总分达到 70 分才算合格	第一部分 2 篇各 45 分，满分 90。第二部分 10 分。只有每篇翻译至少达到 29 分，第一部分至少达到 63 分，第二部分至少达到 5 分，总分达到 70 分才算合格	翻译标准：准确、无误、通顺、准确体现原文语域、语气及风格。每篇翻译满分 50 分，满分 150 分，每篇最低应获得 35 分，总分最低应获得 120 分（80%）才能及格
考试时间	130 分钟	3 小时	8 小时，上午 9：00~下午5：00，可自行决定午餐或茶歇时间
考试实施	允许使用自己携带的词典、词汇表、辞典等工具, 纸质、电子版均可，但不可使用自己研发的工具（包括自己手写的笔记），不可与他人共享。不允许使用手提电脑、个人电子设备（PDA）或手机，以及具有电子记录、录音录像、网络连接、电子翻译、电子拼写语法检查等功能的工具，以及无法设定静音模式的电子工具等，应在考试答题纸上指定位置写清所使用的工具及产品型号		允许使用词典及其他参考资料，包括百科全书、手册、科技期刊杂志、术语列表、笔记等，可使用自己携带的电脑，但应在考试前书面说明。不允许使用手机、电子邮件、网络等手段和他人交流

---

① 本表由笔者根据 NAATI 官方网站上公布的考试相关资料翻译制作。

续表

考试类别	NAATI 助理笔译资格考试	NAATI 职业笔译资格考试	NAATI 高级笔译资格考试
考试评分	考试评分标准：应将源语中的信息完整传达至译入语中，并保持恰当的风格和语域。错误可分为三个方面，即准确、语言质量和技术，其中准确的权重最高。准确主要指事实准确，不同于语言质量类的错误，后者主要包括词汇、俗语和语域选择、拼写和语法等方面，主要是标准表达的问题。 具体的评分标准包括：①准确，应避免意思歪曲、漏译、误译、不正当插入和未完成语篇；②原文理解，应避免错误理解词汇及短语、语法及语言结构、句子结构等；③译文表达，应避免不恰当及不正确词汇选择、语法错误、不恰当及不地道句子结构、不地道用法、拼写及书写错误、标点符号及大小写错误；④技术，应避免过于直译或意译，以及不恰当语域、语气或风格；⑤职业道德，应避免不恰当理解规则意义及规则应用。每个错误又分为高、中、低及无关四个等级。 此外，错误同时又分为严重错误（serious errors）、大错误（significant errors）和小错误（minor errors）。严重错误扣 2~5 分，大错扣 1~2 分，小错扣 0.5~1 分。除针对各类错误进行扣分外，还对译文整体质量进行扣分，成为任意分（discretionary），最高可扣 5 分		

附录 17：美国 ATA 笔译资格考试情况①

考试类别	ATA 笔译资格考试
考试目的	测量考生在某一特定语对的职业能力，即职业翻译技能
考试内容	考试分不同语对和翻译方向。要求应试者从 3 个语篇中选取 2 篇进行翻译，均为真实篇章。篇章 A 为必译题，普通主题，通常为表述观点、提出论点或新的观点；篇章 B 从技术性、科技性或医疗类文本中选取，一般为某专业领域专家为非该领域专家所写；篇章 C 从财经、贸易或法律类文本中选取，一般为某专业领域专家为非该领域专家所写。以上 3 类语篇虽包括个别术语，但通常不会涉及高难度的术语，通常可以通过普通词典或通用专业词典解决。考试试卷还包括具体的翻译指南（translation instructions），用于说明原文出处、译文使用的语境（包括文本类型、翻译目的、目标读者、媒介等），同时给出具体指示，如要求使用美式英语、某一具体术语应如何翻译、哪些部分保留不译、哪些词语应译为某种特定格式、译文是否会出版等。提供翻译指南的目的是希望考生将其理解为实际职业笔译工作中的客户期望及要求。翻译过程中未遵守翻译指南会被扣分。 语篇选择的一般标准为：英语译入其他语言语篇应包括 225～275 字，其他语言篇章应为英译文在此字数范围内。各考试包括的 3 个语篇必须分别达到特定的"跨部门语言圆桌量表"（Interagency Language Roundtable，简称 ILR）中语言技能水平描述中的阅读水平要求。语篇 A 必须在 L3 至 L3+阅读水平，语篇 B 和 C 必须处于 L2+至 L3 阅读水平。每个语篇组合（即 3 个语篇）应包括各种主题和不同难度类型。具体的难度类型应包括三个层次：文本层（风格、语域、连贯）、句子层（语法、句法）和词汇层（词汇、术语），同时还必须包括翻译指南。3 个语篇之间应在主题和翻译难度方面相互补充，这里的难度包括词汇和结构等方面。语篇 A 涉及的主题为受教育者比较熟悉的主题，词汇为非技术类，文中出现的术语一般能理解或在普通字典中能查到；语篇的选取来源包括报纸社论、评论、*The Atlantic* 或 *Harper's* 等类杂志、书籍、期刊（涉及历史、流行科学、人类学、社会学、心理学等）、文章、阐明特定立场的演讲或会议记录等。合适的语篇如《纽约时报》和《华盛顿邮报》中的文章。语篇 B 和 C 要考察的是应试者翻译和语篇 A 不同文本类型的能力，一般应符合特定文体特征和特定语域及风格要求。这两类语篇的难度主要体现在从双语词典中选取相应的对等词汇进行翻译。语篇 B 的可能出处为专业期刊杂志、医学研究或其他研究报告、测试程序及规范、机器操作指南、工业过程描述、技术百科、大学教材等。语篇 C 的可能出处包括经济和财经类文本，如商业证单、财经报告、银行及证券交易规定、保险政策、租赁条款、商务信函、法律文件等。 此外，ATA 资格认证委员会还特别指出不太适合作为测试语篇的文本类型，包括：可明显看出出处的文本；容易引起共鸣或造成某种气氛的文本；需要特定领域专家知识的文本；由其他语言翻译而非用源语创作的文本；包括过多公式的文本；包括大量专有名词、日期、数据及其他无法翻译材料的文本；以及只是简单罗列，未体现语法难度，通过查字典可以翻译的文本

---

① 本表由笔者根据 ATA 官方网站上公布的考试相关资料翻译制作。

续表

考试类别	ATA 笔译资格考试
考试时间	3 小时
考试方式及考试实施	开卷，有人监考，考试中严禁使用任何电子设备
考试评分	考试评分方面，ATA 制定了一系列文件来具体说明评分的操作，包括 "ATA 资格考试介绍" (Introduction to the ATA Certification Examination)、"标准化错误评分框架" (Framework for Standardized Error Marking)、"错误分类说明" (Explanation of Error Categories)、"评分决定流程图" (Flowchart for Grading Decisions)、"译入英语评分标准" (Into-English Grading Standards)、"评分表" (Rubric for Grading) 等。其中 2009 年颁布的 "标准化错误评分框架" 将错误主要分为三类，即： （1）有关考试形式的错误 (errors that concern the form of the exam)，包括未完成 (unfinished)、字迹不清 (illegibility)、提供多种译文。 （2）翻译错误/策略错误/转换错误 (translation/strategic/transfer errors) 指对理解和使用译文产生负面影响的错误，具体包括错译 (mistranslation)、原文理解错误 (misunderstanding)、增译、漏译、术语及词汇选择、语域、忠实、直译、假朋友 (faux ami)、连贯、模棱两可 (ambiguity)、风格等。 （3）形式错误 (mechanical errors)，指对译文整体质量产生负面影响的错误，具体包括语法、句法、标点、拼写/书写、方言、大写、词形/词类、使用等。 除错误类别外，还根据对整体意义和译文使用的影响将错误分成不同的严重程度。评分表中还详细描述了评分的四个标准和五个等级，四个标准为：有用性/转换 (usefulness/transfer)、术语/风格 (terminology/style)、地道写作 (idiomatic writing)、译入语形式 (target mechanism)，五个等级为：标准 (standard)、良好 (strong)、尚可 (acceptable)、不足 (deficient) 和很差 (minimal)。"译入英语评分标准" 应用于英语作为译入语的所有笔译资格考试评分，主要涉及的是美国英语语法和使用的具体要求，以及译入英语中的特殊问题。该评分标准专门对译入语的语言问题提出具体的评判标准，体现出对考生译入语表达的关注
通过标准	合格译文指只需要双语编辑及译入语文字编辑进行部分修改就可以使用的符合翻译指南目的的译文；不合格译文则需要大量双语修改和译入语修改。评分由两位评分员单独进行。所有语对考试都采用同一系列评分工具，统一的标准为按照翻译指南规定完整和准确传达源语信息到译入语之中

附录 18：英国 IoL 笔译文凭考试情况①

考试类别	IoL 笔译文凭考试
考试目的	测量考生按照职业标准进行翻译的能力、对笔译员职业任务的了解程度，以及译入语写作水平
考试说明	考试要测量的是基础职业能力，关注的是翻译职业可接受的翻译应达到的标准，即市场要求达到的标准，包括功能准确、风格恰当、语言地道、忠实传达原文风格、意义及拟达到的效果等。翻译方向方面，测量的是考生的单方向笔译能力。考试指南建议考生选择从外语译入母语的笔译考试
考试要求	合格的笔译员应熟练掌握源语和译入语的语法和语言基本知识，熟悉两种语言在语法、词汇、短语中的差异及对应；应掌握译入语的地道使用，包括口语、固定表达、常用隐喻、技术词汇等；译入语写作水平应达到母语写作水平，具有较高水平的准确和地道程度；还必须掌握足够的文化知识和主题领域知识，了解两种语言文化。考生除应掌握必要的双语能力和笔译技巧外，还应关注笔译速度的重要性。笔译质量和笔译速度是影响笔译是否成功的两大核心要素
考试内容	考试包括三个部分：第一部分为普通类笔译，要求考生翻译一篇有一定难度但非专业性、长度约600字左右的文本。第二部分为半专业性笔译，要求考生从三篇分别长约450字的语篇中选取一篇翻译，备选原文集中在技术、商务或文学三类主题上。第三部分同样为半专业类笔译，要求考生从三篇分别长约450字的语篇中选取一篇翻译，备选原文集中在科学、社会科学和法律主题上
考试时间	整个考试历时7小时，其中第一部分3小时，第二、三部分各2小时
考试方式及考试实施	考试过程中，考生可参考纸质词典及其他参考资料，可携带、参考自己制作的词汇表，但不允许使用机器翻译软件、网络、电子词典等。此外，考生还可以在译文之外写翻译注释（translator's　note），对原文中出现的错误、模糊不清之处、在考场中无法解决但可以通过其他手段解决的问题、向读者提供的必要信息进行解释说明。但是，翻译注释的对象应该是译文的目标读者，而不是评分员
考试文本选择	考试文本通常与时事相关，涉及源语国家的社会、政治、经济、文化环境等方面，文本选自已出版的真实语篇，半专业性，具有一定复杂度。具体专业领域方面，第二部分考试的技术类主题可包括农业、建筑、工程、环境、信息技术、生命科学、医学、药剂/药理、塑料/聚合物、电信、纺织技术、交通等；商务类主题包括会计、银行、商务、经济、进出口贸易、财经、保险、市场营销、管理等；文学类主题包括小说、戏剧、电影剧本等。第三部分考试的科学类主题包括农业、天文学、生物化学、生物科学、化学、地球科学、环境、生命科学、数学、医学、药剂学、药理学、物理学等；社会科学类主题包括人类学、发展研究、经济学、教育学、环境学、历史学、哲学、政治学、心理学、公共管理、宗教、社会学等；法律类主题包括案例研究、民法、商法、刑法、法庭报告、家庭法、法律报告、法律期刊文章、国际法等

---

① 本表由笔者根据 IoL 官方网站上公布的考试相关资料翻译制作。

考试类别	IoL 笔译文凭考试
考试评分	评分标准和方法方面，将翻译行业中可接受的翻译标准进行分解，分为解码（decoding）和编码（encoding）两个阶段。解码阶段要求理解准确，编码阶段要求信息传递准确、恰当、真实、可接受（acceptable）。评分的基本准则是可接受的职业翻译标准，即译文达到可以交给客户的标准，在风格和语域上功能准确恰当，忠实传达原文的风格和意义，译文对译入语读者产生的效果和原文本对原文读者的效果一致。评分员通常使用的一些评分术语中，"准确"指语法、拼写及标点准确，以及尊重译入语文本习惯；"专业术语"包括术语的准确、恰当和语体特色一致 评分中的主要关注点，即区分优秀、良好、及格和不及格的关注点包括：①理解、准确和语域，即对原文信息的理解和传达，以及根据原文主题和意图选择语言和语域；②语法、连贯、衔接及组织结构，即译文的地道程度，句子结构、语法和语篇是否符合译入语习惯和要求；③技术问题，包括拼写、重音、标点，对日期、名称及数字的传达，以及字迹清晰等。其中第一部分占分值最多，占50%，第二部分占35%，第三部分15%
通过条件	3个语篇必须全部及格才能最终拿到证书，其中每个语篇如果有5%及以上部分的漏译，则直接判为不及格。考试等级方面，80分以上为优秀，70~79分为良好，60~69分为及格，60分以下为不及格

附录 19：南非 SATI 笔译及宣誓笔译资格考试情况[①]

考试类别	SATI 笔译资格考试	SATI 宣誓笔译资格考试
考试目的	考查能力（competence）而非潜能（potential），考试的目的是证明译员能生成几乎没有错误且出版商或客户可以不需要进一步修改直接使用的译文；考试的基本准则是希望测量考生在使用所有可能的帮助下生成译文所能达到的质量	
考试方式及考试内容	考试采取远程考试的形式，笔试，考生须寻找一名和自己无血缘关系且不是住在一起的人作为监考人，试卷寄送至监考人手中，由监考人和应试者共同决定考试时间。监考人无须在整个考试过程中监考，但应在应试者当面拆开考试试卷，并在 24 小时内将试卷收回，密封寄回。考试内容方面，考生应从 8 个涵盖不同主题的试题中选取 3 个完成，其中一个考题（普通主题）为必考题。最常见主题/领域翻译包括：技术、行政管理、服务、经贸、媒体、文学、广告、电视节目、宣誓文本等	考试采取笔试形式，应由具有 7 年以上宣誓笔译员经验的相同语对译员负责为考生设立专门考试。和笔译资格考试的区别在于：①试题为宣誓笔译员实际工作中经常遇到的文本类型；②考生必须翻译所有试题；③试题量比普通笔译资格考试多；④考生应宣誓熟悉和宣誓笔译相关的法律法规；⑤考生应按照真实宣誓笔译的要求在考题上进行认证
考试时间	24 小时	24 小时
考试实施	考生可使用词典、百科全书、法规章程、报告、语言速记等任何工具和资料，也可使用文字处理中的拼写检查，但不可通过电话或咨询他人以寻求帮助，亦不可进行小组讨论	

[①] 本表由笔者根据 SATI 官方网站上公布的考试相关资料翻译制作。

考试类别	SATI 笔译资格考试	SATI 宣誓笔译资格考试
考试评分	评分包括 5 个关注点：①翻译准确度。扣分项包括原文理解错误（完全错误理解原文中的词、短语、句子或篇章，从而造成错误传达信息）、译文错误（包括因错误理解原文的词、短语、语法结构、细微差异而造成的译文错误，以及原文理解正确但在译文中选择不恰当或不符合语境的词语而造成的译文错误）、偏差（原文和译文出现细微意义差异）、漏译和增译。②词汇、术语及语域选择。语域指文本的正式程度。除非翻译述要中有特别说明，一般情况下译文应保持和原文相同的正式程度。语域方面还应避免时代或文化方面不恰当的表述。词汇和术语方面指词语选择的恰当程度。使用方面指使用正确和地道的译文表达，可能的错误包括错误使用介词，或不当使用语法形式，以及冠词使用错误。③连贯、衔接和组织结构。主要指译文的地道和自然，不能过于直译或意译，应连贯并保留原文结构。④语法、拼写、标点和行文。不能出现语法错误和拼写错误，标点符号应符合译入语习惯，不能出现打印错误、错误转换日期、数字及其他数据、格式不对应等。⑤整体情况。包括提供多个译文、前后不一致、风格和原文风格不一致。总的评分标准是译文是否在职业程度上可接受，其中针对产生多个译文的现象，如果译者确实不太确定，可通过注释的方法说明 错误分类方面，SATI 网站提供了资格考试的评分指南（Accredit Examinations：Guidelines on Marking）。评分指南指出，参照美国翻译协会资格考试的方法，将错误分为严重错误（major errors）和小错误（minor errors），评分即建立在对严重错误和小错误的扣分上。具体错误类型如下：①严重错误，又称验证功能错误，包括严重误译（原文中的词语或短语意义完全丢失）、重要词语或信息漏译、添加原文中没有的信息、包含多种译文（译者只能保留一种译文）、重要译入语语法错误（包括一致、错误时态、搭配、变格），以及介词错误、表达地道等问题。②小错误，包括产生误译，但并没有完全曲解原文内容；遗漏对意思产生较少影响的词语；提供互为同义词的多种译文；译入语语法不地道，指词语顺序、拼写、标点，以及造成风格和表达产生不美观的小错误 宣誓笔译资格考试评分同笔译资格考试评分基本相同，但在后者错误类型的基础上增加其他类型，其中严重错误部分还增加三类，即人名、地名或参考数据的错误拼写、日期抄写错误和未能注明认证；小错误部分增加两类，即打印错误、未认证每页译文	
通过标准	出现以下任一情况，则考试不通过：①整个试卷中出现 2 个或以上的严重错误；②一道考题中出现 1 个及以上的严重错误和 7 个及以上的小错误；③一道考题中没有出现严重错误，但出现 10 个以上的小错误，或整个考试中出现 20 个以上的小错误；④译文出现大量语法错误或不恰当表述而使译文生硬不地道，读起来不像原创文本。考试通过线为 90 分。 除此之外，宣誓笔译资格考试对容忍错误的程度更严厉。出现以下任一情况，则考试不通过：①一篇译文中出现 2 个严重错误，或 1 个严重错误及 4 个小错误；②整个考试中一共出现 2 个或以上的严重错误，或 8 个以上的小错误。出现多次技术类严重错误只扣分一次	

附录20：爱尔兰 ITIA 笔译资格考试情况①

考试类别	ITIA 笔译资格考试
考试目的	测量考生翻译实践能力及职业责任
考试方式及考试内容	分不同语对和翻译方向，考生一般应选择译入母语翻译考试。考题通过邮寄或电子邮件的方式发送到考生手中。考试内容为两个语篇笔译，所选用文本为真实文本，考试委员会已经建立了相应的试题库，每次考试随机抽取长、短语篇各一篇
考试实施	考生按照正常考试环境进行，可采用电脑或在线术语表，但不允许使用机器翻译或向第三方寻求帮助。考生应列出翻译时所使用的所有资料，并连同试卷寄出。考生还必须于考试后一周内向 ITIA 认证分委员会递交承诺书，说明译文为独立完成
考试评分	依照职业翻译的要求，采用错误扣分。错误分类方面，严重错误包括解码/编码错误、漏译造成文本缺失和专有名词大小写错误；小错误包括标点错误、语篇中非重要成分的大小写错误、粗劣翻译、表述不地道、不恰当的习语、语域、语气、风格等
通过标准	考生必须同时通过两篇考试才能最终通过考试。如果短语篇译文中出现1个严重错误或3个小错误，长语篇出现1个严重错误或5个小错误，则分别判为不及格

---

① 本表由笔者根据 ITIA 官方网站上公布的考试相关资料翻译制作。

附录 21：加拿大 CTTIC 部分单位会员入会条件①

序号	名称	入会条件	会员资格 认证方法
1	ATIA	要成为 ATIA 准会员，应通过会员考试。会员考试一年两次，包括两部分。Section I：A 职业道德守则，即分析案例，并确认熟悉 ATIA 的职业道德守则；B 英语及法语水平，即以母语为写作语言的考生必须通过编辑考试，以英语为理解语言的考生必须通过阅读理解考试。法语考试另有说明。该部分应同时达到 70% 才算合格。Section II：C 翻译考试，即通过 Section I 考试后，才能参加 Section II 考试。通过考试者可成为 ATIA 准会员。会员考试包括一篇约 250 字左右的普通文本，由两名相应语对的认证笔译员评分，通过标准为 70%	要成为认证正式会员，应通过几次严格考试。通过认证考试后，可成为认证会员。只要按时交年费并遵守协会职业道德，会员身份可一直保留
2	STIBC	申请入会者应具有至少一年的口译或笔译实践经验（一年笔译实践相当于加拿大官方语言的 11 万字或中文 8 万字或其他语言 3 万字，专兼职或义务均可），同时应满足以下任一条件：①通过全部协会入会翻译考试并达到 70 分或以上（满分 100 分）；②国际译联（FIT）协会会员成员；③加拿大政府认证大学的口笔译专业毕业生，本科及以上毕业生，也可为语言、语言学或相关专业学生；④口译要求；⑤至少三年口笔译相关教学经验的教师；⑥其他国家和地区经政府认证大学的口笔译专业毕业生，应提供学历证书原件及认证过的译文，同时通过 ICES 国际认证评价服务；⑦CTTIC 单位会员的准会员；⑧AIIC 会员；⑨加拿大小语种口译员。申请入会者应参加英语水平考试，其中以英语为源语者应参加阅读理解考试，以英语为译入语者应参加语法考试。此外，还应参加单独的职业道德考试，并达到 70 分及以上	
3	CTINB	申请入会者应满足以下任一条件：①翻译专业或相关专业大学文凭；②两年相应工作经验；③通过入会考试	
4	ATINS	准会员资格主要为从事口笔译职业但尚未有能力申请正式认证会员者	

---

① 本表由笔者根据加拿大各省翻译协会官方网站上公布的相关资料翻译制作。

序号	名称	入会条件	会员资格 认证方法
5	ATIO	申请入会者应满足以下任一条件：①具有协会承认大学颁布的翻译专业大学文凭，同时通过入会考试；②具有其他专业大学文凭和两年相应语对的全职翻译工作经验，同时通过入会考试；③具有4年全职翻译工作经验，并通过入学考试。入会考试包括两个部分，第一部分为水平考试，根据翻译方向确定考试类型；源语为英语者参加英语阅读考试，译入语为英语者参加编辑考试。第二部分为翻译考试，通过水平考试者可在两周后参加翻译考试，要求考生翻译一篇250字左右的文本，时间为两小时，可使用任何参考资料，但不许使用电脑及电子设备和资料	达到学历及工作经验相应要求后，可参见入会考试。通过入会考试后成为准会员，达到学历及工作经验相应要求后可申请参加资格考试
6	ATIS	申请入会者应首先通过会员考试。考试包括两个部分，第一部分为水平考试，根据翻译方向确定考试类型：源语为英语者参加英语阅读考试，译入语为英语者参加编辑考试。第二部分为翻译考试，通过水平考试者可在两周后参加翻译考试，要求考生翻译一篇250字左右的文本，时间为两小时，可使用任何参考资料，但不允许使用电脑及电子设备和资料	首先通过入会考试成为准会员，然后通过考试或评估成为正式会员

索　引

（二）著者索引